Angela Maria Seracchioli

# Der Erzengel-Michael-Weg

## Auf dem ältesten Pilgerweg Italiens nach Monte Sant'Angelo am Gargano

Latium – Abruzzen – Molise – Apulien
500 km für Fuß- und Radpilger
Die Fortsetzung des Franziskusweges

Wegfindung durch Angela Maria Seracchioli und Marisa Paniuzzi,
Radvariante von Riccardo Latini,
aus dem Italienischen übersetzt und bearbeitet
von Paula Maria Holzer

Tyrolia-Verlag · Innsbruck-Wien

Titel der italienischen Originalausgabe:
Con le ali ai piedi
Nei luoghi di San Francesco e dell'archangelo Michele

Alle Angaben in diesem Führer wurden sorgfältig recherchiert und erfolgen nach bestem Wissen und Gewissen der Autorin. Die Benutzung dieses Führers geschieht auf eigenes Risiko. Eine Haftung für etwaige Unfälle und Schäden wird aus keinem Rechtsgrund übernommen.
Wenn Sie sich auf den Weg machen, denken Sie bitte auch an alle, die nach Ihnen kommen. Wenn Sie möchten, dass Ihre Anmerkungen oder Vorschläge bei der nächsten Auflage des Pilgerführers berücksichtigt werden, schreiben Sie bitte an den Verlag (buchverlag@tyrolia.at) oder an die Autorin (jacopadue@yahoo.it).
Weitere Informationen und Aktualisierungen finden Sie auf der Internetseite www.diquipassofrancesco.it

Bibliografische Information Der Deutschen Nationalbibliothek
Die Deutsche Nationalbibliothek verzeichnet diese Publikation in der Deutschen Nationalbibliografie; detaillierte bibliografische Daten sind im Internet über http://dnb.d-nb.de abrufbar.


Umschlaggestaltung: Tyrolia-Verlag
Covermotiv: die Stadt Monte Sant'Angelo mit der Kapelle Madonna Incoronata
Bild Seite 1: Der Erzengel Michael, Altarbild von Pietro Perugino für die Certosa von Pavia, um 1500 (www.zeno.org)
Fotos: Angela Seracchioli bzw. aus ihrem Archiv (S. 26: Joseph; S. 145: Mauro di Murzio)
Layout und digitale Gestaltung: GrafikStudio HM, Hall in Tirol
Kartographie: Valerio Vanoni
Druck und Bindung: Finidr, Tschechien
ISBN 978-3-7022-3427-0
E-Mail: buchverlag@tyrolia.at
Internet: www.tyrolia-verlag.at

# Inhaltsverzeichnis

# Der Erzengel der Langobarden

*Vorwort zur deutschen Ausgabe*

Sie kamen aus dem Norden des heutigen Deutschlands, aus dem Gebiet um Hamburg, fielen 568 in Italien ein und eigneten sich zunächst jene Region an, die heute noch ihren Namen trägt, die Lombardei. Bald darauf breiteten sich die Langobarden weiter gegen Süden aus, errichteten die Herzogtümer Spoleto und Benevent und erreichten auch Monte Sant'Angelo in Apulien, wo seit einer Erscheinung im Jahr 490 der Engelsfürst Michael verehrt wurde. Heute steht das Städtchen gemeinsam mit Cividale del Friuli, Brescia, Castelseprio, Spoleto, Campello sul Clitunno und Benevento unter dem Titel „Die Langobarden in Italien. Orte der Macht (568–774 n. Chr.)“ auf der Liste des UNESCO-Weltkulturerbes.



Nach der Invasion in Italien erfolgte recht zügig die Christianisierung der germanischen Langobarden. Eine besondere Verehrung brachten sie dabei dem Erzengel Michael entgegen und der beflügelte Krieger wurde schnell zum Schutzpatron des gesamten Volkes. Später sollte er der Schutzpatron des Heiligen Römischen Reiches Deutscher Nation und schließlich der Schutzpatron Deutschlands werden. Viele wichtige Kirchen und religiöse Gebäude im ganzen Langobardenreich wurden ihm geweiht und damals entstand ein Pilgerweg von Pavia, der Langobarden-Hauptstadt, nach Monte Sant'Angelo, das zu ihrem bedeutendsten Heiligtum wurde. An diesem Pilgerweg gab es ein ausgebautes Netz an Herbergen und Raststätten, das im Laufe der Jahrhunderte leider verschwunden ist.

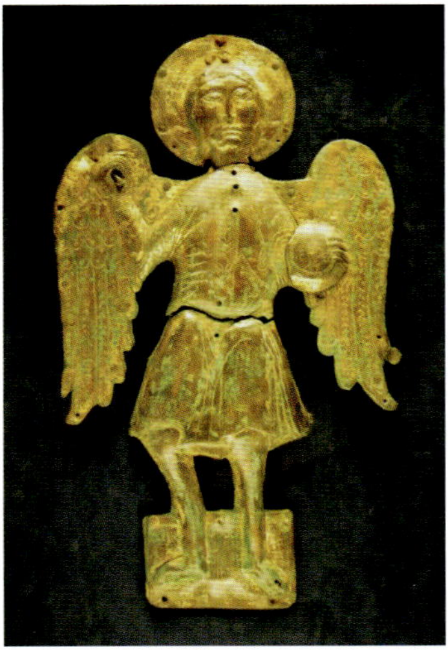

Nach den Langobarden pflegten auch andere germanische Völker und Städte eine enge Beziehung zum Erzengel Michael. Der Dom von Hamburg etwa wurde 913 dem hl. Michael geweiht oder im 11. Jahrhundert dann jener von Hildesheim. Noch immer ist der Erzengel für die katholische Kirche einer der Schutz-

*Erzengel Michael, Kupfer vergoldet, in Monte Sant'Angelo aus der Langobardenzeit (8./9. Jh.)*

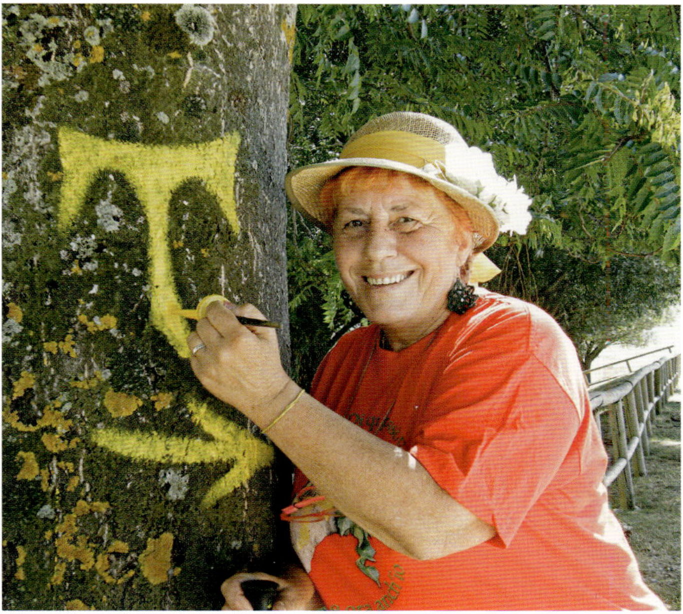



patrone Deutschlands, nachdem er es auch für das Heilige Römische Reich Deutscher Nation gewesen ist.

Es erfüllt mich mit großer Freude, meinen Pilgerführer für den Erzengel-Michael-Weg in die deutsche Sprache übersetzt zu sehen. Dieser ist einerseits die Fortführung des Franziskuswegs, aber mehr noch die Wiederherstellung der antiken Erzengel-Linie von Norden nach Süden. Es ist, als ob dem Weg der Langobarden wieder Leben eingehaucht würde – zunächst von Monte Gargano zurück bis in die Toskana, aber es braucht nicht viel Phantasie, um die Linie über die Alpen hinweg bis nach Mont-Saint-Michel in der Normandie und noch weiter bis auf die britische Insel zu ziehen.

Wenn nun wieder Pilger von nördlich der Alpen auf den Spuren der Langobarden nach Apulien ziehen, dann ermöglicht diese friedliche „Invasion" Begegnungen, die zu einem Austausch der Kulturen beitragen. Das ist eine Chance für euch und für die herzlichen Menschen, deren bezaubernde Orte ihr durchwandern werdet. So kann eine Kultur des Friedens entstehen! Pilgerinnen und Pilger haben diese „Macht", sie sind ein offenes, neugieriges Volk, das mit seinen leisen Schritten Grenzen und Barrieren sprengt.

Daher: buon cammino, liebe Pilgerinnen und Pilger, die ihr euch aus dem Norden aufmacht zur Grotte des heiligen Erzengels Michael. Seine Kraft möge mit euch sein!

*Eure Angela*

# Mit Flügeln an den Füßen…

*Welch' Freude, als mir gesagt wurde:*
*„Lasst uns gehen ins Haus des Herrn!"*
*Unsere Füße stehen in deinen Toren,*
*Jerusalem!*

Psalm 122

Einige Jahre ist es schon her, dass ich die Geburt und das Wachsen des Franziskusweges begleiten durfte. Tausenden von Pilgerinnen und Pilgern bin ich seither am Weg begegnet oder durfte ihnen in Assisi Herberge bieten. Ein Pilgerweg, den es nicht gab und der heute eine pulsierende und lebendige Wirklichkeit ist. Aber erst mit diesem Führer zum Erzengel-Michael-Weg ist der Franziskusweg vollständig.



Über all die Jahre bin ich nicht müde geworden zu wiederholen, dass nicht das Erreichen eines Ziels der Sinn des Pilgerns ist, sondern das Eintauchen in jeden einzelnen Schritt. Davon bin ich nach wie vor überzeugt. Und doch wusste ich in meinem Herzen immer schon, dass sich am Horizont ein großes, abschließendes Ziel für die Franziskus-Pilger auftun würde, die im Auf und Ab der Hügel Umbriens, der Toskana und der Region Latium den Spuren des „Poverello von Assisi" folgen. Und plötzlich hatten wir es vor Augen, jenes Monte Sant'Angelo, am „Ende der Welt" Italiens, eingebettet zwischen Himmel und Meer, wohin eine mysteriöse Grotte einst auch den Pilger Franziskus rief. Und wo gleichzeitig der bekannteste und älteste Hafen für Jerusalempilger lag, die von hier aus mit ihren Schiffen übersetzten.

Im März des Jahres 2007 begaben sich meine Freundin Marisa und ich erstmals auf Wegsuche, mit viel Improvisation, wenn es darum ging, bei Sonnenuntergang einen Schlafplatz zu finden. Die Müdigkeit dieser zwei Pilgerinnen überschritt oft die Grenzen des Erträglichen, wurde aber aufgefangen von der Sehnsucht des Suchens und der Begeisterung des Findens. Wir gingen endlos lange Etappen in einem kalten, nassen Frühjahr, das noch eher Winter war. Durchgefroren und durchnässt bis auf die Haut erreichten wir schließlich im Nebel den Eingang dieser mystischen Grotte. Wir stiegen hinab und Regenwasser vermischte sich mit Freudentränen. Ja, das war das Ziel, die Schritte des heiligen Franziskus hatten ihn eines Tages bis hierher gebracht und auch seine Pilgerinnen und Pilger würden hierher kommen. An einen Ort, der nicht von Menschenhand geschaffen

ist, in eine Grotte in der Brust von Mutter Erde, an einen Altar, den der Erzengel Michael selbst geweiht hat.
Von da an gibt es viele Schritte, Begegnungen ... und die Etappen wurden immer schöner. Sie führen in unberührter Natur, weitab vom Straßenverkehr, vorbei an Zeugnissen von Geschichte und Kultur aus 3000 Jahren. Aus zufälligen Begegnungen – gibt es den Zufall?! – entwickeln sich Freundschaften, die Herbergen entstehen ließen. So ermöglicht der Weg den Kontakt mit offenen, herzlichen und hilfsbereiten Menschen.
Heute führt also ein einziger Pilgerweg – beschrieben in zwei Teilen – von einem heiligen Berg zum anderen. Von den schattigen, feuchten Wäldern des La-Verna-Berges, wo dem hl. Franziskus von einem Serafin die Wundmale Christi eingebrannt wurden, bis zu den Felsen über dem Meer am Garganoberg, wo der Erzengel Michael verehrt werden wollte, dem ersten und ältesten Pilgerziel Europas, älter als Rom oder Santiago de Compostela.
Und weiterhin gilt: von den Millionen von Pilgerschritten zählt immer nur der eine Schritt im Jetzt. Jener eine Schritt, in dem das ganze Leben im Hier und Jetzt eingeschlossen ist und der unausweichlich in die eigene Mitte führt, sich selbst entgegen. Dies ist das geheime und doch wichtigste Ziel eines jeden Pilgerweges. Und es zählt nicht, ob der Pilger einer Religion angehört oder einer anderen, ob er gläubig ist oder nicht, der Pilger ist immer ein Suchender, der oft auch von seinen Nächsten nicht verstanden wird. Oft gilt er als Verrückter, der seine Ferien damit verbringt, seine Füße wund zu laufen und Blasen zu pflegen. Ein Einsamer, der unbekannte Orte und Wege sucht, dabei aber sein Ziel in einer Dimension entdeckt, die jenseits geografischer Orte liegt. Und selbst das Ziel wird für einen Pilger zu einem neuen Start, zu einem Aufbruch, für den es weder Führer noch Karten gibt.
Als kleine Pilgerin habe ich mein Möglichstes gegeben, um euren Schritten zu helfen. Nun liegt es an euch, diesen Weg mit eurer Präsenz zu füllen. Es liegt an euch, auf diesen Wegen eure Leuchtspuren zwischen den Hecken und unter den Menschen zu hinterlassen, denn – wie Antonio Machado zu Recht sagt – „der Weg entsteht im Gehen“.

Dieser Führer ist dem Pilger *Tullio Brollo* gewidmet,
der nach dem Motto
„Singe wie ein Wegelagerer, aber gehe“
durch das Leben pilgerte,
sowie meiner Pilgergefährtin *Marisa.*

# Pilgern auf dem italienischen Stiefel

Der Erzengel-Michael-Weg führt auf die Hügel, Berge, Weiden und Hochebenen der Abruzzen und der unbekannten Region Molise und schließlich auf den Garganoberg, den Sporn Italiens, im Norden der Region Apulien.

Während der Franziskusweg von La Verna nach Poggio Bustone gut markiert ist und Jahr für Jahr von vielen Menschen besucht wird, gibt es am Erzengel-Michael-Weg erst wenige Wegmarkierungen, auch Wegweiser oder Alpenvereinsmarkierungen sind selten. Es gibt einfach Wege, welche die Menschen vor Ort benutzen. Das macht das Pilgern hier zu einem Abenteuer, denn die freundlichen Einheimischen nach dem Weg zu fragen ist mühsam, Weitwandern ist ihnen vielfach völlig fremd und sie reagieren ganz besorgt, wenn sie erfahren, dass man durch die Berge gehen möchte. Viel zu gefährlich sei das und zu anstrengend und wieso über die Berge, wo es doch ganz einfach gehe, hier, die Straße entlang. Aber mit dem Führer in der Hand, einem guten Gespür für Orientierung und einem guten Draht zu den Wegbegleitern Franziskus und Michael wird der Weg zu einem ganz besonderen Erlebnis.



Einige Etappen sind anspruchsvoll, fordernd und anstrengend. Dafür werden die Pilger entschädigt durch einmalig unberührte Natur. Stundenlange Einsamkeit führt oft durch sprödes, karg und unwirtlich verwachsenes, fast undurchdringliches Dickicht. Durch Täler und über Hochebenen, die ab und an geradezu tibetischen Charakter haben. Oder aber man fühlt sich eine Etappe lang wie auf den Hochalmen Südtirols oder der Schweiz. Abwechslungsreich, spannend, hinter jeder Wegbiegung, nach jedem Tal ist die Landschaft neu. Kaum befahrene Straßen führen durch die Hügellandschaft und über die Pässe, schmale Pfade durch Schluchten und über Hochebenen. Wilde, raue, abweisende Etappen wechseln mit lieblichen, fruchtbaren, romantischen. Natur pur.

Auf Urlandschaften folgen liebevoll vom Menschen gepflegte Kulturlandschaften. Es gibt keine von Profitgier vergewaltigten Landstriche und Monokulturen. Hier scheint die Welt sich noch ein bisschen langsamer zu drehen.

Wird die Zeit hier gar nach einem anderen Maßstab gemessen? Arbeitet man hier, um zu leben und lebt nicht, um zu arbeiten? Es sind liebevolle, aufmerksame, sehr sehr gastfreundliche Menschen. Je weiter man in den Süden kommt, umso herzlicher und offener sind die Begegnungen. Und es sind in besonderer Weise die Begegnungen, die diesen Pilgerweg so einzigartig machen. Es sind neugierige Menschen, denen die vorbeiziehenden Fremden nicht egal sind. Sie

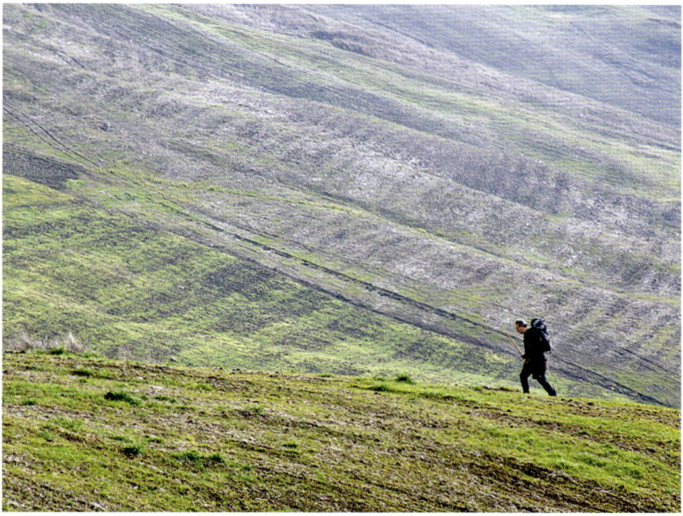

*Auf dem Weg nach Pietracatella (Tag 19)*

wollen wissen, nehmen teil, sind besorgt und wollen sich kümmern. Sie fühlen sich verantwortlich für das Wohlergehen von Menschen, die solche „Strapazen" auf sich nehmen. Und geben gerne ihre Anliegen und Sorgen dem Pilger mit auf seinem Weg, damit dieser sie dann, in der Grotte, Gott hinhalten möge. Es sind tief gläubige Menschen, die in Einfachheit ihr Christentum leben. Und sie haben ihre Sorgen: Die Mutlosigkeit der jungen Menschen, die, obwohl gut ausgebildet, nicht die Kraft und den Mut finden, unternehmerisch tätig zu werden. Die Arbeitslosigkeit und die Abwanderung aus den ländlichen Gegenden, die Hoffnungslosigkeit und Ohnmacht, weil ganze Landstriche von korrupten Politikern vergessen werden. Die Einfachheit der Menschen hier berührt und Sehnsucht entsteht nach einer Zeit, in der die Menschen auch bei uns noch mehr Zeit hatten. Langsam wird den Menschen am Weg bewusst, dass in diesem Pilgerweg eine kleine Chance liegen könnte. Und es gibt in mehreren der kleinen Dörfer und Städtchen Visionäre, die sich um diesen Weg kümmern, die Pinsel und gelbe Farben kaufen wollen, um eine Etappe pilgermäßig zu gestalten. Manche wollen Zimmer herrichten, damit die Pilger auch in ihrem Dorf eine Schlafgelegenheit finden. So muss sich dieser Weg erst bewähren. Er ist anspruchsvoll und anstrengend, fordert Körper und Geist. Es ist kein Weg, der mit Straßenschuhen gegangen werden kann, es ist kein Weg der Oberflächlichkeit. Er geht in die Tiefe, macht nachdenklich, zufrieden und dankbar und jeder, der ihn geht, kehrt verändert nach Hause zurück.

*Paula Maria Holzer*

# Der Erzengel Michael und der heilige Franziskus

*Pilger sind wir, wir sind deine Kinder,*
*oh heiliger Erzengel Michael, bitte für uns.*
Aus einem alten Pilgerlied

Der Erzengel Michael, seine Bedeutung im Christentum und die Geschichte seiner Verehrung sind reich an Facetten. Judentum und Christentum, Byzanz und die Ostkirche, Italien und die germanischen Völker, Theologie, Ikonografie und die Volksfrömmigkeit haben Anteil an der Geschichte seines Kultes.
Wir wollen uns auf unserem Pilgerweg zu seinem wichtigsten Verehrungsort, dem Monte Sant'Angelo am Gargano, Schritt für Schritt – und deshalb auf das ganze Buch verteilt – dieser Verehrungsgeschichte nähern:



S. 37: Der Erzengel Michael in Bibel und Glauben
S. 50: Der Erzengel Michael und die vorchristlichen Kulte
S. 67: Der Michaelskult bei den Byzantinern
S. 91: Pilgerreisen zum Monte Sant'Angelo
S. 108: Sant'Angelo in Vetuli und der Michaelskult der Langobarden
S. 113: Mont-Saint Michel und die geheimnisvolle Michael-Linie
S. 132: Sant'Angelo in Grotte als typischer Verehrungsort des Erzengels
S. 142: Kaiser und Päpste am Monte Sant'Angelo
S. 151: Die Pilgerreise des Franz von Assisi und anderer Heiliger zum Monte Sant'Angelo
S. 157: Wallfahrten zum heiligen Berg
S. 162: Volksfrömmigkeit am Monte Gargano
S. 182: Der Ursprung des Heiligtums

Der zweite Begleiter auf unserem Weg wird der hl. Franziskus sein. In den franziskanischen Quellen fehlt zwar ein dezidierter Hinweis, dass der „Poverello", wie ihn die Italiener liebevoll nennen, am Monte Gargano war, es gibt aber Legenden und Überlieferungen, die davon berichten. Und wenn in den Quellen steht, dass Franziskus zweimal in der „terra d'Apulia", also in Apulien, war, so ist damit mit großer Wahrscheinlichkeit die Grotte des Erzengels Michael gemeint. Denn um 1200 war das Pilgern in diese Grotte an seinem Höhepunkt, Pilger und Ritter kamen auf ihren Wegen ins Heilige

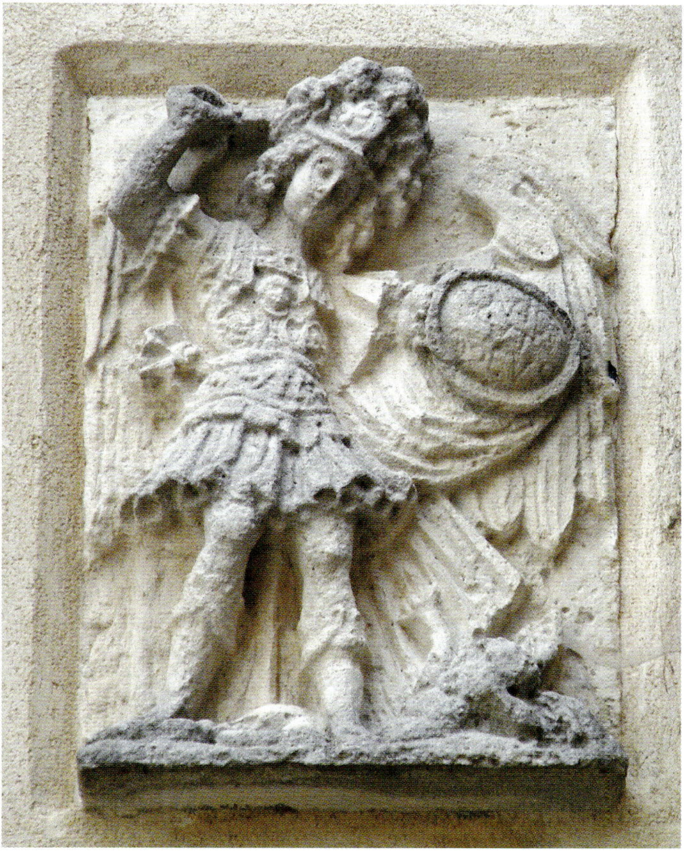

*Michael-Relief an einem Haus in Monte Sant'Angelo*

Land hier vorbei. So ist es undenkbar, dass Franziskus, der ein großer Anhänger des Erzengels war, auf seinen Wegen nach Jerusalem nicht auch hier gewesen ist.
Auch unterwegs begegnen wir immer wieder den Spuren, die Franziskus hinterlassen hat, etwa in Celano, der Heimat seines Biografen, auf der Hochebene Baullo, in Castelvecchio Subequo, in Toro, in Signano und schließlich in Monte Sant'Angelo.
In seinen Schriften hat Franziskus den Erzengel oft erwähnt. In Schlüsselsituationen seines Lebens rief er ihn zu Hilfe und seinen Brüdern hinterließ er den Auftrag, sich jährlich am Tag des Festes des heiligen Erzengels zu Beratungen zu versammeln.
So lasst uns aufbrechen zur Grotte des Erzengels – auf den Spuren des heiligen Franziskus. Gehen wir seine Wege und lassen wir uns von ihm und seinem Beschützer begleiten!

# Der Erzengel-Michael-Weg

*Praktische Informationen*

## DIE ANREISE NACH POGGIO BUSTONE

Der nächstgelegene Flughafen ist Roma Fiumicino, allerdings ist das **Flugzeug** kein passendes Fortbewegungsmittel für Pilger, die sich auf die Spuren des „Schutzpatrons der Schöpfung" begeben. Rom (Roma Termini) ist genauso gut und relativ preiswert mit der **Bahn** zu erreichen. Aus Süddeutschland, Österreich und der Schweiz gibt es sowohl Tagesverbindungen als auch Nachtzüge.
Von Rom gibt es gute Zugverbindungen nach Rieti und vom dortigen Bahnhof fahren regelmäßig **Busse** hinauf nach Poggio Bustone.

## DIE RÜCKREISE VON MONTE SANT'ANGELO

Von Monte Sant'Angelo fahren Busse nach Foggia und von dort gibt es schnelle Zugverbindungen über Ancona und Bologna Richtung Norden. Foggia verfügt über den kleinen Flughafen „Gino Lisa", das südlichere Bari hat einen größeren mit Direktflügen, beispielsweise nach München.



## DIE ETAPPEN

Der Führer ist in Tagesetappen eingeteilt, die in ihrer Länge variieren und im Durchschnitt 22 Kilometer betragen. Längere Etappen von bis zu 31 und sehr kurze mit 15 Kilometern wechseln sich ab. Wir sind im gebirgigen Apennin unterwegs mit ständigem Auf und Ab, sodass auch kurze Etappen anstrengend sein können. Ein Pilgerweg ist keine Rennstrecke und es empfiehlt sich, sich Zeit zu lassen und an den reichen Kultur- und Naturschönheiten am Rande des Pilgerweges nicht vorbeizulaufen.

## DIE JAHRESZEIT

Die Route kann das ganze Jahr über begangen werden, wobei sich Frühling und Herbst besonders gut zum Wandern eignen. Insbesondere im Ferienmonat August kann die Quartiersuche schwierig werden und im Hochsommer macht die Hitze in Süditalien das Wandern zur Qual. Im Frühjahr und Herbst sind die Temperaturen hingegen ideal, im April und Mai sind die Wiesen von Blumen übersät und die Luft ist erfüllt von mediterranen Düften.
Das milde Herbstwetter im Oktober und die bunten Wälder im November sind von besonderem Reiz. Allerdings sind die Tage im Spätherbst sehr kurz, man muss auch mit Herbststürmen und Regen rechnen.

Im Winter ist die Pilgerfahrt naturgemäß schwieriger, es kann durchaus Schnee liegen, viele Unterkünfte sind geschlossen.

## FEIERTAGE

In Italien sind der 1. Jänner, 6. Jänner, Ostermontag, 25. April (Tag der Befreiung), 1. Mai, 2. Juni (Nationalfeiertag), 15. August, 1. November, 8. Dezember, 25. und 26. Dezember Feiertage. Fronleichnam und Christi Himmelfahrt sind keine Feiertage mehr (die entsprechenden Feste werden am darauffolgenden Sonntag gefeiert), auch der Pfingstmontag ist ein normaler Arbeitstag.

## LANDKARTEN

Alle Etappen sind auf Landkarten im Maßstab 1:50.000 dargestellt, zwei Zentimeter auf der Karte entsprechen somit einem Kilometer in der Natur. In aller Regel sind sie genordet, wo dies nicht der Fall ist, bitte die Windrose beachten! Die durchgehende rote Linie entspricht dem Fußpilgerweg (und seinen Varianten), strichliert ist der Radweg angegeben, wo er vom Fußpilgerweg abweicht.
Zur allgemeinen Orientierung sind zusätzlich die Straßenkarten der jeweiligen Region empfehlenswert, etwa im Maßstab 1:200.000. Solche Karten sind überall vor Ort erhältlich und enthalten idealerweise auf der Rückseite Stadtpläne der wichtigsten Orte. Stadtpläne und Quartierverzeichnisse erhält man in den Tourismusbüros.
Die Kartenfunktion von Smartphones bedarf des Datenroamings (siehe. „Telefon und Internet“ – Achtung auf mögliche Gebühren!). Es gibt Telefonanbieter, die Navigationskarten für das Ausland zum Herunterladen (Apps) gratis anbieten. Die Nutzung mittels Datenroaming, auf die Kartenfunktion beschränkt, kann für eine bestimmte Dauer gekauft werden. Erkundigen Sie sich aber beim ersten Mal über den Einstellungsmodus des Smartphones für die Navigationsverwendung im Ausland. Die Kartenfunktion kann sehr praktische Dienste liefern (Straßenübersicht, Stadtpläne), zudem wird die aktuelle Position angezeigt, aber kaum führt der Weg von der Straße, reichen digitale Karten nicht mehr aus.

## MARKIERUNG

Der Weg wird mit demselben gelben Tau gekennzeichnet wie der Franziskusweg von La Verna nach Poggio Bustone. Mit einem Pinsel, gelbem Buntlack und gutem Willen bewaffnet sind wir dabei, die Wege zu markieren. Handgemalte Tau und Pfeile auf dem gesamten Pilgerweg – das ist unser Traum. Aber 500 Kilometer sind eine lange Strecke und es ist nicht einfach. Bäume werden gefällt, neue Wege gebaut, der Lack verwittert schnell ... So kann man sich nicht darauf verlassen, dass alle Abschnitte gekennzeichnet sind.

## ÖFFENTLICHE VERKEHRSMITTEL

Abgesehen von kleineren Ausnahmen gibt es entlang der gesamten Strecke immer wieder die Möglichkeit, zumindest teilweise auf öffentliche Verkehrsmittel oder Taxis zurückzugreifen, um eine Etappe abzukürzen oder um sich zu schonen. An Wochenenden sind die Verbindungen stark eingeschränkt, sonntags fahren keine Busse. Fahrkarten gibt es in Tabaktrafiken.

Da sich das Buch als Führer für Fußpilger versteht, wird unterwegs nicht auf öffentliche Verkehrsmittel hingewiesen.

## DER PILGERPASS

Zu diesem Pilgerweg gibt es einen Pilgerausweis, mit dem Sie sich als Franziskuspilger zu erkennen geben. Dieser „Reisepass“ für Pilger berechtigt zu Vergünstigungen bei Unterkünften, die sich der Pilgervereinigung angeschlossen haben. Zudem ist er im Nachhinein ein liebes Erinnerungsstück, denn jeder Stempel ist mit Wegstrecken verknüpft und in der Vielfalt der Stempel spiegeln sich die Erfahrungen des Pilgerweges. Und schließlich hinterlassen Sie mit dem Sammeln von Stempeln eine Spur, die eine Vielzahl von Wegen

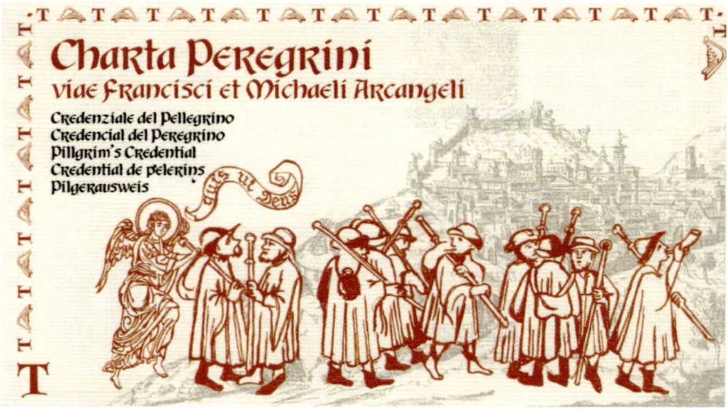


*Der gemeinsame Pilgerpass für den Franziskus-, den Erzengel-Michael- und den Benediktweg*

erst zu einem Pilgerweg verbindet und die lokale Bevölkerung auf diesen aufmerksam macht.

Angela, die gut englisch spricht, verschickt die Pilgerpässe per Post gegen eine Spende, die dem Pilgerverein zugutekommt. Schreiben Sie an jacopadue@yahoo.it oder rufen Sie Angela an, Tel.: 0039/333/9985141.

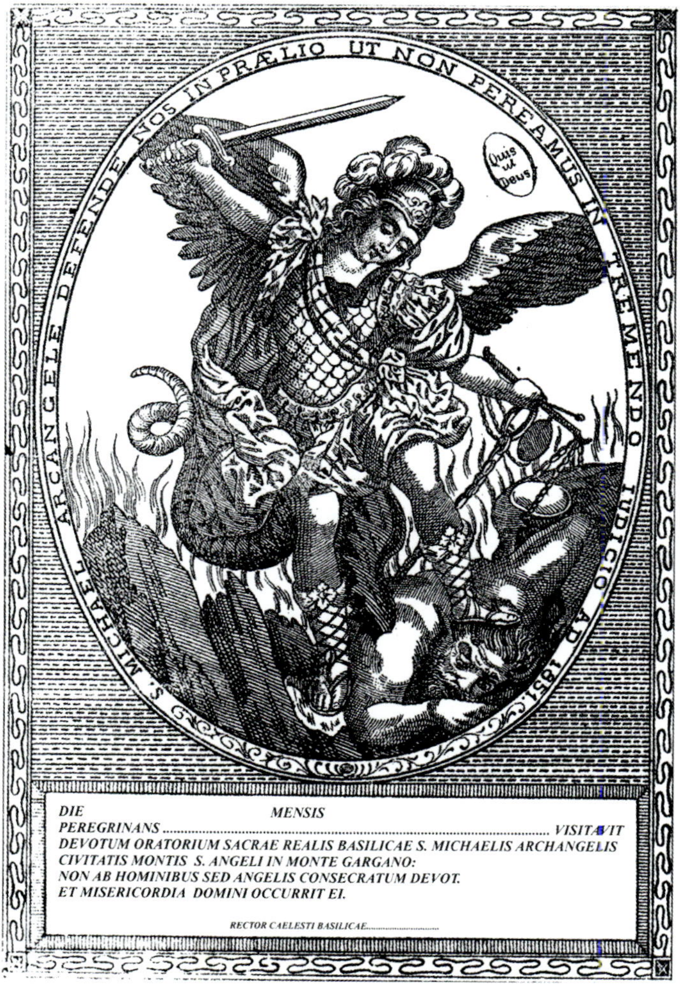


*Pilgerurkunde von Monte Sant'Angelo*

## DAS TESTIMONIUM

Ähnlich wie in Santiago erhalten die Pilger auch in Monte Sant'Angelo eine Bestätigung für ihre Pilgerfahrt. Das Dokument zeigt eine Michaelsdarstellung aus dem 19. Jahrhundert. Sollte in der Grotte grad niemand Bescheid wissen, fragen Sie nach Pater Ladislao vom Michaelitenorden, dem Rektor der Basilika.

## UNTERKÜNFTE

Das Preisniveau in Italien liegt etwa auf demselben Niveau wie in Österreich oder Deutschland, man darf sich diesbezüglich also nicht am spanischen Jakobsweg orientieren. Da es hier keine spezifischen Pilgerunterkünfte gibt, muss man insbesondere für die Übernachtungen mit normalen Pensionspreisen rechnen. Diese lassen sich bei Hotels und größeren Pensionen am einfachsten im Internet nachlesen. Manche Klöster verfügen über Gästehäuser, in denen normale Zimmerpreise verrechnet werden, andere Ordenshäuser und auch Pfarrgemeinden stellen einfache Unterkünfte zur Verfügung. Wenn dafür nichts verlangt wird, sollten Sie trotzdem einen angemessenen Betrag als Spende hinterlassen.

Eine weitere Möglichkeit sind Jungendherbergen, aber auch dort muss man je nach Zimmerstandard mit etwa 20 Euro pro Nacht rechnen. Der Hinweis „Pilgerpreis“ bei machen Quartieren besagt, dass die Besitzer Pilgern einen leicht ermäßigten Tarif verrechnen.

Für den Franziskusweg und den Erzengel-Michael-Weg wurde für die Pilgersaison 2015 vom Verein der Freunde des Franziskusweges eine Fliese entwickelt, die den registrierten Pilgerherbergen zur Verfügung gestellt wird. Wo Sie also diese Fliese entdecken, sind Sie richtig.

## VERPFLEGUNG

In manchen Quartieren besteht die Möglichkeit, selbst zu kochen. Ansonsten kann man in Pizzerien preisgünstig essen, während man in normalen Restaurants auf 15 Euro für ein Abendessen kommt. Die Verpflegung für unterwegs kann problemlos vor Ort gekauft werden. Trinkwasser findet man an Brunnen im Dorfzentrum oder an der Kirche, sodass man meist mit einer normalen Wasserflasche auskommt. Brunnen mit nicht kontrolliertem Trinkwasser sind mit „acqua non potabile“ (kein Trinkwasser) gekennzeichnet, an allen anderen Brunnen ist das Wasser trinkbar. An sehr heißen Tagen ist es empfehlenswert, zusätzliche 1,5 l Wasser mitzuführen.

## DIE AUSRÜSTUNG

- Pass oder Personalausweis
- Bankomatkarte und Bargeld
- Rucksack (ca. 50 Liter)
- Regenüberzug für den Rucksack
- Schlafsack
- Kosmetik- und Medikamententasche
- Blasenpflaster

- Sonnencreme
- Sonnenhut
- Sonnenbrille
- Anorak, winddicht, wasserundurchlässig und atmungsaktiv
- Tourenhose
- Freizeit- oder Jogginghose für abends und zum Schlafen
- Kurze Hose
- Unterwäsche aus Funktionsmaterial
- Lang- und kurzärmelige Hemden oder T-Shirts aus Funktionsmaterial
- Pullover
- Trekkingschuhe oder auch bequeme Turnschuhe
- Sandalen
- Wandersocken
- Eventuell Stirnband
- Wasserflasche (1–1½ Liter)
- Taschenlampe
- Wäscheklammern und Schnur, um nasse Wäsche am Rucksack zu befestigen
- Taschenmesser
- Evtl. ein kleiner Taschenkompass, ein billiges Modell ist völlig ausreichend, es erleichtert im Gelände die Orientierung und ist zuweilen auch in den Städten hilfreich
- Notizbuch
- Fotoapparat
- Trekkingstöcke sind eine Frage der persönlichen Gewohnheit. Die Höhenmeter sind meist gering, sodass Stöcke eher unnötig sind. Oft lenken sie nur ab und verursachen Lärm und Hektik. Auch als „Waffe" sind sie nur begrenzt sinnvoll. Die Hunde am Wegrand wissen genau um ihre Reviergrenzen Bescheid und stellen für den Pilger normalerweise kein Problem dar.



## TELEFON UND INTERNET

Mobiltelefon oder Smartphone sind auf einer Pilgerfahrt praktisch, man muss es ja nicht immer eingeschaltet haben. Denn die Pilgerzeit sollte auch eine Auszeit sein, weg vom Alltag, frei vom „heißen Draht" zu allem und jedem.

***Telefon:*** „Pronto?" – so meldet sich in Italien der Angerufene und es ist nicht üblich, dass er sich vorstellt. Das muss der Anrufer tun.

**Festnetzvorwahlen** haben **eine Null** vorangestellt. Auch bei Benützung der Landesvorwahl 0039 oder +39 wird diese Null mitgewählt (Tel. 0039 **0**765 8844…).

**Mobiltelefonvorwahlen** haben **keine Null** vorangestellt und sie wird daher auch nicht nach 0039 bzw. +39 verwendet. (Cell. 0039

339 49840 …) Vor der Telefonnummer wird gerne das Kürzel **Cell.** für Cellulare (Mobiltelefon) statt **Tel.** verwendet.
Öffentliches Telefon: Telefonwertkarten gibt es in der Trafik, am Kiosk und manchmal in der Bar ab 5,– € zu kaufen. Telefonieren (vorher Ecke abreißen!) innerhalb Italiens ist damit günstig, aber nicht überall findet man einen Apparat.
***Telefonieren, SMS mit Mobiltelefon:*** Erkundigen Sie sich, welcher italienische Telefonanbieter einen Partnervertrag mit Ihrer Telefongesellschaft hat. Die Tarife sind dann günstiger, den Betreiber stellen Sie händisch ein. SMS-Botschaften sind billiger als Ferngespräche. Zu zahlen sind sowohl aus- als auch eingehende Telefonate und SMS. Darüber hinaus erkundigt man sich beim heimischen Betreiber über mögliche Sonderangebote für das Ausland.
***Datenroaming:*** Internet, E-Mails, Online-Apps, QR-Funktion usw. sind praktisch, können aber im Ausland sehr teuer werden. Daher bitte beachten:

- **Deaktivieren** Sie am Gerät das Datenroaming, damit sie keine Überraschungen erleben.
- Oder Sie erkundigen sich vor ihrer Abreise bei Ihrem Netzbetreiber über günstige Datenroaming-Pakete.
- Unterwegs gibt es durchaus Gelegenheit für die kostenlose Verwendung von WLAN.



Tipp: Kaufen Sie sich in Italien eine wiederaufladbare Wertkarte (SIM-Karte) für Ihr Mobiltelefon/Smartphone und tauschen Sie die SIM-Karte auf Ihrem Gerät für Gespräche zu italienischen Rufnummern aus. Das ist wesentlich billiger. Wertkarten erhält man in Trafiken und auf Tankstellen.

## PILGERVEREIN UND HOMEPAGE

Mit Pilgerfreunden aus ganz Italien und darüber hinaus haben wir im Jahr 2010 in Assisi den Verein „Associazione amici del Cammino Di qui passò Francesco“ – Freunde des Franziskusweges – gegründet. Dieser Verein kümmert sich auch um den Erzengel-Michael-Weg, etwa um Quartiere und Markierung. Auf der Homepage www.diquipassofrancesco.it, die zumindest teilweise auch auf Deutsch und Englisch zugänglich ist, finden Sie daher auch aktuelle Informationen zum Michaelweg. Bevor Sie starten, sollten Sie dort bei der Rubrik „Con le ali ai piedi“ nachschauen, ob es neueste Veränderungen etwa beim Wegverlauf oder bei den Quartieren gibt.

# Der Weg des Erzengels für Fahrradpilger

Dieser Führer eignet sich auch zum Fahrradpilgern. Dort, wo die Steige steinig, steil und schmal und daher für die Räder nicht geeignet sind, wird eine Variante beschrieben (in den Karten: punktierte Linie). Wo in Text und Karte hingegen kein Hinweis auf die Radvariante steht, gilt derselbe Weg wie für die Fußpilger.
Es gibt ein kontinuierliches Auf und Ab, da der Weg durch das Apennin-Gebirge führt. Die vorgeschlagenen Etappen sind mit maximal 64 Tageskilometern so gewählt, dass ein gemütliches Tempo Pilgergefühle aufkommen lässt. Zudem hat der Fahrradpilger so auch Ruhe und Zeit, die herrliche Landschaft und die reiche Kultur zu genießen und den herzlichen Menschen entlang des Weges zu begegnen.
Es sind ungefähr 530 Fahrradkilometer beschrieben, mehr als der Pilgerweg zu Fuß, da manchmal über die längeren Autostraßen ausgewichen wird. Die angegebenen Kilometer haben als Bezugspunkt jeweils das Zentrum der Ortschaft, das Gemeindehaus, das Informationszentrum oder, wo erwähnt, die Herberge. Die Kilometer wurden um 500 Meter auf- oder abgerundet. Der Weg verläuft häufig auf Nebenstraßen, auf denen auch recht steile Abschnitte zu befahren sind. Das ist zu bedenken, wenn Sie mit Gepäcktaschen unterwegs sind. Zudem ist der Zustand der Straßen oft schlecht mit vielen Schlaglöchern, sodass sich das Mountainbike gut eignet oder ein Trekkingrad, Rennräder hingegen nicht. Fahrradgeschäfte für Reparatur oder Zubehör sind selten und nur in größeren Ortschaften zu finden.
Der Weg führt über Hochebenen und Pässe, wo es auch im Sommer recht kühl sein kann. Es braucht daher warme Kleidung. Für größere Gruppen ist es an manchen Orten nicht so leicht, Unterkunft zu finden, besonders im Hochsommer.



### ANFAHRT NACH POGGIO BUSTONE

Von Rom nach Rieti gibt es Züge, die auch Fahrradtransport zulassen. Von Rieti sind es etwa 25 Kilometer in konstanter Steigung hinauf nach Poggio Bustone und seiner Einsiedelei. Die Linienbusse nehmen Fahrräder nicht immer mit, Auskunft geben die Busfahrer oder die Schalterbeamten am Busbahnhof.

### RÜCKFAHRT VON MONTE SANT'ANGELO

Mit dem Fahrrad sind es ca. 20 Minuten hinunter nach Manfredonia. Abwärts nach Madonna delle Grazie, 11 km, dann in der Ebene weiter auf der verkehrsreichen *SS 98*, den Straßenschildern nach Man-

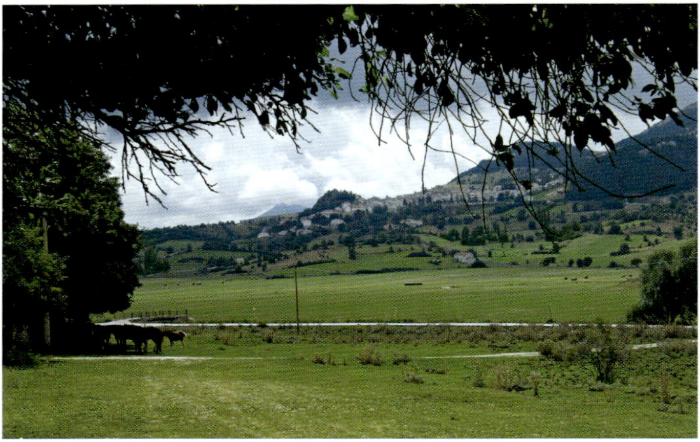

*Über weite Strecken führt der Pilgerweg auf wenig befahrenen Nebenstraßen durch grüne Landschaft – Blick von der Einsiedelei San Michele auf Pescocostanzo (Tag 12).*



fredonia folgend. In der Stadt über die Via Gargano und die Via Miramare am Meer entlang, weiter über die Via Maddalena und den Viale Aldo Moro zum Bahnhof.

Von Manfredonia mit einem Regionalzug, der auch Fahrräder mitnimmt, nach Foggia.

Für Gruppen gibt es in Manfredonia oder in Foggia die Möglichkeit, sich einen Lieferwagen zu leihen. Die Informationen holen Sie sich am besten von den Internetseiten von Hertz oder Avis, www.hertz.it bzw. www.avis.it.

# Mit Flügeln an den Füßen

*Auf den Spuren des Franziskus*
*und des Erzengels Michael*

TAG 1

# Von Poggio Bustone nach Cittaducale 27 km

Schwierigkeit: ●●●

**Die erste Etappe überschneidet sich bis nach *Cantalice* mit den letzten Kilometern des Franziskusweges. So können wir uns darauf freuen, Pilgern zu begegnen, die auf ihrer letzten Etappe nach *Poggio Bustone* den Franziskusweg beenden. An mehreren lieblichen Dörfern und vielen Brunnen vorbei gehen wir vorwiegend auf angenehmen Wanderwegen. Trotzdem ist diese erste Etappe anstrengend, nicht wegen ihrer Länge, sondern wegen der Steigungen. Es empfiehlt sich daher, früh zu starten, um in den anstrengenden Anstiegen die pralle Mittagssonne zu meiden.**

### Unterkünfte

**Poggio Bustone**:

- ✯ Herberge *Ostello della Locanda Francescana*, 50 Schlafplätze, Halbpension möglich. Tel.: 0746/688688
- ✯ Kloster *San Giacomo*, herzliche Unterkunft auch für Gruppen, Zimmer und Schlafsäle. Zu Essenszeiten Guardian Bruder Pasquale oder Bruder Renzo anrufen, Tel.: 0746/688916



**Cittaducale**:

- ✯ Kloster *Santa Caterina d'Alessandria* der Benediktinerinnen. 11 Zweibettzimmer mit Bad, Halbpension möglich. Tel.: 0746/602106
- ✯ *Albergo Pace,* Via Duca Roberto 88, am Hauptplatz im Zentrum, Tel.: 0746/602127 (Pilgerpreis mit Pilgerausweis)

## Wegbeschreibung

Vom Kloster *San Giacomo* gehen wir durch die *Via San Giacomo* abwärts ins Dorf, weiter durch die *Via Garibaldi* und die *Via Mazzini*, bis die Dorfstraße über eine Betontreppe in den Wanderweg mündet. Wir überqueren den kleinen Bach in der Schlucht und in leichtem Auf und Ab geht's auf dem lieblichen Steig weiter bis ins Dörfchen *San Liberato*. Dieses bis ans Ende durchqueren, nach dem Bachlauf mit Brunnen kurz links aufwärts, dann rechts abzweigen, den Hügel entlang mit herrlicher Aussicht auf das Rietital. Vor unseren Augen taucht das Dorf **Cantalice** auf, dessen Häuser an die Felsen geklebt zu sein scheinen und sich uns wie ein Wasserfall aus Fenstern, Balkonen und Steinmauern präsentieren. Die Zeit scheint hier stehen geblieben zu sein. Viele Steinstufen mühen wir uns durch die engen Gassen und Durchgänge hinauf bis zur Kirche *San Felice*. Von dort rechts die ebene Straße weiter, am Brunnen vorbei. Im alten Dorfladen auf unserer rechten Seite gibt es hausgemachtes Steinofenbrot und wunderbaren Schafskäse und der Chef hat noch

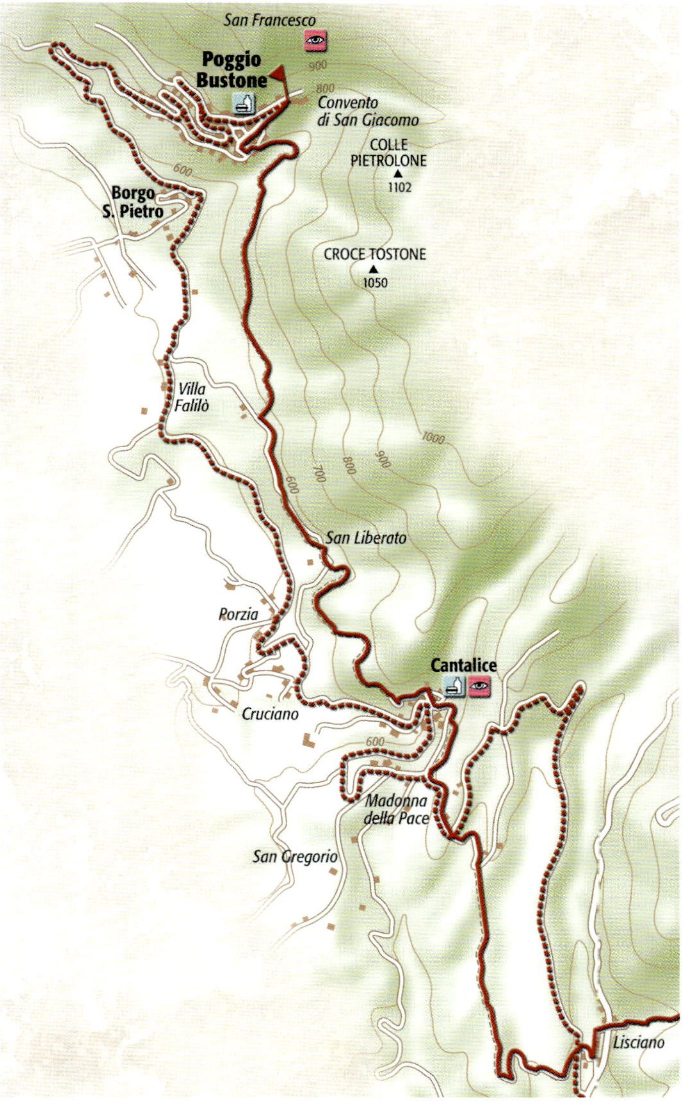




dazu Zeit und Muße, um mit Pilgern und Stammgästen zu plaudern. Am Ende des Dorfes, bei der kleinen, gelben Kirche *Santa Maria della Pace*, teilt sich die Straße.

Wir nehmen die leicht aufwärts führende Straße Richtung *Capolaterra*, an der Carabinieristation vorbei, bis wir in einer Kurve zu einem Haus auf unserer rechten Seite kommen, bei dem auch ein Straßenspiegel steht. Vor diesem Haus rechts in ein Sträßchen einbiegen, nach 50 m links in den Wanderweg. Dieser führt zuerst abwärts und steigt später wieder an. Wir bleiben auf diesem Weg, vorbei an einem Haus links und einem Zaun und Hütten rechts. Der Weg ist hier für wenige Meter asphaltiert. Wir gehen geradeaus weiter, ignorieren alle Abzweigungen bis zu einer Steinkonstruktion, wo der Weg in einem Feld zu enden scheint. Hier beginnt ein schmaler, grasbewachsener Steig, der bald breiter wird und bei einem rot-weißen Metallschranken endet. Wir nehmen den steil abfallenden, schmalen, teils betonierten Steig links, der auf der anderen Seite des Grabens wieder steil aufwärts führt. Er mündet in einen Karrenweg durch die Felder, der bald in eine Asphaltstraße übergeht. Von weitem sehen wir das Dorf **Lisciano**, auf das wir zugehen. Nach der Rechtskurve mit schönem Brunnen und Kapelle abwärts, bis nach einigen 100 m ein Steig auf der linken Seite der Straße abzweigt (grüne Mülltonne), den wir nehmen. Es ist dies eine Abkürzung ins Dorf. Weiter zwischen den ersten Häusern, durch die Unterführung unter der Staatsstraße hindurch und nun wieder aufwärts in den älteren Teil des Dorfes. Die Dorfstraße weiter aufwärts, an der Bar *la cantina* vorbei. Gleich hinter dem Brunnen mit bestem Trinkwasser rechts abbiegen.



Zwischen den Häusern hinauf gelangen wir zum steilen und steinigen Weg, der uns schnell an Höhe gewinnen lässt. Hier wurde ein breiter neuer, sehr steiler Weg ausgebaggert, aber nach dem ersten sehr steilen Wegstück können wir links in den Steig abzweigen, der langsam in einen schönen Waldweg übergeht. Er wird flacher und breiter und führt durch einen alten, wilden Kastanienwald. Immer geradeaus bis rechts ein ebenso breiter Weg abzweigt, dem wir nun folgen. (Achtung! Der flache Weg geradeaus ist zwar sehr einladend, endet aber irgendwo im Wald.) Unser Weg wird breiter und schöner, je höher wir kommen, die Kastanienbäume machen sehr hoch wachsenden Baumarten Platz. Der Waldweg mündet in die Wiesen und führt in den Weiler **Coccodrillo**.

Der Weg mündet in ein Asphaltsträßchen, dem wir ca. 100 m folgen bis zu einer Abzweigung (links steht ein Schuppen, rechts ein großer Holzstapel). Wir nehmen den steil abfallenden, betonierten Steig auf der linken Seite, der in die asphaltierte Straße nach **Lugnano** mündet. In diese biegen wir links ein und gelangen über eine langgezogene Kurve zu den ersten Häusern des Dorfes, das von einem großen Felsen beherrscht wird, auf dessen Gipfel eine schöne Steinkonstruktion steht. Beim großen Brunnen unter dem Felsen links in die Via *Lugnano* einbiegen, an deren Ende geradeaus weiter der *Via Mussi* folgen. Es ist ein ruhiges, schattiges Sträßchen, zuerst leicht aufwärts, dann abwärts an einem Brunnen vorbei zum Weiler **Cupaello** (ohne Hinweisschild). Brunnen am kleinen Dorfplatz.

Wir verlassen das Dorf immer noch abwärts gehend, bis die Straße eine scharfe Rechtskurve macht, in der unterhalb auf der linken Seite eine Grube zu sehen ist, und nehmen das Asphaltsträßchen, das geradeaus weiter führt. Bei der nächsten Kreuzung, mit einem Schuppen auf der linken und einer großen Eiche auf der rechten Seite, nehmen wir das Sträßchen links, das recht steil abwärts führt. Bei der nächsten Abzweigung links und dann noch einmal links gelangen wir in das Dorf **Santa Rufina**. Beim kleinen Dorfplatz angelangt diesen überqueren und hinauf zur oberen Kirche. Vor der Kirche links, dann bei der ersten Abzweigung rechts abbiegend (kleiner Brunnen) verlassen wir das Dorf.

Das Sträßchen mündet in einen Schotterweg und führt nun etwas steiler auf einen Hügel; wir ignorieren die Straße, die rechts abbiegt,

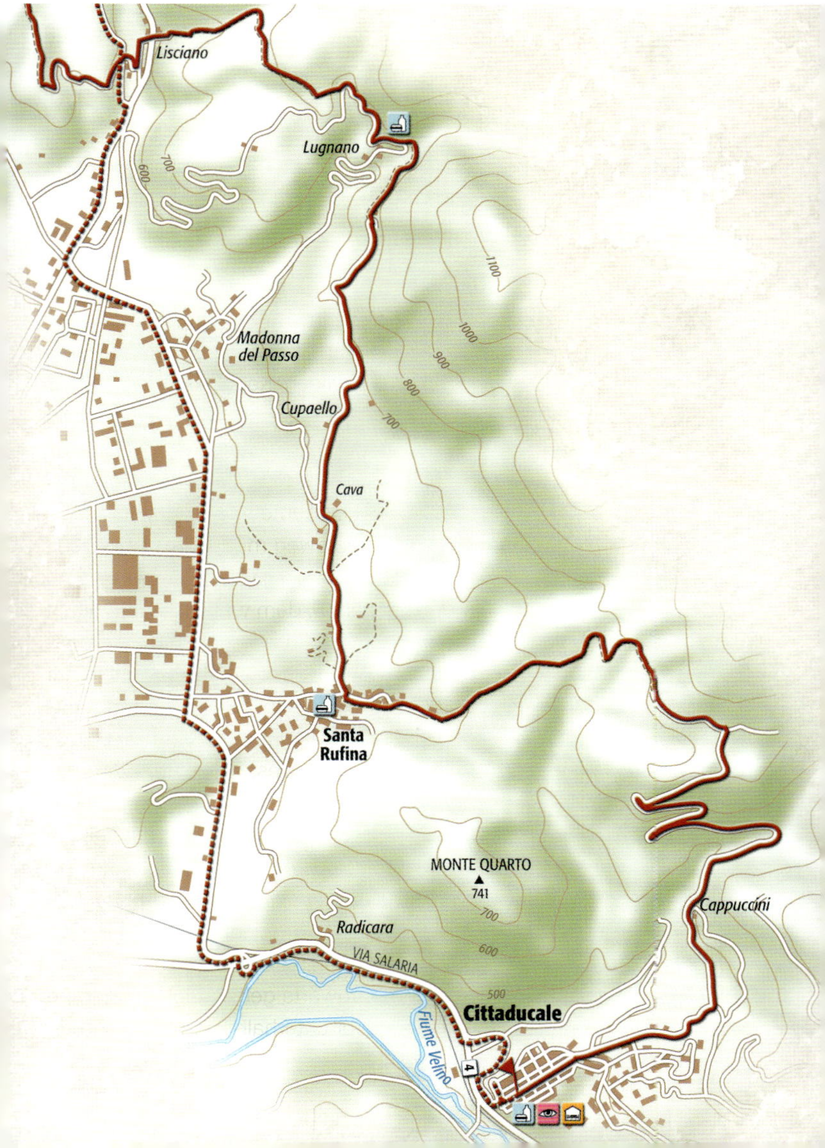

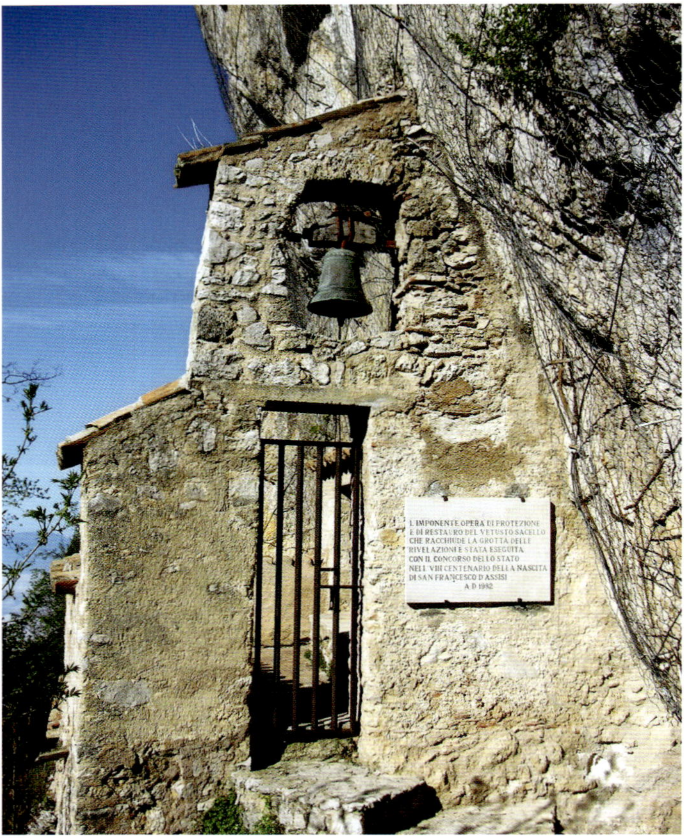


*Poggio Bustone, Obere Einsiedelei*



und gehen geradeaus weiter, bis der Weg sehr breit wird. An einem einsamen Haus mit einem auffallenden Iglu-Dach vorbei, nun leicht abwärts. Unser Weg mündet in der Mulde in ein asphaltiertes Sträßchen. Vor einem Haus auf der rechten Seite rechts in einen unscheinbaren Steig einbiegen. Dieser lässt uns in einen grünen Blättertunnel eintauchen, der uns kurvenreich abwärts führt. Der Weg mündet am Ende in ein Feld, an dessen rechter Seite wir den anfangs kaum sichtbaren Spuren eines Weges folgen. Als Karrenweg führt er weiter durch den Wald an das untere Ende eines Feldes, auf dem mittendrin hoch oben eine mit viel Vegetation überwucherte Ruine steht. Weglos durch das Feld aufwärts, unterhalb der Ruine vorbei, gelangen wir zu einem Schotterweg. In diesen biegen wir rechts ein und gehen nun abwärts, vorbei an einem neu restaurierten Haus, bis zu einem großen Brunnen. Auf dem gegenüberliegenden Hügel ist das Kapuzinerkloster zu sehen, an dem die Straße vorbeiführt, hinunter nach **Cittaducale**. Wir gehen geradeaus weiter bis zum Schranken eines Anwesens.

Hier gibt es nun zwei Möglichkeiten:

a) Die längere, aber einfachere und eindeutigere Variante, die bei schlechtem Wetter unbedingt vorzuziehen und in der Karte eingezeichnet ist, folgt dem Weg, der kurz vor dem Schranken links abzweigt. Nach 2 km gelangen wir zum Kapuzinerkloster, in dem heute Klausurschwestern leben. Der Weg, der zur Asphaltstraße wird, führt 1,5 km geradeaus weiter nach Cittaducale.

b) Die zweite Möglichkeit, viel kürzer aber abenteuerlicher, beginnt direkt beim Schranken des Anwesens. ACHTUNG! Der Steig, ein uralter, wilder Karrenweg, führt links die Böschung hinab, wobei man sich kurz durch das Gebüsch kämpfen muss, um auf diesen zu gelangen. Er ist bald klar zu erkennen, durch Stacheldraht in seiner ganzen Länge begrenzt und führt uns bis in den Talgrund, um in der Mulde rechts aufwärts über den Waldweg auf der anderen Seite wieder auf die Straße zu gelangen, die in Variante a beschrieben ist. Ca. 2 km Wegstrecke können durch Variante b abgekürzt werden.

Rechts in die Straße einbiegen, am Kloster vorbei, nach Cittaducale, durch das Stadttor durch die Gasse auf den Hauptplatz. Um zum Benediktinerinnen-Kloster *Santa Caterina* zu gelangen, überqueren wir den Platz geradeaus weiter und biegen anschließend in die zweite Gasse links ein, die direkt vor das Eingangstor des Klosters führt.



## Variante für Fahrradpilger

*Vom Franziskanerkloster abwärts durch das Dorf der Fahrstraße folgen. Nach ca. 3 km an der Kreuzung nach* ***Rieti*** *(Via A. Gramsci) links abbiegen und auf der SP8 in Richtung* ***Cantalice*** *weiter. Bei der nächsten Kreuzung 2,5 km weiter in die Ortschaft* ***Porzia,*** *weitere 2 km sind es bis nach* ***Cantalice*** *(bis hierher 7,5 km). Am unteren Ende des Dorfes bleiben und weiter in den Ort* ***Santa Croce*** *(6,5 km). Weiter bis zur Kreuzung (2,5 km), hier auf der SS4 bleiben nach* ***Vazia*** *bis zur Kreuzung mit den Schildern nach* ***Madonna del Passo.*** *Nach ca. 4 km wieder auf die SS4 – Via Salaria), weiter in die Ortschaft* ***Radicara*** *und weiter aufwärts nach* ***Cittaducale.***

## Sehenswürdigkeiten

### POGGIO BUSTONE

Der Ort ist seit dem 12. Jahrhundert urkundlich belegt. Erhalten sind im Ort ein gotisches Tor, die „Porta del buon giorno“ und die „Torre

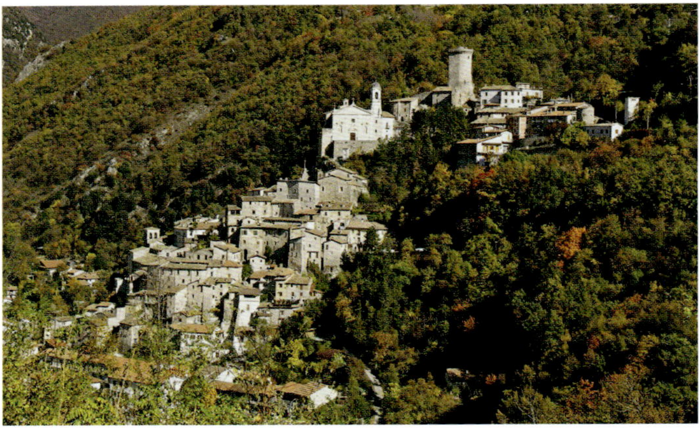

*Cantalice*

del Cassero“, der Turm einer Burg, von der nur noch wenig erhalten ist. Zur Erinnerung an den hl. Franziskus wird im Ort ein origineller Brauch gepflegt: Immer am 4. Oktober, dem Fest des Heiligen, geht der Bürgermeister, begleitet von einem Trommler, von Haus zu Haus, um die Bürger mit dem Ruf „Buon giorno, buona gente“ – „Guten Tag, ihr guten Leute!“, zu grüßen. Im Jahre 1209 hatte Franziskus der Überlieferung nach bei seiner Ankunft im Ort mit diesen Worten die Menschen begrüßt.



Oberhalb des Ortes, einen knappen Kilometer weiter und höher, am Anfang einer bewaldeten Schlucht, liegt das **Kloster San Giacomo** mit der im 14. Jahrhundert erbauten Kirche. Zu Lebzeiten des Franz von Assisi stand hier nur ein schlichtes, Jakobus dem Älteren geweihtes Kirchlein. Der Kreuzgang, den man von der Kirche aus erreicht, fasziniert mit seiner einfachen Struktur und Schlichtheit. Mystisch präsentieren sich die in Kapellen umgebauten Grotten unterhalb der Klostermauern. In diesen Grotten lebte Franziskus mit seinen Mitbrüdern.

Am Felshang liegt die heilige Höhle **„Sacro speco“**, die man vom Kloster aus über einen steilen Pfad erreicht. In diese zog sich Franziskus mit seinen Gefährten zurück, um in tiefer Stille und Einsamkeit zu verweilen. Der mühsame Aufstieg lohnt sich, allein um das kleine, klapprige Türchen zu öffnen und die intime Geborgenheit dieses einsamen Ortes genießen zu können.

## CANTALICE

Das Dorf besticht durch seine Lage am Abhang eines steilen Hügels. Der obere Ortsteil, Cantalice superiore, wurde zur Abwehr von Angriffen in eine Schlucht gebaut, die Schutz aus drei Richtungen gewährt. Der Ort wird von der Torre del Cassero überragt. Der Turm ist der Überrest einer imposanten Festung, die den Ort vor der Invasionen der Sarazenen und den Angriffen der benachbarten Stadt Rieti schützte. Den höchsten Punkt des Ortes krönt eine im 17. Jahrhundert erbaute und dem hl. Felix geweihte Kirche. In der Kirche ruhen die sterblichen Überreste des demütigen Bauernsohnes und Laienbruders der Kapuziner, der in Cantalice lebte und zahlreiche Wunder wirkte.

## CITTADUCALE

Das schöne, spätmittelalterliche Städtchen ist eingebettet in den Hügel von Cereto Piano. Am Weg zwischen Rieti und L'Aquila ist es der erste Ort an der Via Salaria, der berühmten römischen Salzstraße. Die Stadt liegt am Fuße des Terminillo im Tal des Velino, einem fischreichen Fluss mit glasklarem Wasser, der sich aus einer Reihe von Thermalquellen speist, die das Tal grün und fruchtbar machen. Bereits in vorrömischer Zeit gründeten die Pelasger in diesem fruchtbaren Gebiet die Städte Cotilia und Lista, von denen heute nur noch wenig erhalten ist.

Seinen Namen erhielt Cittaducale – Stadt des Herzogs – von seinem Gründer Karl II. von Anjou, der sie seinem Sohn Robert, Herzog von Kalabrien und Thronfolger im Reich Neapel, widmete. Der Grundriss der Stadt entspricht jenem des antiken castrum romanum. Heute nur noch teilweise von alten Stadtmauern umgeben und von Wachtürmen beschützt, vermittelt die Stadt Harmonie und Eleganz. Ein schreckliches Erdbeben zerstörte 1703 das Städtchen, weshalb ein Großteil der im Mittelalter errichteten Gebäude nicht mehr dem ursprünglichen Erscheinungsbild entspricht.

Im Gebiet von Cittaducale wurde im Zuge der Einigung Italiens im 19. Jahrhundert eine kriegerische Auseinandersetzung zwischen dem österreichischen Heer und den italienischen Truppen unter dem Kommando von Guglielmo Pepe ausgetragen. Diese ist als „erste Schlacht des Risorgimento“ in die Geschichte eingegangen.

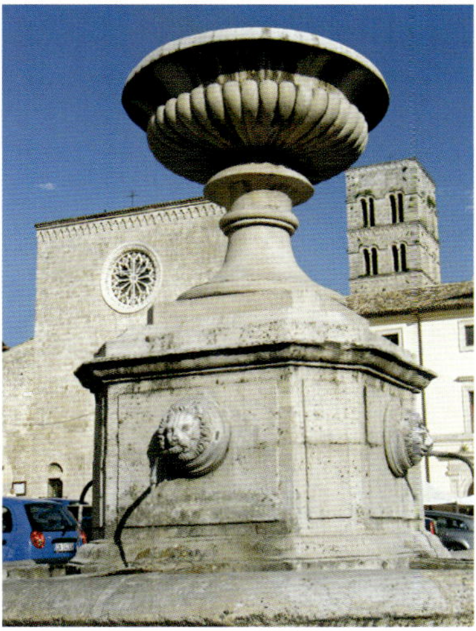

*Cittaducale*

## Franziskus, La Verna und der Erzengel

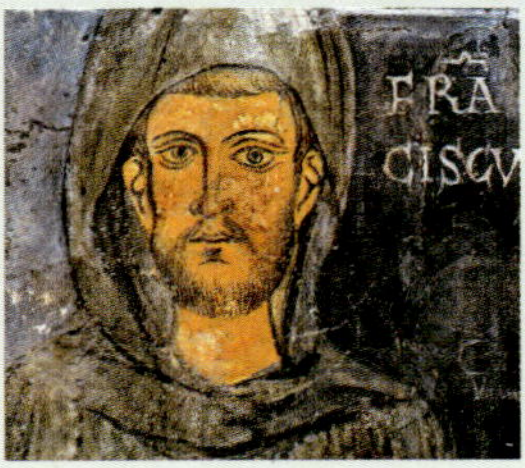


Im Jahr 1209 lebt Franziskus in der Grotte, an deren Stelle heute das Franziskanerkloster San Giacomo steht. Franziskus traut sich zu der Zeit noch nicht zu, die sechs Gefährten, die sich ihm angeschlossen hatten, zu leiten. Verunsichert zieht er sich in die Grotte *Sacro Speco* zurück, um in Einsamkeit zu beten und Gott nahe zu sein. In jener Zeit erscheint ihm der Erzengel Michael und teilt ihm mit, dass Gott ihm seine Sünden vergeben und die Gnade erteilt hätte, eine Gemeinschaft leiten zu können. Ein „menschlicher Engel" tritt alsbald in die Gemeinschaft ein: Angelo Tancredi, ein Ritter, den Franziskus als edel und freundlich beschreibt.

„Franziskus, deine Sünden sind dir vergeben, wie du es von Gott erbeten hast", kann man auf einem Gemälde in der Grotte lesen. Don Mario Sensi, der sich eingehend mit dem Michaelskult auseinander gesetzt hat, sieht in dieser Legende eine Parallele zur Inschrift auf dem Portal der Michaelsgrotte vom Monte Gargano. Dort, am Endpunkt unserer Pilgerfahrt, steht: „Wo die Felsen sich öffnen, sind den Menschen die Sünden erlassen; da ist ein ganz besonderer Ort, an dem alle Schuld vergeben wird."

Das Kirchlein Lo Speco ist in den Felsen gehauen und umfasst zwei Bereiche: Im oberen erinnert die Grotte des Franziskus mit einem kleinen Altar aus dem 13. Jahrhundert und einer Inschrift an seinen Aufenthalt mit Bruder Ägidius (einem Pilger, der auch am Monte Sant'Angelo lebte). Im unteren Bereich erinnert ein Gemälde aus dem 16. Jahrhundert an die Begegnung von Franziskus mit dem Engel.

*„Als er eines Tages an einem einsamen Ort seine Jahre in bitterem Schmerz überdachte und beweinte, da kam des Heiligen Geistes Freude über ihn und gab ihm die Gewissheit, dass ihm alle Verfehlungen restlos vergeben seien. Danach wurde er über sich selbst hinaus entrückt und gänzlich in ein wunderbares Licht hineingezogen, das Fassungsvermögen seines Geistes weitete sich, und er schaute klar, was mit ihm und seinen Brüdern geschehen werde. Alsdann kehrte er zu seinen Brüdern zurück und sprach zu ihnen: „Seid stark, geliebte Brüder, und freut euch im Herrn! Seid nicht traurig, weil ihr nur wenige seid, noch bedrücke euch meine und eure Einfalt; denn wie er mir in Wahrheit gezeigt hat, lässt der Herr uns zu einer großen Schar wachsen und mit dem Segen seiner Gnade in alle Welt ausbreiten."*
Bonaventura von Bagnoregio, Legenda Maior*

* aus: Dieter Berg, Leonhard Lehmann (Hg.), Franziskus Quellen. Die Schriften des heiligen Franziskus, Lebensbeschreibungen, Chroniken und Zeugnisse über ihn und seinen Orden, © 2014 Butzon & Bercker GmbH, www.bube.de, Kevelaer, [2]2014, S. 704–705.

TAG 2

# Von Cittaducale nach Borgo San Pietro 30 km

Schwierigkeit: ●●●

**Aus dem Rietital führt diese lange Etappe in das wunderschöne Saltotal, das es in den nächsten Tagen in seiner ganzen Länge zu durchpilgern gilt. Es erwartet uns eine sehr abwechslungsreiche Etappe, die zuerst im Talboden verläuft, uns dann über eine lange Steigung auf die Hochebene bringt und auf dieser wieder eben weiter führt. Der erste Teil durchquert eine faszinierende Wasserlandschaft, der zweite Teil geht über so ruhige und schattige Straßen, dass man die Asphaltkilometer fast nicht merkt. Proviant für den ganzen Tag mitnehmen.**

### Unterkünfte

**Borgo San Pietro:**

☆ Kloster *Santa Filippa Mareri,* 38 Betten im Schlafsaal außerhalb des Klosters, es braucht einen Schlafsack, Madre Raffaella, Tel.: 0746/558134

## Wegbeschreibung



Vom schönen Stadtplatz aus folgen wir der Hauptgasse, durch die wir gekommen sind, zurück bis ans Stadttor und verlassen durch dieses das Städtchen. Wir folgen nun für ca. 200 m der breiten *Salaria,* der ehemaligen Salzstraße, und biegen gleich nach einem Geschäft der Lebensmittelkette „Conad" links in die *Via Ermenegildo*

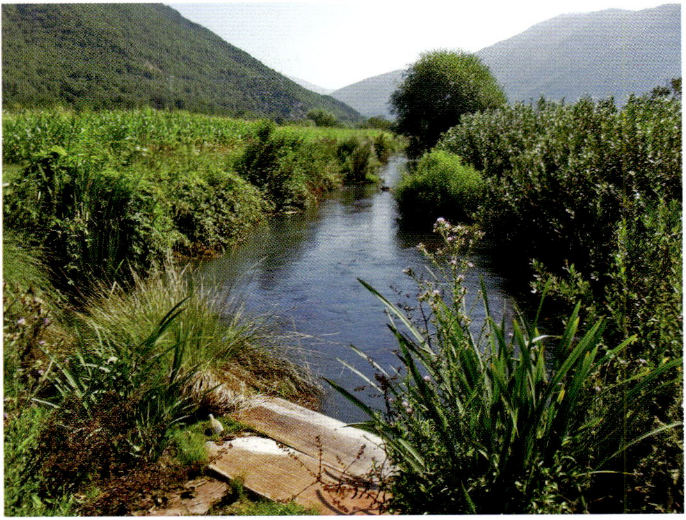

*Unterwegs im Tal der Quellen*

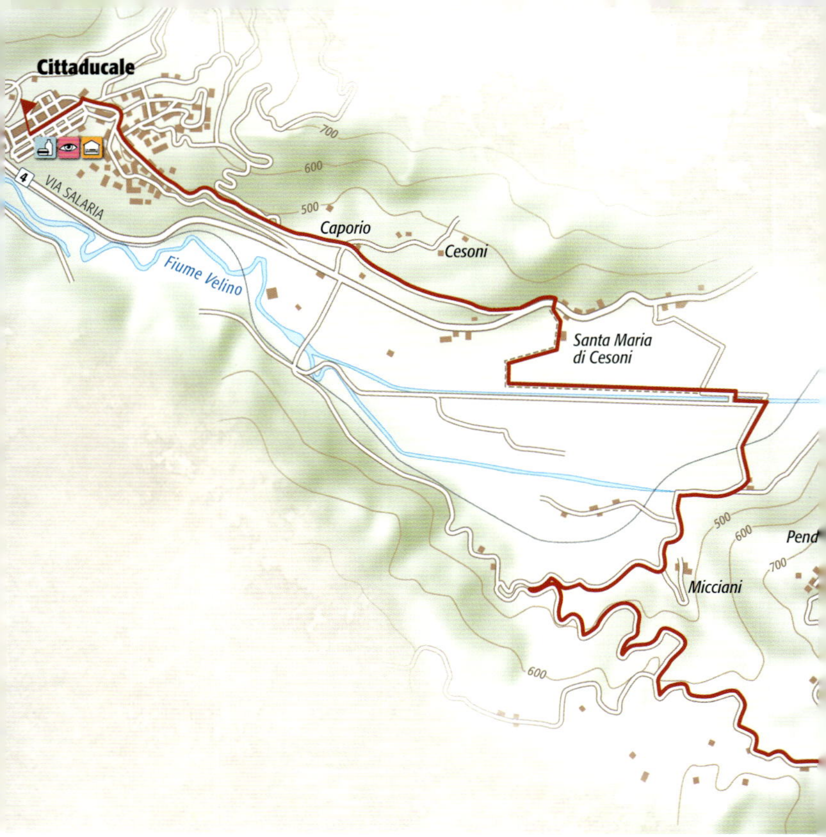


*Gioia* ein, die zwischen den Häusern aufwärts führt. Immer geradeaus bleiben und die verschiedenen Abzweigungen und Kreuzungen ignorieren. Weiter leicht abwärts, an Spuren von archäologischen Grabungen vorbei. Nach einem Parkplatz mündet das Sträßchen in einen angenehmen, schattigen Schotterweg, vorbei an Ausgrabungen der Thermen des Vespasian. Parallel darunter im Talboden verläuft die verkehrsreiche *Via Salaria*. Nach einer kleinen Brücke über einen Wasserkanal mündet unser Weg in diese Schnellstraße.

Nach ca. 150 m auf der Staatsstraße überqueren wir sie bei der verfallenen Kirche *Santa Maria di Cesoni*, die sich rechts der Schnellstraße befindet und biegen nach dem Kirchlein rechts in den Traktorweg ein, der durch die Felder führt. Liebevoll gepflegte Kulturlandschaft erwartet uns, durchzogen von Kanälen und Bachläufen. Wir folgen dem schmalen Fahrweg einen Kanal entlang und überqueren diesen über eine kleine Brücke, bis wir durch die Felder irgendwie zum Ufer des *Velino*-Baches gelangen. Wir klettern die Böschung hoch, wenden uns nach links und folgen dem Flusslauf über den Schotterweg. An der Brücke angelangt, überqueren wir den Fluss und gehen auf der anderen Seite 200 m weiter. Der Feld-

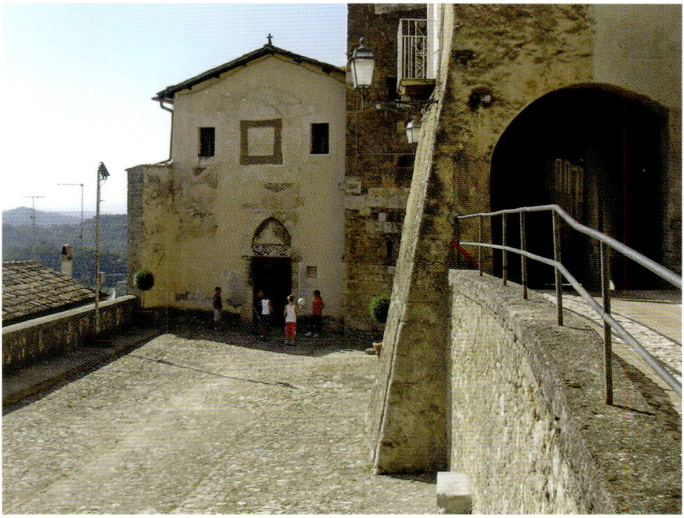

*Petrella Salto*

weg mündet in ein Asphaltsträßchen, dem wir rechts folgen, dann überqueren wir die Bahnlinie und gelangen in eine faszinierende Wasserlandschaft. In dem riesigen Werk wird ausgezeichnetes Wasser eingefangen und durch übergroße Druckleitungen gelangt es als Trinkwasser nach Rom! (Brunnen mit ausgezeichnetem Trinkwasser) Bei der ersten Brücke gehen wir nach links und kommen an einer alten Mühle vorbei, die *Mola Scoretti*, die es sich zu besichtigen lohnt. Ganz in der Nähe sind die *Peschiera*-Quellen, die zu den wasserreichsten Europas zählen.

Beim Straßenschild *Micciani* nehmen wir den Weg, der rechts abzweigt. Nach 1,5 km gelangen wir zur alten Staatsstraße. In diese links aufwärts einbiegen. Über 4,4 km steigt die sehr wenig befahrene Straße in großen Kurven zur kleinen Ortschaft **Casa Bianca.** Wir bleiben auf der Hauptstraße. Hoch über dem Saltotal überqueren wir geduldig die lange Hochebene unter Schatten spendenden, hohen Bäumen mit herrlichen Ausblicken auf das Tal. Am Weiler **Capradosso** vorbei (Bar) kommen wir ins Dörfchen **Petrella Salto**. 3 km geht es nach dieser langen Wegstrecke nun noch angenehm abwärts bis ins Fischerdorf **Borgo San Pietro**. Hier erwartet uns das Franziskanerinnenkloster der hl. Philippa Mareri mit der wunderschönen Kapelle aus dem 14. Jahrhundert, die uns die Schwestern gerne zeigen und uns die Lebensgeschichte dieser außergewöhnlichen Frau erzählen, für die der hl. Franziskus Wegbegleiter war. Es erwarten uns der Stausee und die ausgezeichneten Restaurants der Fischer an dessen Ufer.

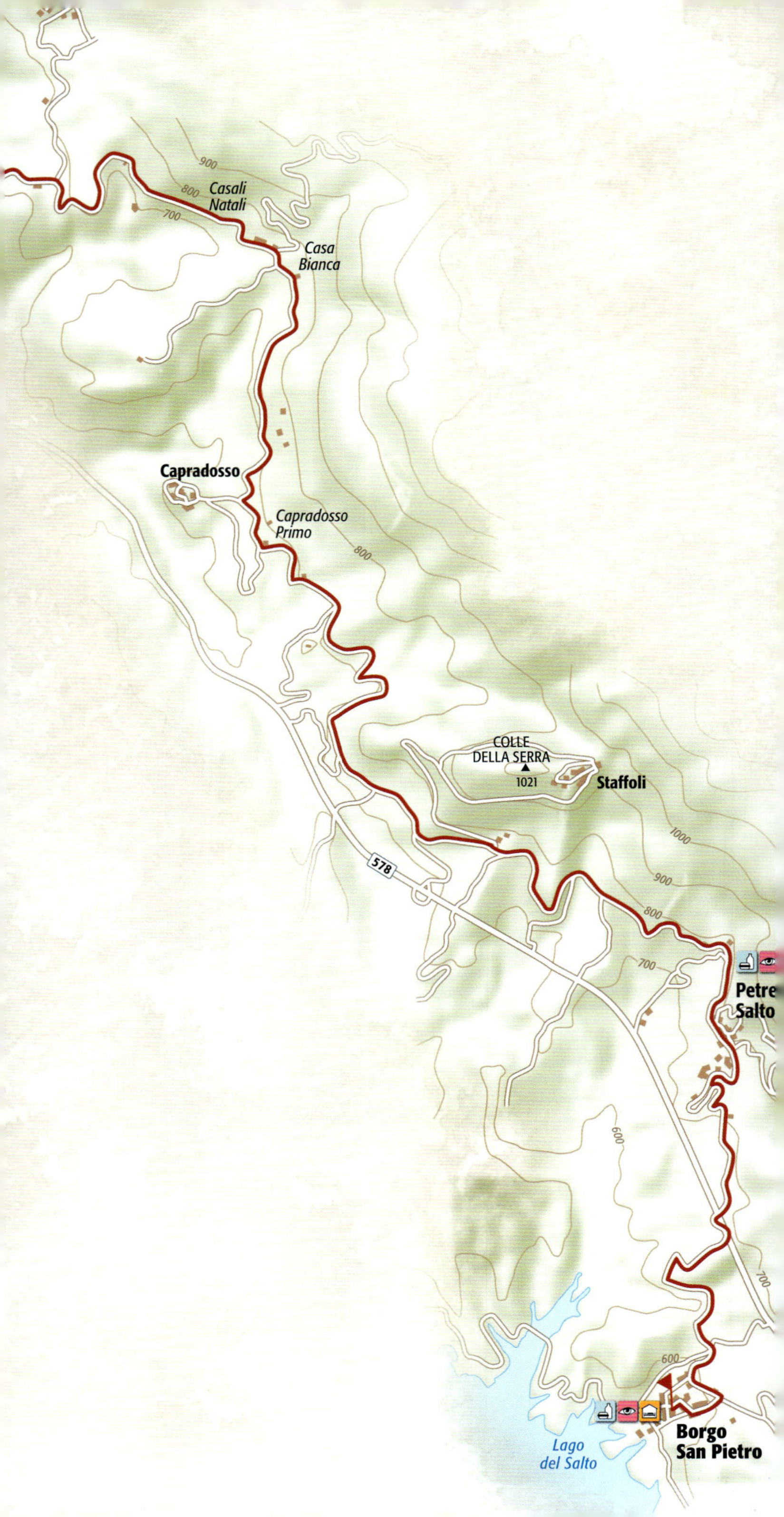

Casali Natali
Casa Bianca
Capradosso
Capradosso Primo
COLLE DELLA SERRA
1021
Staffoli
578
Petre Salto
Borgo San Pietro
Lago del Salto
900
800
700
600
1000

## Variante für Fahrradpilger

*Bei schlechtem Wetter kann der Feldweg recht schlammig sein, sodass es sich auszuweichen lohnt. Nach den archäologischen Grabungen auf die Schnellstraße,* ***Via Salaria,*** *abzweigen und 1 km zurückradeln bis zur Agip-Tankstelle. Hier links abwärts in eine Seitenstraße nach* ***Micciani*** *einbiegen und weiter bis zum Bahnübergang gegenüber des Aquaedukt-Gebäudes (Centrale Cotilia). Links auf ruhiger Straße in einigen Kehren aufwärts, bis sich der Fahrradweg wieder mit dem Fuß-Pilgerweg vereint.*

## Sehenswürdigkeiten

### VESPASIAN-THERMEN

In der Ortschaft Caporio, nahe der Stadt Cittaducale, liegen die antiken Vespasian-Thermen, auch Terme di Cotilia genannt, die im 2. Jh. v. Chr. gebaut und vermutlich bis ins 4. Jh. n. Chr. genutzt wurden. Die terrassenförmig angelegte Thermenanlage ist von unschätzbarem archäologischem Wert. Varro, Seneca und Plinius der Ältere berichten von ihr; Strabo weist recht ausführlich auf die heilende Wirkung der kalten Quellen hin, die als Trinkkuren und Bäder genutzt wurden. Es ist bis heute nicht mit Sicherheit geklärt, ob die Thermen Kultstätten zur Verehrung der römischen Göttin Vacuna waren. Sicher ist, dass Kaiser Vespasian hier seinen Urlaub verbracht hat und im Jahr 79 n. Chr. hier starb. Schließlich wird berichtet, dass Hannibal dieses Gebiet durchquerte, als er nach Rom zog.

### DIE QUELLEN DES PESCHIERA

Durch die Talsenke am Fuße des Berges Vittorino fließt der Fluss Peschiera, ein kleiner Nebenfluss des Velino, der durch Quellen aus dem Nuriamassiv gespeist wird. Dieser Fluss mündet gemeinsam mit dem Le Capore in die zweitgrößte Wasserleitung Europas, ein imposantes architektonisches Meisterwerk mit einem außergewöhnlichen Fassungsvermögen. Seit der römischen Kaiserzeit wird das Wasser über dieses Aquädukt nach Rom geleitet, um die Stadt mit Trinkwasser zu versorgen. Nach 17 Stunden und 80 Kilometern kommt es dort an.

### LA SABINA

Etwa die Hälfte des Sabinerlandes liegt in der Provinz Rieti, das restliche Gebiet erstreckt sich von Rom bis nach Umbrien und nach L'Aquila, der Hauptstadt der Abruzzen. Im Mittelalter stand es unter der Herrschaft der Herzogtümer Spoleto und Rom.

Der Sabiner Marcus Terentius Varro führt in einem seiner zahlreichen Werke über die Geschichte Roms den Namen seines Volkes auf das griechische Verb *sebestai* (verehren) zurück. Der Name sei damit Ausdruck für die tiefe Religiosität der Sabiner. Der Ruf einer besonderen Frömmigkeit hängt den Bewohnern dieses zauberhaften Landstriches bis heute nach.
Numa Pompilius, sagenhafter zweiter König Roms und im Sabinerland geboren, soll mit seiner tiefen Frömmigkeit den Römern Jahre des Friedens und ein tiefes religiöses Empfinden beschert haben. Der Legende nach war die Nymphe Egeria seine Geliebte.

## PETRELLA SALTO UND DIE TRAURIGE GESCHICHTE DER BEATRICE CENCI

Das Gebiet, in dem der kleine Ort Petrella Salto liegt, ist seit der Antike besiedelt, aber erst mit den Angriffen der Sarazenen hat sich die Notwendigkeit ergeben, die Bevölkerung an einem geschützteren Ort anzusiedeln. So entstand Petrella Salto am Hügel oberhalb des Saltostausees.
Vom 12. Jh. an stand das Gebiet unter der Herrschaft der Familie Mareri, aus der die bekannte Äbtissin Philippa Mareri hervorging. Im 16. Jh. lebten in Petrella die Familien Colonna in der Burg und die Barberini im Ort. Vom Glanz dieser prunkvollen Zeiten zeugen die Palazzi in den engen Straßen und Gassen der Ortschaft: Palazzo Maioli und Palazzo Barbonal. Die Pfarrkirche stammt aus dem 12. Jh. und hat im Innenraum bemerkenswerte Darstellungen der hll. Jakobus und Rochus im Pilgergewand. Ein Besuch der im Jahr 1643 fertiggestellten Kirche Sant'Andrea lohnt sich ebenfalls.
Zu trauriger Berühmtheit verhalf Beatrice Cenci dem kleinen Ort. Beatrices Familie lebte ab 1595 als Gast der Familie Colonna auf der Burg. Der Familienvater Francesco Cenci war für seine Gewalttaten bekannt und verschonte auch seine Tochter Beatrice nicht. Diese beschließt, gemeinsam mit ihrer Stiefmutter Lucrezia und ihren Brüdern Giacomo und Bernardo, den Vater zu töten, um den schweren Misshandlungen zu entgehen und ihren Geliebten heiraten zu können. Sie betäuben den Vater mit Opium und töten ihn dann mit Hammerschlägen. Um einen Unfall vorzutäuschen, werfen sie den Leichnam über die Burgmauern. Es kommt aber bald der Verdacht auf, dass es sich um einen Mord handelte. Beatrice, Lucrezia und ihr Bruder Giacomo werden verhaftet und trotz des Wohlwollens, das ihnen das Volk entgegenbringt, zum Tode verurteilt. Nur Bernardo entgeht aufgrund seiner Jugend dem Todesurteil. Beatrice und Lucrezia werden in Rom auf dem Platz vor der Engelsburg enthauptet. Die Legende will, dass Caravaggio bei der Vollstreckung des Urteils anwesend ist und daraufhin das berühmte Bild der traurigen Beatrice malt.

## Der Erzengel Michael in Bibel und Glauben

In der Bibel wird Michael der „höchste“ Engel genannt. Im Buch Daniel hält der starke Michael Habakuk an den Haaren über der Löwengrube. Im Judasbrief entreißt Michael dem Teufel den Leichnam des Moses und geleitet ihn in den Himmel. In der Geheimen Offenbarung des Johannes verhindert er die uneingeschränkte Herrschaft des Satans in der Zeit bis zum jüngsten Gericht und besiegt diesen dann endgültig (Offb 12,7-9).

Der Erzengel wird in der christlichen Ikonografie meist mit ausgebreiteten Flügeln, Flammenschwert oder Lanze, einem Schutzschild mit der Aufschrift „Quis ut Deus?“ (Wer ist wie Gott?) und der Seelenwaage dargestellt.

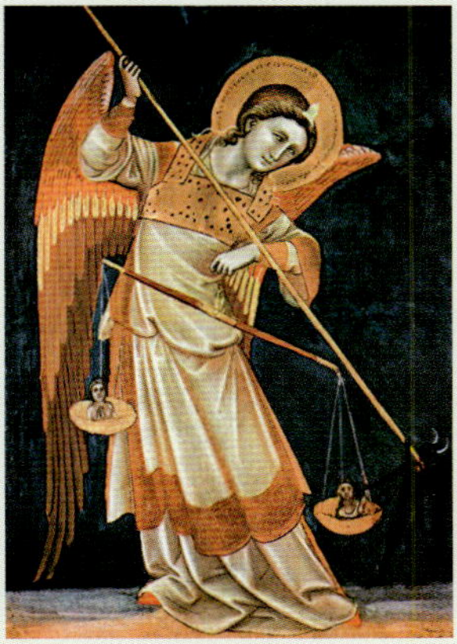

*Der Erzengel Michael als Seelenwäger, von Guariento di Arpo: 1350, Museo Civico, Padua*

Er war Schutzherr des Heiligen Römischen Reiches Deutscher Nation und ist nach wie vor Patron der Kirche des deutschen Volkes, der Apotheker und der Soldaten. In der jüdischen Tradition spielt Michael eine wichtige Rolle, ebenso in mehreren apokryphen Schriften. Auch der Islam kennt den Engel Michael, er ist dort der zweite in der Engelhierarchie nach Gabriel.

**Der höchste Engel:** Michael ist der Engelsfürst, gemeinsam mit den anderen beiden Erzengeln Gabriel und Raphael. Seine Aufgaben sind das Bewahren der himmlischen Schlüssel, das Überbringen von göttlichen Weisungen, das Beschützen der Kirche, aber auch die Fürsprache für die Menschen bei Gott.

**Der Friedensbote:** Michael ist nicht nur Gottes oberster Heerführer, sondern auch Hüter des Friedens; die Langobarden beteten zu ihm, damit er den Frieden herbeiführe und sie vor Angriffen schütze.

**Der Heilkundige:** Michael bewacht im Paradies den Lebensbaum, aus dem das Öl tropft, das Leben heilt und Leben schenkt. Den Wasserquellen, in den ihm geweihten Grotten, wird heilende Wirkung für Mensch und Tier zugesprochen.

**Beschützer der Gewässer:** Er gilt deshalb auch als Schutzpatron der Heilquellen, der unreines, verseuchtes oder vergiftetes Wasser reinigt.

**Der Seelengeleiter:** Schließlich gilt Michael als der Seelengeleiter, der die Seelen nach dem Tod ins Jenseits führt. Darauf sind seine Anrufung um eine gute Sterbestunde und die Patronanz von Friedhofskapellen zurückzuführen.

TAG 3

# Von Borgo San Pietro nach Fiamignano 13 km

Schwierigkeit: ●●●

**Nach den beiden langen Einstiegsetappen wollen wir heute etwas kürzer treten. Die Mühen der anstrengenden Steigung am Beginn der Etappe werden dabei durch die landschaftliche Schönheit und Vielfalt mehr als belohnt.**

## Unterkünfte

**Fiamignano:**

☆ B&B *Noi parliamo con le pietre,* Via Corso 15, im Weiler Corso. Kleines Privathaus mit 6 Schlafplätzen. Sollte es mehr Betten brauchen, vermittelt Lena gerne weiter. Tel. 0746/54257 oder 06/5666486 oder 335/7745721, www.noiparliamoconlepietre.it

Die nächste Übernachtungsmöglichkeit befindet sich 10 km weiter in Castiglione/Casale Calabrese oder – für Fahrradpilger – ca. 4 km abseits der Route in Poggio San Giovanni:

**Poggio San Giovanni:**

☆ *Casa Vacanze Antico Poggio,* gleich nach Santa Lucia die Straße rechts hinauf nach Sant'Elpidio, bei Granara die SR578 überqueren und hinüber nach Poggio San Giovanni; 14 Schlafplätze, Radabstellplätze, Pilgerpreis; Tel.: 0322/504101 (zu Bürozeiten) oder 347/2926591, www.anticopoggio.it



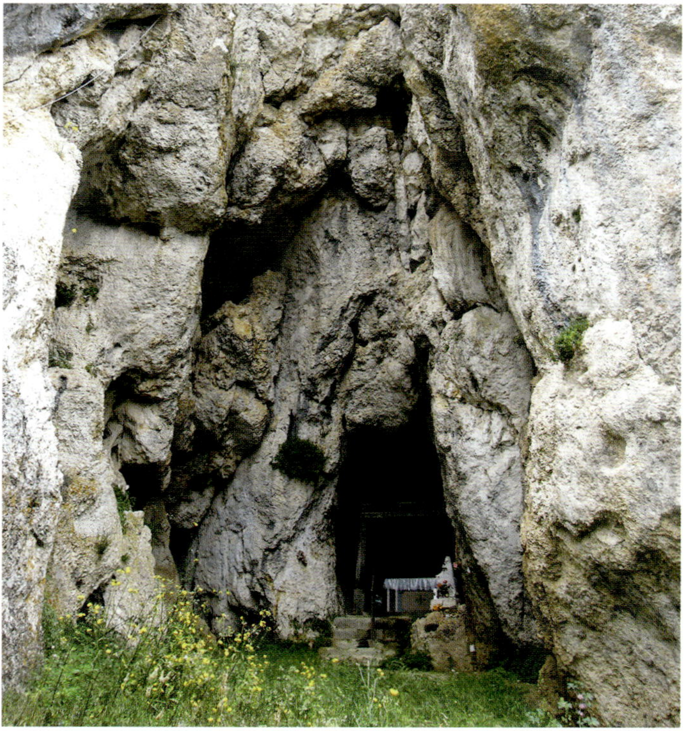

*Grotte der hl. Philippa Mareri*

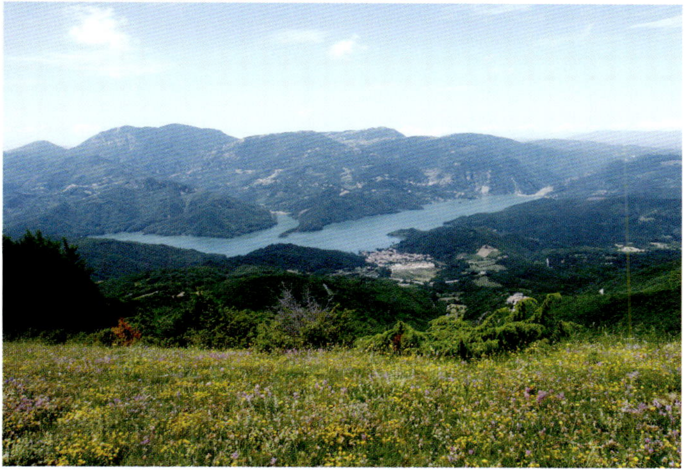

*Blick auf den Saltosee*

## Wegbeschreibung



So wie wir in den Ort gekommen sind, gehen wir bis zum Kreisverkehr zurück und folgen rechts dem Schild nach *Rieti Torano*. Geradeaus weiter und kurz vor dem Friedhof, beim Elektroturm, links in die schmale Asphaltstraße einbiegen. Nach wenigen Metern rechts aufwärts weiter, zunächst unter der Staatsstraße, dann unter der Schnellstraße durch. Hier finden wir die erste Station eines Kreuzweges, dem wir nun folgen. Der Pfad ist zuerst grasbewachsen, wird dann steiler und wenig erkennbar, ist aber durch einige Steinhaufen markiert. Auf dem Hügel gelangen wir zur Umzäunung eines Denkmals für die hl. Philippa Mareri, ein Rastplatz mit Tisch und Bänken. Unser Steig beginnt hinter der Statue und führt durch schönen Wald aufwärts. Die Kreuzwegstationen begleiten uns nun in regelmäßigen Abständen gerade so, dass es sich gut ausgeht, ein „Vater unser" und zehn „Ave Maria" langsam gehend zu beten. Wir folgen aufwärts immer dem Pfad, der am meisten ausgetreten ist. Neben der dritten Station befindet sich ein großer flacher Felsen, der uns als Aussichtsterrasse über das herrliche Panorama des Saltatales dient. Der Weg führt nun zwischen Trockenmauern durch, bei der vierten Station wenden wir uns nach links. Ein Abstecher über die Asphaltstraße rechts in das Dorf **Mareri**, Heimat von Philippa, lohnt sich. Auf dem Hügel über dem Dorf steht die imposante Ruine der Burg, zu deren Füßen das kleine Kirchlein *Sant'Eustacchio*; es gibt Bars und ein Lebensmittelgeschäft.

Nach Besichtigung des Ortes wieder zurück bis zu der Stelle, wo wir den Steig verlassen haben. Weiter in Richtung *Piagge* auf Asphalt,

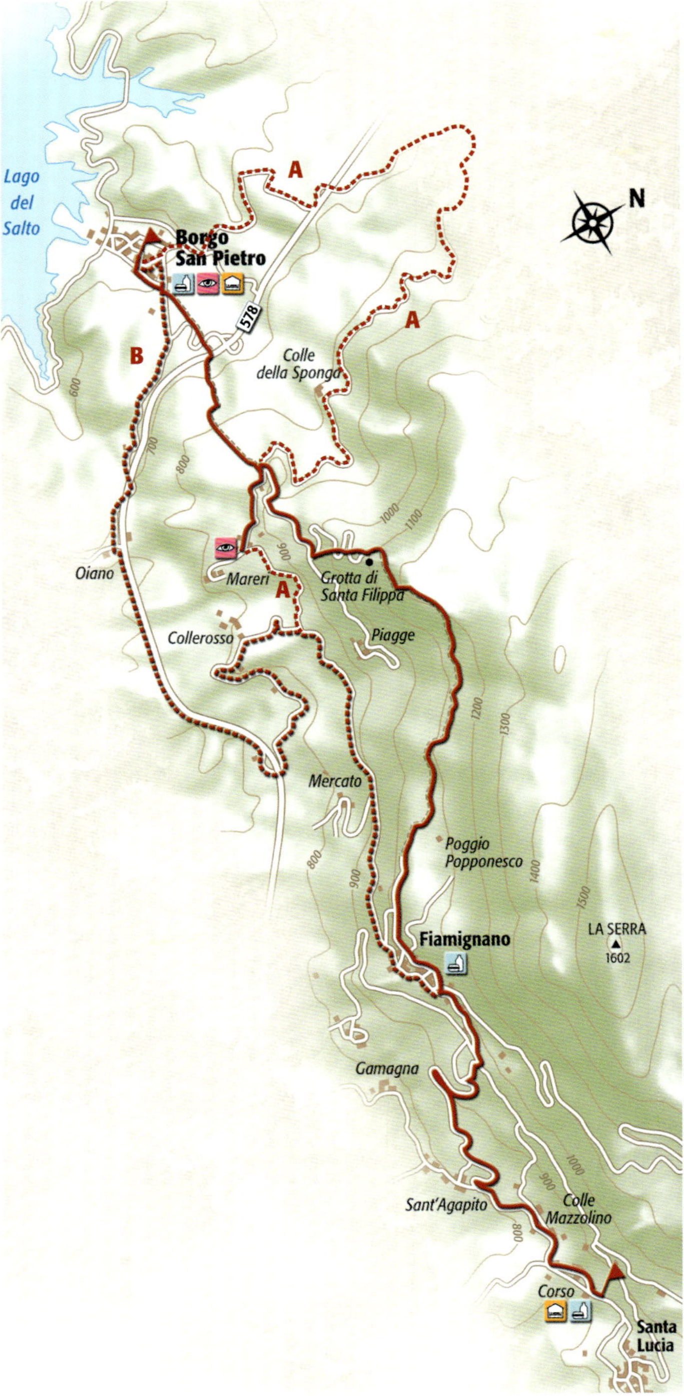
Lago del Salto
Borgo San Pietro
578
A
B
Colle della Sponga
N
600
700
800
900
1000
1100
Oiano
Mareri
Grotta di Santa Filippa
Collerosso
Piagge
1200
1300
Mercato
Poggio Popponesco
1400
1500
LA SERRA
1602
Fiamignano
Gamagna
Sant'Agapito
Colle Mazzolino
Corso
Santa Lucia

ca. 1 km, bis zur fünften Station. Hier folgen wir wieder dem Steig links recht steil aufwärts. Der Steig ist hier wenig ausgetreten und mündet wieder in die Asphaltstraße. Auf dieser kurz links, um gleich wieder rechts dem Steig zu folgen, der hier nun durch Holzkreuze gekennzeichnet ist. Die Straße ein zweites Mal überqueren und dem Steig aufwärts folgen bis zu einem Holzzaun, der einen Rastplatz und einen Parkplatz begrenzt. Der Steig wird nun zum Schotterweg, der weiter aufwärts führt.

Beim Brunnen zweigt rechts der Steig zur Grotte ab. Ein Abstecher lohnt sich. Dafür folgen wir dem stillen, zu Kontemplation einladenden Steig aufwärts, am Aussichtspunkt mit herrlichen Talblicken vorbei, bis zur suggestiven Grotte. Wir öffnen das Gatter und gelangen auf den grasbewachsenen Vorhof der tiefen, mystischen Grotte, in der sich *Philippa Mareri* versteckt hielt. Wir gehen wieder zurück bis zum Brunnen und weiter aufwärts auf dem Weg, auf dem wir vom Tal heraufgekommen sind.

Aus dem Weg wird bald ein Steig, der ab und zu durch verblichene gelb-rote Markierungen gekennzeichnet ist. Achtung! Sobald das Tal sich weitet, an einer wenig sichtbaren Abzweigung rechts auf den schmaleren Steig wechseln, dessen Spuren unter Bäumen zu finden sind. Unser Bezugspunkt ist das Gipfelkreuz rechter Hand vor uns, das auf dem Felsen steht, der auf der vorderen Seite steil zur Grotte und ins Tal abfällt. Beim Kreuz befinden wir uns direkt über der Grotte.

Der Weg geht nun dem Grat entlang weiter, der einem Amphitheater gleich zum Saltotal und gegen *Fiamignano* auf unserer rechten Seite steil abfällt. Ab dem Kreuz folgen wir aufmerksam den Markierungen des italienischen Alpenvereins CAI, die auf Sichtweite den anfangs kaum erkennbaren Steig kennzeichnen. Bald schon wird der Steig wieder gut erkennbar. Der Pfad führt zu einem schönen Brunnen mit herrlichem Trinkwasser, ein schöner Aussichtsplatz für eine Rast. Wir folgen weiter den weiß-roten Markierungen des CAI kurz aufwärts bis zum kleinen Wasserreservoir. Hier teilt sich der Weg. Wir folgen der Abzweigung rechts aufwärts weiter in den Wald hinein. Hinter einer kleinen Baumgruppe gibt es CAI-Schilder: Wir folgen dem Weg in Richtung **Fiamignano** hinunter. Es finden sich immer wieder auch gelb-grüne Markierungen mit der Nummer 6. Der Weg ist sehr gut gekennzeichnet und führt uns durch den recht steilen Abhang hinunter auf wunderschöne Almwiesen. Bei einem Zaungatter folgen wir geradeaus weiter dem Karrenweg, der in Asphalt übergeht und an der Vorderseite der Ruine eines einst imposanten Schlosses vorbeiführt. Auf der rechten Seite befindet sich das kleine Kirchlein *Santa Maria della Pace*. Die Straße mündet in einen Platz und Parkplatz.

Da es zurzeit in *Fiamignano* noch keine Unterkunftsmöglichkeit gibt, hängen wir noch 4 km bis zum B&B in Corso an, die wir bei der nächsten Etappe sparen. Dazu biegen wir in die Hauptstraße links ein und gelangen nach 600 m zu einer Abzweigung, die zum Friedhof führt (Schilder nach *Santa Lucia);* am Friedhof vorbei weiter abwärts, zweigen wir bald schon links ab, durchqueren den Weiler und folgen der Hauptstraße bis nach **Corso**, wo sich rechts das B&B befindet.

## Variante für Fahrradpilger

*Von Borgo San Pietro aus gibt es für die Radler zwei Möglichkeiten:*
*A: Zurück hoch nach* ***Petrella Salto,*** *dort vom Dorfplatz rechts über die schmale Straße auf den Hügel* ***Colle della Sponga,*** *wo das Kloster der hl. Philippa Mareri steht. Von hier weiter über die* ***Via Fiamignano*** *nach* ***Mareri,*** *dem Geburtsort der Heiligen, weiter in Richtung* ***Mercato*** *und nach* ***Fiamignano,*** *insgesamt 13 km.*
*B: Von* ***Borgo San Pietro über die Via Riccioni,*** *bei der Kreuzung links die* ***Via Altobelli*** *nehmen und bei der Kreuzung rechts in die* ***Via S. Gianchetti*** *einbiegen. Auf dieser bleiben, für 1,5 km grenzt sie an die SS578. Bei der Kreuzung links in die Staatsstraße einbiegen, für 2 km auf dieser bleiben und bei der Kreuzung links nach* ***Collorosso*** *fahren. Über Kehren führt die Straße aufwärts, an der Abzweigung nach* ***Collerosso*** *vorbei weiter zur Abzweigung nach* ***Mareri.*** *Für einen Abstecher in die Ortschaft fährt man über die Straße links, oder gleich rechts weiter nach* ***Mercato*** *und dann nach* ***Fiamignano****, insgesamt 10,5 km.*



## Sehenswürdigkeiten

### DAS GEBIET DES CICOLANO UND DER SALTOSEE

Die beckenförmige Hochebene der Reatinischen Abruzzen befindet sich auf einer Höhe von 600 m und ist von prächtigen Berggipfeln von bis zu 2000 m Höhe umgeben.
Erstmals erwähnt wird Cicolano bei römischen Schriftstellern im 5. Jh. v. Chr. Die ältesten Funde hingegen sind neolitische Reste und Steinquader aus der Zeit der rätselbehafteten Pelasger, die aus dem Orient nach Italien kamen.
Den christlichen Glauben haben vermutlich Christen hierher gebracht, die in Rom verfolgt wurden und deshalb flüchten mussten. Die starke Verehrung der hl. Anatolia in dieser Gegend ist sicherlich auch darauf zurückzuführen, denn die Römerin Anatolia war den

Verfolgungen des Kaisers Decius zum Opfer gefallen. In alten Darstellungen erkennt man sie an ihren Attributen, den Fackeln und Schlangen, mit welchen sie von den Römern gepeinigt wurde.
Nach dem Einfall der Langobarden wurden in diesem Gebiet zahlreiche Klöster und Kirchen erbaut, Sarazenen und Raubritter zerstörten viele aber wieder. Im 12. Jh. gerät das Gebiet des Cicolano in den Besitz der Familie Mareri, aber noch im 13. Jh. kommt es unter die Herrschaft des Königreichs Neapel, dem es bis zur Einigung Italiens angehörte.
Der Saltosee ist der größte künstliche See in der Region Latium und wurde 1940 mit dem Bau eines Damms gestaut. Dem Bau wurden einige antike Ortschaften wie auch das Klarissenkloster der hl. Filippa geopfert. Einzig die Kapelle des Klosters mit den Reliquien der hl. Filippa wurde sorgfältig abgebaut und in der Kirche des neuen Klosters in Petrella Salto wieder aufgebaut.

## FIAMIGNANO

Der Ort mit seinen etwa 1500 Einwohnern ist friedlich eingebettet in die reizvolle und besonders artenreiche Landschaft der Reatinischen Abruzzen. Friedlich ging es hier aber nicht immer zu. Nach dem Niedergang des Römischen Reiches folgten die Schrecken der Bedrohung durch die Sarazenen und später durch die Normannen. Aus diesem Grund wurde die Festungsanlage Poggio Poponesco



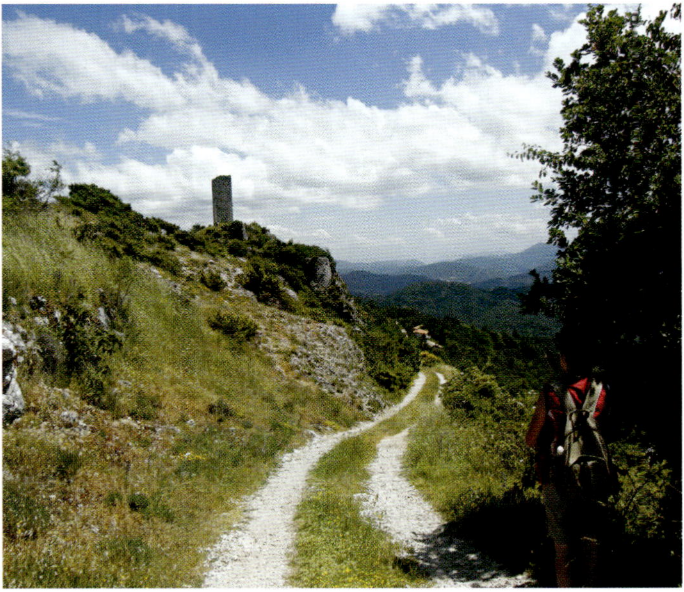

*Der Turm oberhalb von Fiamignano, Rest der Festung Poggio Poponesco*

gebaut, die allerdings 1283 zerstört wurde. Die Ruine liegt am Ortseingang.
Auf der Hochebene, auf etwa 1200 m, werden vorwiegend Linsen angebaut. Um die Linsen als typisches Produkt der Gegend bekannt zu machen, findet seit 1972 alljährlich am zweiten Sonntag im August ein Linsenfest statt, die „Sagra delle lenticchie di Rascino". Es ist dies ein fröhliches Dorffest mit Musik und Tanz, bei dem die Bewohner in ihrer traditionellen Tracht typische Linsenspeisen servieren.

## Filippa Mareri, die erste franziskanische Heilige

Filippa Mareri wurde um 1200 in Petrella Salto geboren. Die Tochter des Ortsherrn von Petrella wuchs in wohlhabenden Verhältnissen auf. Dem „poverello" aus Assisi öffnete sie das Tor des Heimatschlosses und nahm ihn, gegen den Willen der Familie, auf. Diese Begegnung war für sie ebenso schicksalhaft wie wenige Jahre zuvor für Klara in Assisi. Wie Klara floh auch die reizende Filippa aus dem familiären Umfeld, ließ Verehrer und Reichtum hinter sich und zog sich, gemeinsam mit ihrer Schwester und einigen ergebenen Dienerinnen, in eine der vielen Grotten der Gegend zurück. Ein Schäfer versorgte die Frauen mit spärlicher Nahrung; das aus dem Felsen der Grotte sprudelnde Wasser diente dem Überleben. Die mutigen Frauen führten ein entbehrungsreiches Leben nach den ersten Richtlinien, die Franziskus der hl. Klara gegeben hatte. Ganz unerwartet besuchte eines Tages Tommaso, Filippas Bruder, der sich vorerst gegen ihr Vorhaben gewandt hatte, die kleine Gemeinschaft und bot, nach seiner Bekehrung, den Frauen das Schloss als Kloster an. Fortan wurde im Schloss Pilgern Gastfreundschaft angeboten, Kranke wurden gepflegt, Heilpflanzen verarbeitet, es wurde studiert und ein kontemplatives Leben geführt. Filippa starb am 16. Februar des Jahres 1236, zehn Jahre nach Franziskus und wurde im Jahr 1247 heiliggesprochen.

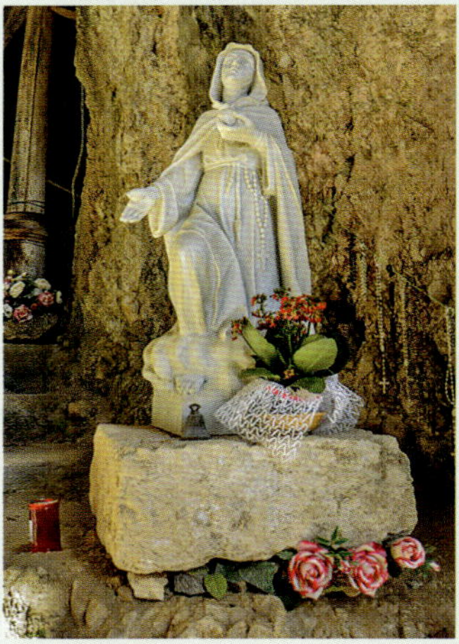

*Statue der hl. Philippa Mareri in der Grotte zwischen Borgo San Pietro und Fiamignano*

Die Klosteranlage wurde beim Bau des Saltostausees überschwemmt. Allein die Kapelle wurde in Borgo San Pietro wieder aufgebaut.

# Von Fiamignano nach Villagrande di Tornimparte 28 km

Schwierigkeit: ●●●

**Heute erwartet uns eine sehr stille Etappe auf kaum befahrenen Straßen und einsamen Steigen mit atemraubenden Ausblicken und Eindrücken. Wir wechseln in die vielfach unbekannte, sehr gebirgige und ländliche Region der Abruzzen. Auf den Hochebenen begegnen wir Flöte spielenden Schäfern mit ihren Herden. Die Zeit scheint stehen geblieben zu sein. Wir erkunden die Ortschaft *Villagrande di Tornimparte* mit der Kirche *San Panfilo* und ihren wunderbaren Fresken.**

### Unterkünfte

**Castiglione:**

✭ *Casale Calabrese,* Gabriella und Avio, Jakobspilger, fühlen sich Pilgern besonders verpflichtet und verwöhnen liebevoll mit Köstlichkeiten aus der heimischen Küche. Die Unterkunft ist ein besonderes Erlebnis und die Stille und Einsamkeit dieser Hochebene laden zu einem Ruhetag ein (Pilgerpreis). 2 Tage vorher anrufen, Tel.: 360/253632 oder 368/7482786, www.casacalabrese.it

**Villagrande di Tornimparte**:

✭ Der Tourismusverein stellt 4 Schlafplätze in der ehemaligen Dorfschule gegenüber der Kirche *San Panfilo* zur Verfügung (Schlafsack). Neben dem Tourismusbüro, wo der Schlüssel erhältlich ist. Tel.: 0862/028160 oder 333/4203169; www.prolocotornimparte.it

✭ B&B *Piagge di Tornimparte,* ca. 3 km weiter, 15 Schlafplätze mit Halbpension (Pilgerpreis). Sig. Alberto ist sehr hilfsbereit, Tel.: 0862/72538 oder 349/8529895

## Wegbeschreibung

Vom B&B rechts in die Straße einbiegen, die in die Ortschaft **Santa Lucia** führt (Brunnen). Bei einer ersten Abzweigung in Richtung *Santo Stefano* gehen, bei der nächsten Abzweigung dann aber links aufwärts in Richtung *L'Aquila.*

Achtung: bei den ersten Häusern des Weilers **Aringo** links die Abzweigung in die unscheinbare *Via Aringo* nicht verpassen! Wir gehen geradewegs durch den Weiler hindurch und gelangen wieder auf eine sehr ruhige Provinzstraße, in die wir links einbiegen. Sie führt sanft ansteigend immer tiefer in eine unwirtliche, einsame Schlucht, die in früheren Zeiten eine Gegend der Köhler und Schmuggler war. Sobald sich die Straße teilt, gehen wir rechts über eine Brücke, die während der Partisanenkämpfe von der Maiella-Brigade gesprengt und später wieder aufgebaut worden ist. Diese antike Römerstraße war bis vor wenigen Jahren mit Steinen gepflastert, alte Begrenzungssteine bezeugen ihre Geschiche, jetzt ist sie aber asphaltiert.

Immer aufwärts kommen wir – kurz vor der Regionengrenze – durch das Gehölz an der Quelle des Jiuiru vorbei und gelangen auf die wunderbare, weite Hochebene von **Castiglione**, die von vielen kleinen Bächen durchzogen ist.

Hier befindet sich die Schutzhütte *Casale Calabrese*: Sie war einst Treffpunkt von Schmugglern und Räuberbanden, da hier jahrhundertelang die Grenze zwischen dem Kirchenstaat und dem Königreich Neapel verlief. Heute ist sie eine liebevoll gepflegte Pilgerunterkunft. 11 km unserer Etappe sind es bis hierher.

Auf der Straße überqueren wir die einsame Hochebene, bis ungefähr auf dem höchstem Punkt rechts ein Feldweg durch die Felder führt. Über diesen gelangen wir, die weite Kehre der Straße aussparend, auf den Pass *La Forca* (1350 m) und ersparen unseren Füßen einiges an Asphalt. Auf dem Pass, an dem auch einmal eine Staatsgrenze verlief, eröffnet sich ein wunderbares Panorama. Er ist als der schönste Balkon über dem aquilanischen Becken bekannt, das umgeben ist von den Laga-Bergen, dem Monte Vettore bis zum beeindruckenden Gran-Sasso-Massiv, dessen höchster Punkt mit 2912 m der Corno Grande ist und zu dessen Füßen sich das Aquila-Tal ausbreitet. (Brunnen ca. 500 m auf Asphaltstraße weiter, links)



Hier gibt es zwei Möglichkeiten:

a) Bei Regenwetter oder Nebel der Asphaltstraße folgen, die in langen Schleifen den Berghang abwärts ins Tal führt.

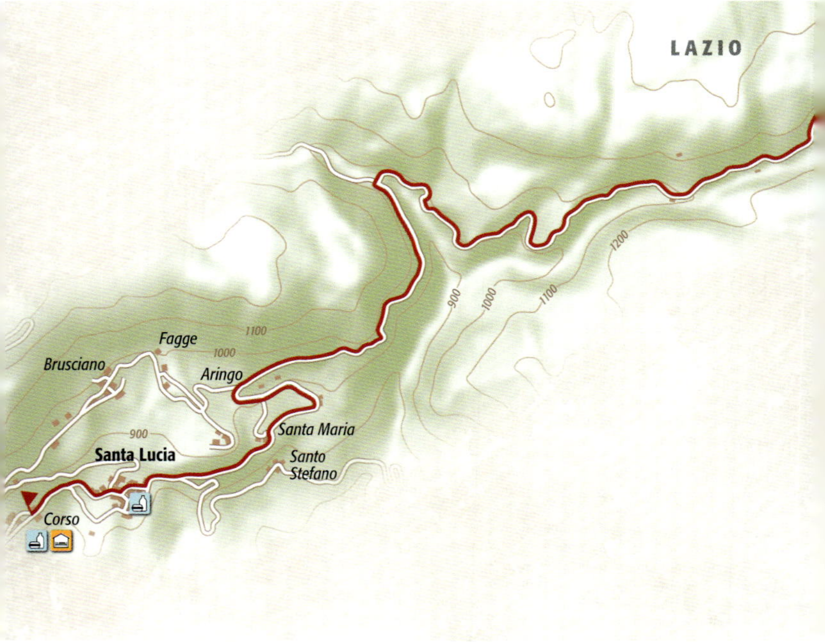

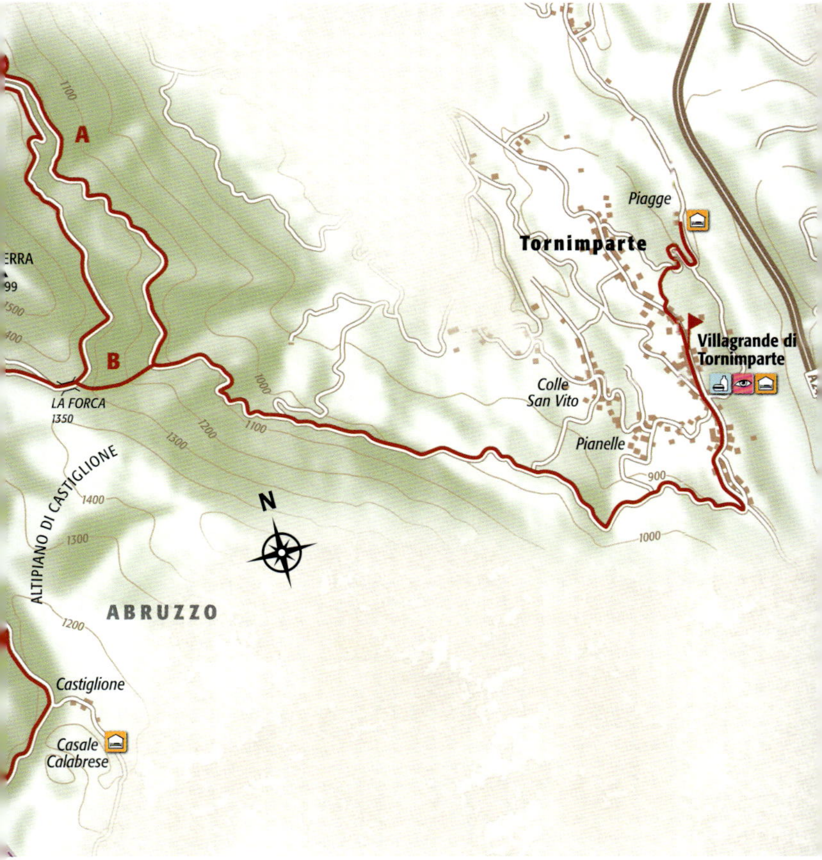


b) Bei trockenem Boden und guter Sicht bietet sich eine Abkürzung von einigen Kilometern: Beim Kreuz am Passübergang nehmen wir den weichen, laubbedeckten Steig in der Mulde, der in dichtem Laubwald geradewegs abwärts führt und auch als alter Karrenweg und bei Regen als Bachbett zu erkennen ist. Wir tauchen in einen Tunnel aus Blättergrün ein und gelangen über einen Steig viel tiefer geradewegs wieder auf die Passstraße, in die wir rechts einbiegen. Wir folgen der Straße talwärts, alle einladenden Abzweigungen ignorierend, bis nach **Villagrande di Tornimparte**.

Um zum B&B im Ortsteil *Piagge* zu gelangen, gehen wir von der Kirche *San Panfilo* die Hauptgasse entlang bis nach *Casa Tirante*. Auf dem kleinen Dorfplatz angelangt, biegen wir zwischen den Häusern und vor dem Dorftor rechts in die *Via Capoluogo* ein, die uns in sanften Kurven durch Wald und Wiesen abwärts führt. Am Ende biegen wir rechts ab und kommen zur Fraktion **Piagge**. Nur Mut! Diese 3 km ab der Kirche San Panfilo sind auf der morgigen Etappe drei weniger.

## Variante für Fahrradpilger

*Für die Fahrradfahrer gilt dieselbe Beschreibung. Sie bleiben allerdings auf den überaus ruhigen und einsamen Asphaltstraßen.*

## Sehenswürdigkeiten

### TORNIMPARTE

Zum Gemeindegebiet zählen, wie es typisch für die Abruzzen ist, mehrere Siedlungen, die hier auf einer durchschnittlichen Höhe von 850 m liegen. Der Hauptort ist Villagrande. Die ersten Siedlungen hatten die römischen Besatzer strategisch sehr günstig an den Hängen des Velinomassivs angelegt. Nach dem Niedergang des römischen Reiches wurde das Gebiet von den Langobarden erobert; Ortsnamen wie Fara und Collefarello da Farneto erinnern an diese Zeit. Im 8. Jahrhundert übernahmen die Frankenkönige die Macht und unterstellten die Ortschaften der Reichsgrafschaft Celano. 1272 zeigte man sich der durch ein Erdbeben zerstörten Stadt L'Aquila gegenüber hilfreich: Den Einwohnern von Tornimparte wird der Wiederaufbau des großartigen Rivera-Brunnens „Fontana delle 99 Cannelle" zugeschrieben.



Die Kirche San Panfilo aus dem 12. Jh. ist, abgesehen von den wunderbaren Fresken im Eingangsbereich, äußerlich schmucklos. Im Gesamtbild ist sie aber recht originell. Im Inneren lädt ein angenehmes Raumgefühl zum Verweilen ein. Die Fresken im oberen Teil der Apsis zeigen fröhlich jubelnde und musizierende Engel, die um Gott kreisen. Saturnino Gatti hat sie im 15. Jahrhundert im Stil der Renaissance gefertigt. Weitere Fresken kleiden den unteren Teil der Apsis und des Kirchenschiffs aus, darunter eine Szene des stigmatisierten Franziskus mit ausgezehrtem Antlitz.

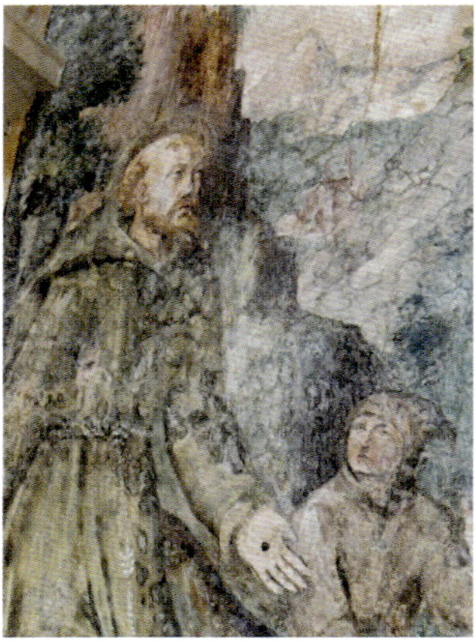

Die hier gepflegte Tradition, in der Walpurgisnacht einen Maibaum aufzustellen, stammt von den Langobarden. In der Nacht vom 30. April auf den 1. Mai machen sich die Männer von Tornimparte auf den Weg in den Wald, um den höchsten gerade gewachsenen Baum, der keine Früchte trägt, zu fällen. Der Baum muss vor Sonnenaufgang ins Dorf geschleppt und vor

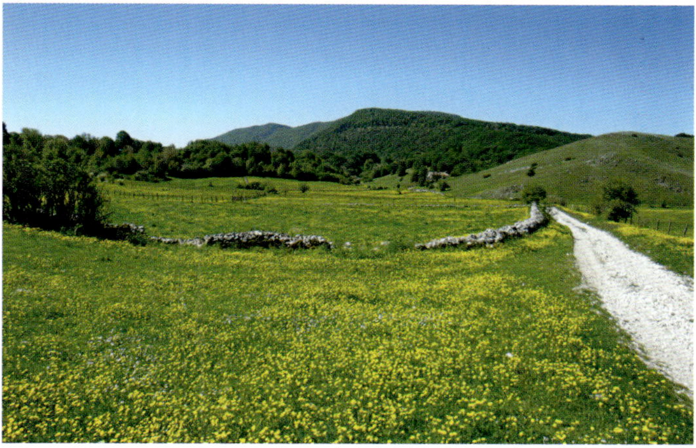

*Auf der Hochebene von Castiglione*

der Kirche aufgestellt werden. Hier bleibt er einen Monat lang stehen. Mit dem Maibaum wird nach heidnischem Brauch am Ende des Winters die Fruchtbarkeit der Erde beschworen. Dieses Fest ist für die Ortsbewohner, die es „Ju Calenne" nennen, eine Herzensangelegenheit.



## DIE SCHÄFER UND DIE TRANSHUMANZ

Die Transhumanz, die saisonale Wanderviehwirtschaft, wurde in dieser Gegend von den Römern eingeführt. Diese mit der Umwelt in Einklang stehende Viehwirtschaft war lange Zeit die Haupteinnahmequelle der Menschen in den Abruzzen. Mit der modernen Viehhaltung kann sie jedoch nicht mithalten. Trotzdem bleibt das archaische Schauspiel der Transhumanz für die älteren Bewohner unvergessen; das Bild der großen Schafherden, die von L'Aquila über Foggia nach Candela in die Region Apulien getrieben wurde, haben sie noch klar vor Augen und geben es in ihren Erzählungen an die jüngere Generation weiter.

## DIE HOLZKOHLEHERSTELLUNG

Die Viehzüchter besserten ihr bescheidenes Einkommen mit der Herstellung von Holzkohle auf. Alles andere als leicht war die aufwendige Arbeit der Köhler, die in den Buchenwäldern Bäume fällten, um sie anschließend zu Holzkohle zu verbrennen. Neue Energiequellen haben auch diesen Nebenerwerb unrentabel gemacht. Die Menschen der Abruzzen lieben und pflegen Traditionen „auch über jeden praktischen Nutzen hinaus", wie der große einheimische Schriftsteller Ignazio Silone bemerkte, weshalb sich die Menschen hier gerne an die Arbeit der Köhler erinnern.

## Der Erzengel Michael und die vorchristlichen Kulte

Die Vorstellung, dass die Gottheit sich „von oben" den Menschen nähert und dass die Berge Sitz der Götter sind, ist uralt. Der Olymp, der Berg Sinai oder der Kailash in Tibet sind herausragende Beispiele dafür.

Auch in der griechisch-römischen Antike wurden an exponierten Stellen, auf Bergen und Anhöhen, wo man dem Himmel und den Göttern näher ist, Kulte praktiziert. Frühchristliche Missionare machten dann christliche Heiligtümer daraus, was nicht zuletzt mit der Ernennung des Christentums zur Staatsreligion unter Theodosius dem Großen (379–395 n. Chr.) zusammenhängt.

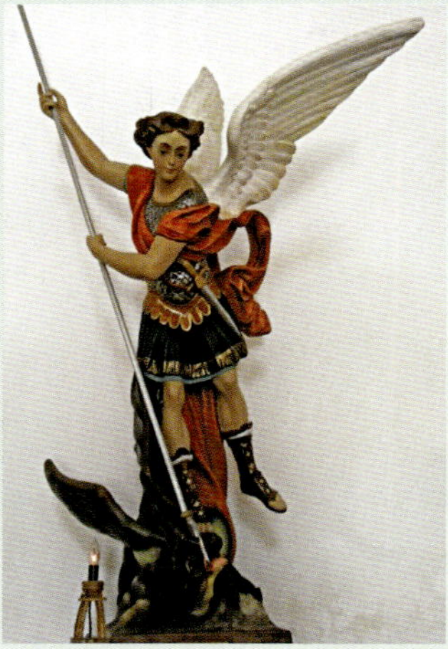

*Erzengel Michael in Santa Maria della Stella bei Castelnouvo della Daunia (siehe Tag 22)*

Auch der Monte Sant'Angelo war vor der Errichtung des Michaelheiligtums ein „heiliger Berg" vorchristlicher Kulte. Aus diesem Grund soll der Legende nach der Bischof von Sipontum gezögert haben, am Gargano eine Verehrungsstätte des Erzengels Michael zu errichten.

Auch auf dem Monte Cassino südlich von Rom, wo der hl. Benedikt von Nursia 529 das berühmte Kloster gründete, in welchem das Mönchtum des Abendlandes Form annahm, befand sich ein bedeutender Kultplatz, nämlich ein großer Apollotempel.

Römisch-heidnische Wurzeln hat schließlich auch die berühmte Engelsburg in Rom, auf der heute eine imposante Statue des Erzengels Michael steht. Der beeindruckende Bau wurde als Grabmal für Kaiser Hadrian (117–138 n. Chr.) errichtet, also für etwas völlig anderes als den christlichen Kult. Der Legende nach soll der Erzengel Michael an dieser Stelle Papst Gregor dem Großen erschienen sein, als die Ewige Stadt im Jahre 590 von der Pest heimgesucht wurde, woraufhin das Übel ein Ende fand. Zum Dank ließ der Papst auf dem Gipfel des heidnischen Mausoleums zu Ehren des Erzengels eine Kapelle bauen, „und dort schwebt der Engel noch heute mit breiten, von der Sonne vergoldeten Flügeln, das Schwert in die Scheide steckend"*.

* Philipp Santer, Geschichte der Michaelsgrotte auf dem Monte Gargano im Mittelalter (490–1507), Monte Sant'Angelo – Apulien – Italien, MV-Wissenschaft, 2011, S. 16–171.

TAG 5

# Von Villagrande di Tornimparte nach L'Aquila

16 km

Schwierigkeit: ●●○

**Heute begehen wir jenen alten Weg, den die Tornimpartenser einst nutzten, um in den Hauptort *L'Aquila* zu gelangen, bevor das Auto und mit ihm die Schnelligkeit Einzug hielten. Eine faszinierende Etappe mit wunderbaren Ausblicken auf das ganze Tal. In der Hauptstadt der Abruzzen führt uns unser Weg direkt zum *Brunnen der 99 Cannelle* (Wasserhähne) am Fuße der Stadt, jenem Brunnen, der die vielen Weiler und Dörfer symbolisiert, die die Gemeinde Tornimparte bilden.**

## Unterkünfte

**L'Aquila:**

- ✯ Im Kloster *San Pio X* (zona Torrinone), in der *Casa di Famiglia di Nazaret,* stellen die Minoriten 6 Schlafplätze für Pilger zur Verfügung, nur Übernachtung. Tel.: 0862/21179
- ✯ B&B *Il Chiassetto,* via Chiassetto degli Ortolani 1, Mutter Francesca und Tochter Giulia bieten einfache, heimelige Unterkunft in Zentrumsnähe, 6 Betten, Tel.: 0862/580560 oder 348/7733225 oder 388/7520532
- ✯ *Hotel San Michele,* Via dei Giardini 6, im Zentrum nahe Collemaggio, Tel.: 0862/420260

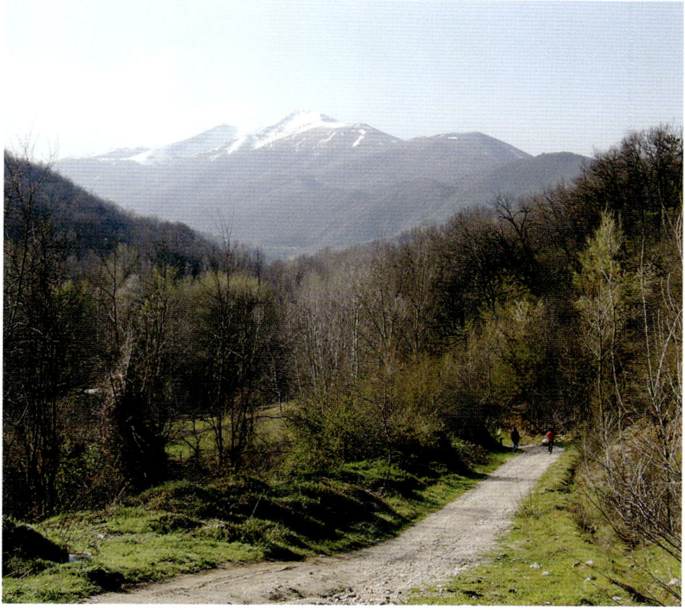

*Unterwegs nach L'Aquila*

## Wegbeschreibung

Von der Kirche *San Panfilo* aus gehen wir die Hauptgasse entlang bis zur Fraktion **Casa Tirante**. Auf dem kleinen Dorfplatz angelangt, biegen wir zwischen den Häusern rechts in die *Via Capoluogo* ein, die uns ca. 1 km in sanften Kurven durch Wald und Wiesen abwärts führt. Am Ende biegen wir rechts ab und durchqueren die Fraktion **Piagge** (B&B). Wir bleiben auf dieser Straße und gelangen in die Fraktion **Foce di Sassa**, die wir zwischen den Häusern passieren und nehmen die Straße, die rechts aufwärts, am Fuße eines Hügels, in sanften Kurven weitergeht. Dieser Ort markiert die Grenze zwischen den Gemeinden Tornimparte und L'Aquila.
Vor einem Brunnen rechts in die *Via San Martino* einbiegen. Die Straße führt in 2 km auf einen Hügel, es gibt wunderbares Panorama und von hier aus können wir rückwärts schauend den beeindruckenden Weg erkennen, den wir gestern zurückgelegt haben. Gleich



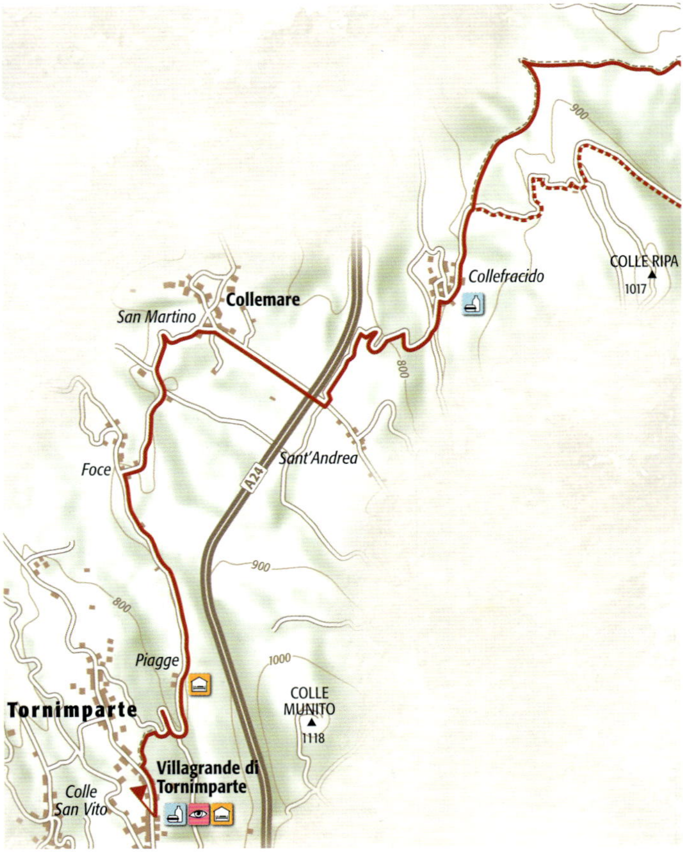

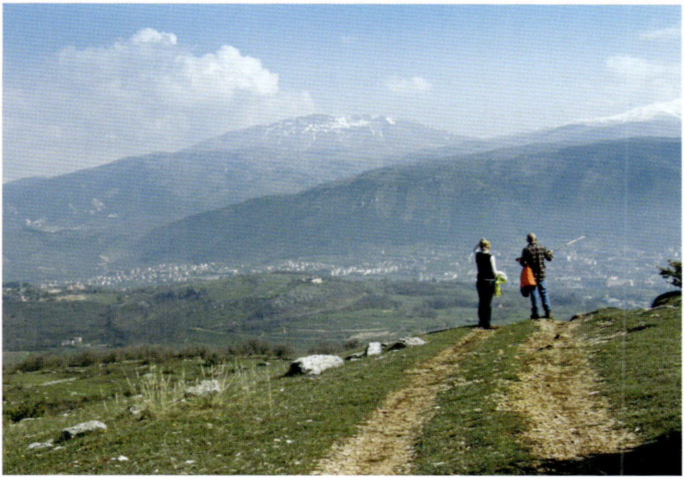

*Am Weg von Tornimpante nach Collemare*



nach der Ortschaft **San Martino** biegen wir rechts ab in Richtung *Santa Croce,* gehen an einer Kirche vorbei, die Maria geweiht ist, dann geradeaus weiter und überqueren die Autobahn. Achtung: gleich nach der Überführung biegen wir links in einen nicht asphaltierten Fahrweg ein, der parallel zur Autobahn liegt. Nach einer kleinen, verfallenen Häusergruppe weitergehen, aber bei der nächsten Abzweigung verlassen wir die Autobahn und gehen rechts den Hügeln zu. Der Weg ist angenehm und schattig. An einem kleinen Bach vorbei geht es aufwärts bis zur Ortschaft **Collefracido**, dem Epizentrum des Erdbebens vom 6. April 2009. Interessant ist, dass nur wenige Häuser im Zentrum schwere Schäden davongetragen haben, was auf den Tuffstein zurückzuführen ist, auf dem die Gegend hier liegt. Ein Abstecher zum Holz- und Steinbildhauer Fulvio Olla, dessen Werkstatt-Garten sich auf der linken Seite der Straße befindet, lohnt sich.

Über einige Stufen ins Dorf hinauf und weiter über die Gasse zwischen den Häusern hindurch, dann abwärts weiter, um schließlich rechts in die *Via Giovanni Ceci* einzubiegen, die in den Feldern den Hügel entlangführt. Diesem Weg bis zu einem Stadel auf der linken Seite folgen, hier rechts zwischen Wacholder- und Ginsterstauden in den Wald. Der Weg verläuft zwischen alten Steinmauern und führt uns auf einen Hügel mit einem Kreuz hinauf. Hier können wir ein 360-Grad-Panorama genießen und die landschaftliche Schönheit dieser Etappe in uns aufnehmen. Unser Weg folgt auf der anderen Seite des Hügels einem Feldweg. Zuerst durchqueren wir die faszinierende Hochebene. Am gegenüberliegenden Hügel sehen wir schon das Dorf **Roio**. Der Weg führt dann über eine lange Rechtskehre abwärts durch eine lieblich gepflegte Kulturlandschaft mit Trockensteinmauern und Mandelbäumen, indem er die Felder teilt. Er mündet bei einem Zaungatter in einen größeren Weg, in den wir links einbiegen, und so gelangen wir zum schönen Kirchlein *Madonna di Corte.*

Vom Kirchlein gehen wir entweder rechts oder links den Kreuzweg bis zur ersten Station (beide Wege führen zurück, da der Kreuzweg ein Rundweg ist). Die beiden Wege vereinigen sich bei einem Brunnen, den man links unten in der Mauer betätigen kann. Wir folgen dem Weg weiter und kommen zur großen Kirche *S. Marciano*, die beim Erdbeben große Schäden erlitten hat. Hier gelangen wir auf die Hauptstraße, in diese links einbiegen und sie nach wenigen Schritten überqueren; es geht rechts in der *Via S. Marciano* weiter, die anfangs asphaltiert, dann als Feldweg in Richtung *Poggio di Roio führt.* Wir überqueren die Hauptstraße und gehen zwischen den Häusern des Dorfes aufwärts zum Platz mit der Kirche *Madonna della Croce* aus dem 13. Jh. Auf der gegenüberliegenden Seite des Platzes beginnt die V*ia Mariana,* ein Kreuzweg, der uns in 3 km bis an die Tore der Stadt **L'Aquila** bringt.

An der Hauptstraße angelangt, in diese rechts einbiegen, Bahngeleise und Fluss *Aterno* überqueren. Leicht aufwärts gelangen wir zum Stadttor, gehen durch dieses durch und kommen zum berühmten *Brunnen der 99 Cannelle* (Wasserhähne) am Fuße des Stadthügels. Immer aufwärts gelangen wir ins Stadtzentrum.



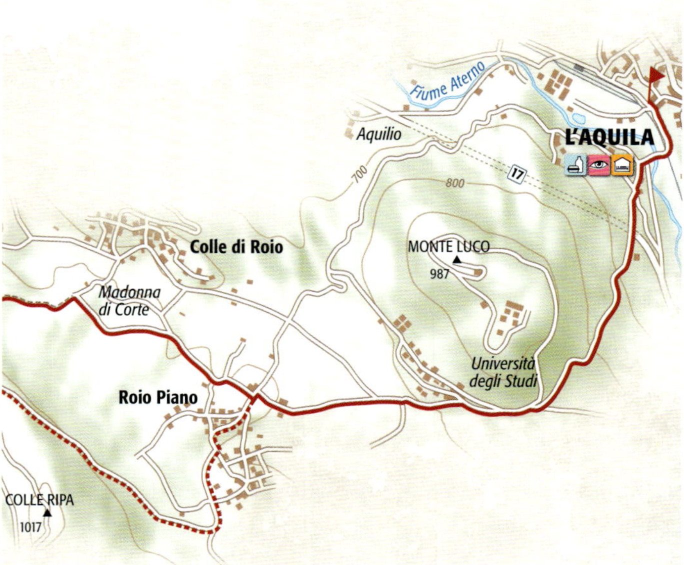

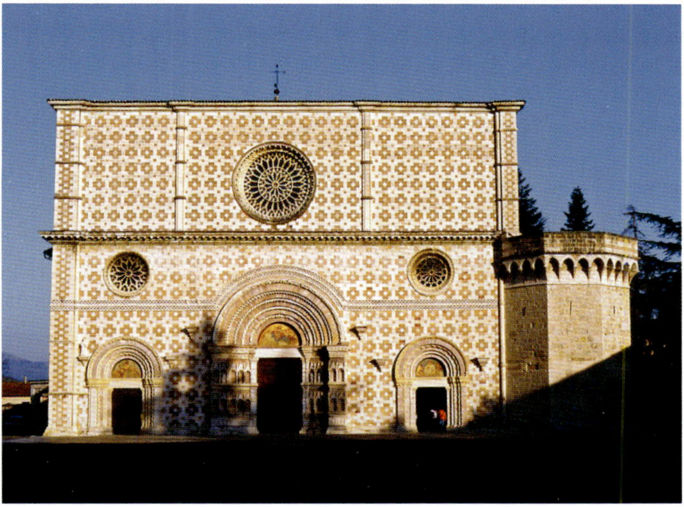

*Die beeindruckende Fassade von Santa Maria di Collemaggio, L'Aquila*

## Variante für Fahrradpilger



*In **Collefracido** verlassen die Radfahrer die Ortschaft über die Straße rechts und fahren in langen Kurven nach **Roio Piano.** Den Ort durchqueren und auf der Staatsstraße 615 weiter bis nach **L'Aquila**.*

## Sehenswürdigkeiten

### L'AQUILA

In Italien ist die Erde äußerst aktiv, es ereignen sich immer wieder schwere Erdbeben. Die Region Abruzzen war insbesondere in den Jahren 1315, 1349, 1461, 1703 und 1915 davon betroffen. Das letzte schwere Beben hat im Jahr 2009 die Hauptstadt der Abruzzen und die umliegenden Ortschaften hart getroffen und erheblichen Schaden angerichtet. Das Erdbeben beschädigte zahlreiche Wohnhäuser, Kirchen und Kulturdenkmäler. So ist der Turm der Grabeskirche des hl. Bernhardin aus dem 14. Jh. eingestürzt, ebenso die Kuppel der Barockkirche Sant'Agostino. Das Erdbeben hat die einst schmucke Innenstadt unbewohnbar gemacht. Aus der „Signora delle montagne", der Herrin der Berge, wie die Abruzzesen ihre Hauptstadt nennen, wurde eine „Signora ferita", eine verwundete Dame. Nach jedem der zahlreichen Erdbeben ist der Wiederaufbau gelungen. Es bleibt zu hoffen, dass L'Aquila wieder zu einer blühenden Stadt heranwachsen kann.

## SANTA MARIA DI COLLEMAGGIO

In der Stadtmauer von L'Aquila wurde eine Öffnung ausgespart, damit man sich über eine Allee und dem weit ausgedehnten, begrünten Platz diesem stilvollen Gotteshaus nähern und die bezaubernde Fassade bewundern kann. Pietro da Morrone, der als Einsiedler auf der Maiella gehaust hat, soll der Legende nach im Jahr 1287 den Grundstein für diese Kirche gelegt haben, in der er am 29. August 1294 zum Papst gekrönt wurde. Es war die erste Papstkrönung außerhalb Roms. Noch am Abend seiner Weihe gewährte der neu gewählte Papst dem in der Basilika versammelten Volk einen vollkommenen Ablass, den man bis dahin nur in der Grabeskirche in Jerusalem und am 2. August in der Kirche Santa Maria degli Angeli (Portiunkula genannt) in Assisi gewährt bekam.

Man sollte sich die Zeit nehmen, die monumentale quadratische Fassade mit dem eigenwilligen Muster und Farbspiel, die filigrane formvollendente Fensterrose über dem Mittelportal und die beiden kleineren Rosetten über den Seitenportalen genau zu betrachten, bevor man den Kirchenraum betritt.



Der Innenraum der dreischiffig angelegten Kirche ist zwar imposant, aber eher schlicht. Im Fußboden wird das rot-weiße Farbenspiel der Fassade wieder aufgenommen. Am Ende des Mittelschiffs ziert ein Labyrinth den Boden, das aus drei 8 besteht, mit dem Auftrag, „das Quadrat der Materie in den Kreis des Geistes zu verwandeln".

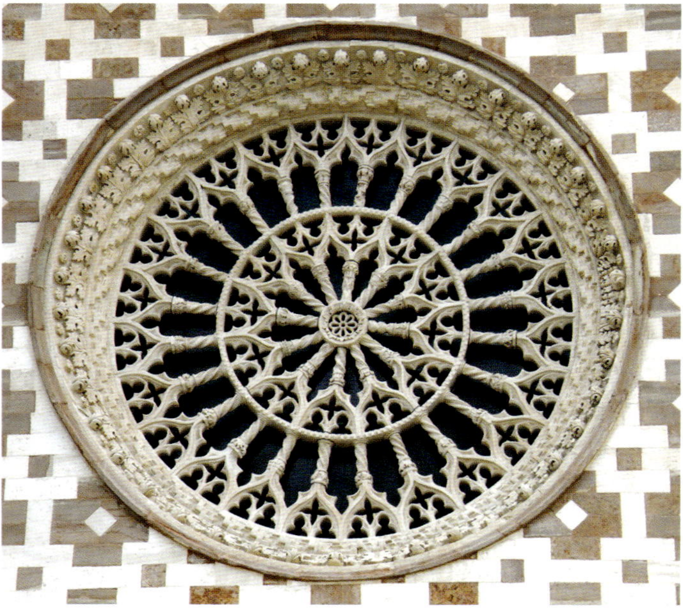

*Die Mittelrosette von Santa Maria di Collemaggio*

Die Basilika ist die einzige katholische Kirche weltweit, die eine heilige Pforte für einen jährlichen Ablass besitzt. Durch diese Pforte schritt Cölestin V. bei seiner Papstkrönung. Seither wird die *Porta Santa* am 28. August eines jeden Jahres geöffnet und ein großes Stadtfest namens „La Perdonanza" (Vergebung) gefeiert. Dieses Fest gehört bis heute zu den größten der Region.
Das Erdbeben im Jahr 2009 hat die Basilika sehr stark beschädigt: die Vierung und die Apsis sind eingebrochen. Die umfangreichen Restaurierungsarbeiten haben die Kirche zwar wieder zugänglich gemacht und ihre Schönheit bewahrt, dennoch ist von den ursprünglichen Lichtspielen vorerst nicht viel übrig geblieben.
Die 1517 errichtete Chorkapelle, in der sich das Grabmal des 1327 hierher überführten Papstes Cölestin V. befindet, wurde beim Beben verschüttet und wird derzeit restauriert. Der gläserne Reliquienschrein mit den Gebeinen des Papstes konnte wohl nur deshalb unbeschädigt aus den Trümmern geborgen werden, weil er 1988, nachdem Unbekannte die Gebeine gestohlen hatten, aus Panzerglas gefertigt wurde. Der Reliquienschrein wurde inzwischen in die Krypta der Kathedrale von Sulmona verlegt, jenem Ort, in dem Cölestin lange als Einsiedler gelebt hatte.



## DIE BASILIKA SAN BERNARDINO

Geweiht ist diese wunderschöne Kirche einem der Schutzheiligen der Stadt, dem hl. Bernhardin von Siena. Den Bau veranlasst haben seine Schüler Johannes Capestrano und Johannes Marca, als die Stadt im Jahr 1454 die Einwilligung zur Aufbewahrung der sterblichen Überreste des Heiligen erhielt. Der Bau der Kirche zog sich lange hin. Erst 1472 wurde nach einer Unterbrechung wegen eines Erdbebens mit dem Bau der Kuppel eine erste Bauphase abgeschlossen. Die herrliche Fassade wurde 1527 von Cola dell'Amatrice realisiert und blieb beim Erdbeben 1703 beinahe unversehrt, während der Innenraum der Kirche dabei völlig zerstört wurde. Nach dem Wiederaufbau zeichnete sich das Innere durch eher barocke Formen aus, behielt aber trotzdem die für eine Franziskanerkirche typische Schlichtheit. Imposant wirkt nur das berühmte Bernhardin-Mausoleum im rechten Kirchenschiff, das ein ortsansässiger Notar unter Mitwirkung der reichsten Familien der Stadt gestiftet hatte. Die anderen Seitenkapellen beherbergen Werke der großen Meister der Stadt.
Das Erdbeben vom April 2009 brachte den Turm der Kirche zum Einsturz und beschädigte sie schwer, weshalb sie noch geschlossen ist.

## Die Geschichte L'Aquilas

*Und alle riefen gemeinsam: „Lasst uns eine Stadt bauen, die so schön ist, dass keine andere Stadt einem Vergleich standhält."*

Buccio di Ranallo, aus der Stadtchronik

Das Gebiet um L'Aqulia war natürlich schon in vorrömischer und römischer Zeit besiedelt, die Stadt Amiternum, Heimat des römischen Historikers Sallust, lag hier, aber L'Aqulia wurde im 13. Jahrhundert sozusagen am Reißbrett entworfen. Der Überlieferung nach soll Kaiser Friedrich II. selbst den Bau der Stadt in Auftrag gegeben haben, an einer strategisch günstigen Position unweit der Grenze des Kirchenstaats und gerade einmal 100 Kilometer von Rom entfernt, aber die Gründungsurkunde scheint eine Fälschung zu sein. Fertig gestellt wurde die Stadt jedenfalls unter Friedrichs Sohn Konrad IV. im Jahr 1254, doch schon 1259, nur vier Jahre später, zerstörte der Staufenkönig Manfred die aus seiner Sicht abtrünnig gewordene Stadt wieder vollständig.

Nach dem Tod des letzten Staufers kam es zur Neugründung unter Karl I. von Anjou (1227–1285). Unter seiner Regentschaft erlebte sie eine Blütezeit und wuchs rasch auf eine geschätzte Einwohnerzahl von 60.000 heran.

Im 16. Jahrhundert setzte ein Verfall der Stadt ein. Die spanische Regentschaft im Königreich Neapel setzte auf ein rigoroses Feudalsystem und beraubte die Stadt ihrer Eigenständigkeit. Die Aquilaner erhoben sich gegen die Fremdherrschaft, worauf die spanischen Herrscher in L'Aquila eine beeindruckende Festungsanlage (Castello genannt) errichten ließen. Noch heute kann man dort lesen, warum: „Ad reprimendam Aquilanorum aduaciam", um den Mut der Aquilaner zu unterdrücken.

Der Friedensvertrag von Wien (1738) setzte zwar der spanischen Herrschaft in Neapel ein Ende, ebnete aber den Weg für die französische Invasion, gegen die sich die kühnen Aquilaner – diesmal erfolgreich – erhoben. In der Zeit der Italienischen Einigung Mitte des 19. Jh. wird L'Aquila endgültig zur Stadt der Freiheitskämpfer. Nicht ohne Grund genoss Giuseppe Mazzini, der geistige Führer des demokratischen Flügels des Risorgimento, die Gastfreundschaft der Stadt. Gegenwärtig muss sie sich erneut einer großen Herausforderung stellen und sich kämpferisch zeigen: für den äußerst schwierigen Wiederaufbau nach einem verheerenden Erdbeben von 2009.

### Die Erdbeben in L'Aquila

Die Abruzzen wurden in ihrer Geschichte oft von verheerenden Erdbeben getroffen. Deshalb tauchen einige Jahreszahlen auch immer wieder in Zusammenhang mit Kirchen und Kunstdenkmälern und deren Renovierungen auf.

**1349** – Von den 10.000 Einwohnern starben 800 unter den Trümmern eines schweren Bebens. Nur mit einer Besetzung der Stadt konnte die Flucht ihrer Einwohner verhindert werden.

**1461** – Die Chronik berichtet, dass die Ortschaften Onna, Poggio Picenze, Castelnuovo und Sant'Eusanio Forconese völlig zerstört wurden. Die Stadt bemühte sich um einen Wiederaufbau, der in den Jahren **1646** und **1672** durch weitere Erdbeben einen Rückschlag erfuhr.
**1703** – Bei diesem Erdbeben verlor fast die Hälfte der Einwohner das Leben. Trotz der großen Verdienste von Papst Clemens XI., den Wiederaufbau der Stadt voranzutreiben und die geflüchteten Bewohner zur Rückkehr zu bewegen, konnte die Stadt den früheren Prunk nicht wiedererlangen. Dieser Zeit sind die barocken Gebäude der Stadt zu verdanken.
**1915** – Ein Erdbeben hatte vor allem im Gebiet der Marsica in der Provinz L'Aquila verheerende Auswirkungen und forderte das Leben von 30.000 Menschen. Diesem Beben fiel auch die Familie des Schriftstellers Ignazio Silone zum Opfer. Die Tragödie, die den damals 15-jährigen traf und sein Leben für immer prägte, verarbeitete er in seiem Werk *Uscita di sicurezza* (Notausgang).
**2009** kam das „Monster" wieder nach L'Aquila. 308 Menschen starben, 1600 Menschen wurden verletzt und Zehntausende wurden obdachlos und verloren möglicherweis für immer ihre Heimat. … und der Wiederaufbau kommt nur zögerlich in Gang. 2014 ist L'Aquila in weiten Teilen immer noch eine Geisterstadt. Lediglich die große Prachtstraße wird zurzeit restauriert. Einzelne Geschäfte haben wieder geöffnet. Die Bevölkerung ist frustriert und zornig, zumal viele Spendengelder in dunklen Kanälen versickert sind.

### Die Heiligen der Stadt

Gleich drei Heilige verbrachten einige Jahre ihres Lebens in L'Aquila.
Der populärste unter ihnen ist der Patron der Stadt, **Pietro da Morrone**, der am 29. August 1294 in der Basilika Collemaggio L'Aquila zu **Papst Cölestin V.** gekrönt wurde und die Wahl nur annahm, nachdem man ihm eingeredet hatte, dass eine Ablehnung einer Todsünde gleichkäme. Der einfache Bauernsohn mit starkem Hang zur Mystik wurde von seinen Mitbrüdern als „Engelsgleich" verehrt. Bereits kurz nach seinem Tod wurde er am 5. Mai 1313 durch Papst Clemens V. heiliggesprochen (mehr über ihn auf Seite 98 f.).
**Bernhardin von Siena,** einer der einflussreichsten Volksprediger des 15. Jahrhunderts, verstarb während einer Missionsreise in die Abruzzen in L'Aquila, wo er in der Kirche San Bernardino begraben wurde. 1450 wurde er von Papst Nikolaus V. heiliggesprochen.
Der Franziskaner **Johannes von Capestrano** wurde in den Abruzzen geboren und begleitete Bernhardin von Siena auf seinen Missionsreisen. Heiliggesprochen wurde er 1690 von Papst Alexander VIII., die Urkunde über die Kanonisation wurde aber erst 1724 von Papst Benedikt XIII. ausgestellt, der auch Giacomo di Marca, einen Schüler Bernhardins und Johannes, 1726 heiliggesprochen hat.

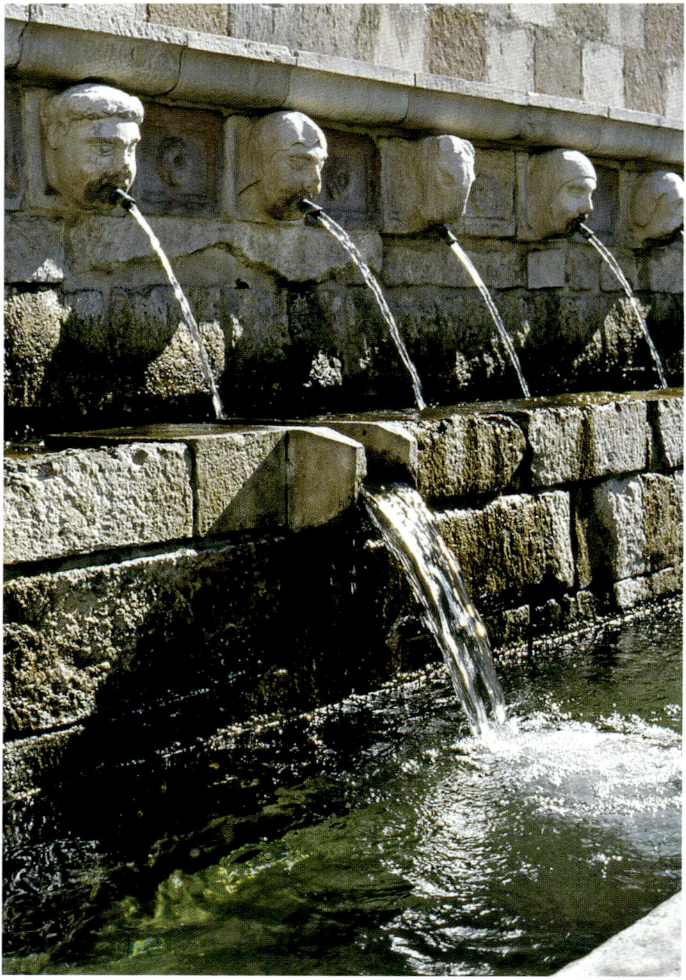

Die „Fontana delle 99 Cannelle“



## DIE ZAHL 99 UND DIE „FONTANA DELLE 99 CANNELLE“

Der Legende nach wurde die Stadt L'Aquila aus 100 „Burgdörfern“ (Kastellen) der Abruzzen gegründet. Jedes dieser Burgdörfer sollte in der Stadt je einen Platz, eine Kirche und alle gemeinsam einen Brunnen bauen. Vorerst waren auch alle damit einverstanden, bis dann ein Dorf einen Rückzieher machte und sich nur mehr 99 an die Abmachung hielten. In Wirklichkeit haben weit weniger als 99 Burgdörfer am Bau der Stadt mitgewirkt, aber die Zahl 99 blieb, dank des Brunnens mit den 99 Wasserhähnen, der im Jahr 1271 vom Architekten Trancredi da Pentima geplant wurde.

## Die Perdonanza des Cölestin

Kurz nach seiner Wahl zu Papst Cölestin V. setzte Pietro da Morrone einen Akt, der bis heute für L'Aquila von großer Bedeutung ist. Er verfügte die Perdonanza (Vergebung), einen vollkommenen Ablass, der alle, welche die Kirche Santa Maria di Collemaggio am Jahrestag der Enthauptung des heiligen Johannes des Täufers (29. August) besuchen, von jeglicher Strafe für ihre Sünden befreien sollte, sofern sie wirklich bereut und gebeichtet hätten. Ein solcher Ablass konnte in der damaligen Christenheit nur in Jerusalem sowie am Portiunkulafest in Assisi gewonnen werden. Selbst die Heiligen Jahre, an welchen in Rom ein vollkommener Ablass möglich war, wurden erst einige Jahre später, im Jahr 1300 eingeführt. Für den mittelalterlichen Menschen, der stets mit einem frühen Tod durch Krankheiten oder Kriege rechnen musste, und dem von den Kanzeln herunter große Angst vor der ewigen Verdammnis und grausamen Höllenqualen gemacht wurde, war so ein Ablass äußerst begehrt und die Perdonanza machte schlagartig L'Aqulia zu einem überregionalen Pilgerziel.

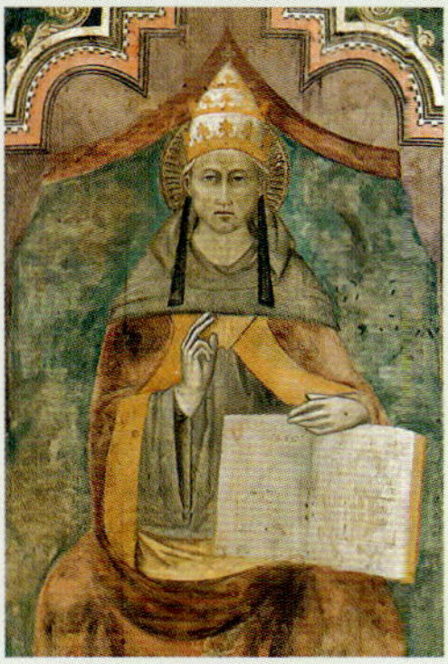

*Papst Cölestin V., Fresko von Niccolò di Tommaso, 14. Jh. in Santa Maria di Casaluce (Neapel)*

Auftakt dieser Feier ist die Öffnung der „Heiligen Pforte" (der einzigen außerhalb Roms) der Basilica di Collemaggio durch einen vom Heiligen Stuhl bestimmten Kardinal am Abend des 28. August. Vor der Öffnung der Heiligen Pforte findet ein großer historischer Umzug statt, an dem etwa tausend Darsteller in historischen Kostümen teilnehmen.

Außergewöhnlich ist, dass dieses religiöse Ereignis von Anfang an, das heißt seit über sieben Jahrhunderten, jährlich vom Bürgermeister von L'Aquila und nicht vom Erzbischof veranstaltet wird, zumal die Bulle, mit der Papst Cölestin die Perdonanza eingeführt hat, seit ihrem Erlass am 29. September 1294 von den weltlichen Behörden aufbewahrt wird. Die wichtigsten Figuren des Umzugs sind die Dama della Bolla (Dame der Bulle) die den Behälter trägt, in dem früher die Bulle der Vergebung aufbewahrt wurde, und der Giovane Signore (junger Herr), der den Olivenzweig in der Hand hält, mit dem der Kardinal dreimal gegen die Heilige Pforte schlägt, um ihre Öffnung anzuordnen. Die Bulle selbst wird seit ihrer Restaurierung im Jahr 1997 durch das Istituto Centrale del Libro in Rom auf Anweisung der Restauratoren gesondert zur Basilica di Collemaggio geschafft. Der Zweig die Bulle und die Schlüssel der Heiligen Pforte der Basilica di Collemaggio (die Kirche gehört der Gemeinde) werden im Tresor des Stadtturms aufbewahrt.

TAG 6

# Von L'Aquila nach Santo Spirito d'Ocre 17 km

Schwierigkeit: ●○○

**Idyllische Etappe in der Talebene des Flusses Aterno, mit einem kurzen, anstrengenden Anstieg hinauf zur Klosterfestung Santo Spirito d'Ocre am Ende der Etappe. Heute ist viel Zeit für Muße und Langsamkeit, und um die Schönheit dieser lieblichen Landschaft zu genießen.**

### Unterkünfte

**Fossa:**

☆ *B&B Terre di Aveja*, freundliche Unterkunft in einer grünen Oase unterhalb des Franziskanerklosters Sant'Angelo d' Ocre, nahe der beeindruckenden Kirche Santa Maria ad Cryptas und der außergewöhnlichen Nekropolis von Fossa, die auf die Eisenzeit zurückgeht. Tel. 334/8476476

**Sant'Eusanio Forconese:**

☆ *B&B Casa Bologna*, günstige Unterkunft, Halbpension möglich, 15 Betten, 3 km abseits, ab Fossa nach Sant'Eusanio Forconese, die Besitzer fahren Pilger am nächsten Tag gerne zurück, Tel.: 349/8330128, nach Omar fragen.

☆ *B&B Forconensis*, Via del Colle 6, Pilgerpreis. Vita Camilla anrufen, 340/2646991 oder 0862/810232

**Santo Spirito d'Ocre:**

☆ Luxuriöse Unterkunft mit besonderer Atmosphäre in der Klosterfestung, Pilgerpreis. Wichtig: vorher anrufen und Abendessen besprechen, da es in der Nähe keine Möglichkeit gibt. Tel.: 0862/1965538, www.monasterosantospirito.it

## Wegbeschreibung

Wir gehen links der *Basilica di Collemaggio* abwärts bis zur Staatsstraße, der wir rechts abwärts folgen, an der Hinterseite der Basilika vorbei. Der Hügel, auf dem die Basilika steht, ist grasbewachsen und als botanischer Garten für Gewürzpflanzen angelegt. Abwärts am Postamt vorbei und an der Hauptstraße in der Talebene angelangt links in Richtung *Avezzano* gehen. Nach ca. 100 m die viel befahrene Straße überqueren und rechts dem Schild *Le Rocche* folgen, die Bahngeleise und den Fluss *Aterno überqueren.*
Nach ca. 1 km biegen wir bei einer Bar (Brunnensäule) links in Richtung *Monticchio Fossa* ein. Nach ca. 800 m wieder links abbiegen in eine schmale Straße, die von Elektromasten aus Beton gesäumt ist (links steht ein neues, gelbes Haus). Die Straße wird zum Radweg, der auch von vielen Fußgängern benutzt wird und führt durch die Felder zum Ufer des *Aterno*. Nach 3 km überqueren wir eine größere Straße und gehen weiter geradeaus durch die Felder, bis der Weg in die schmale *Via del Mulino mündet. Diese mündet* wiederum in eine größere Straße, auf der wir direkt ins Zentrum des Ortes **Monticchio** gelangen, wo es Geschäft und Bar gibt.

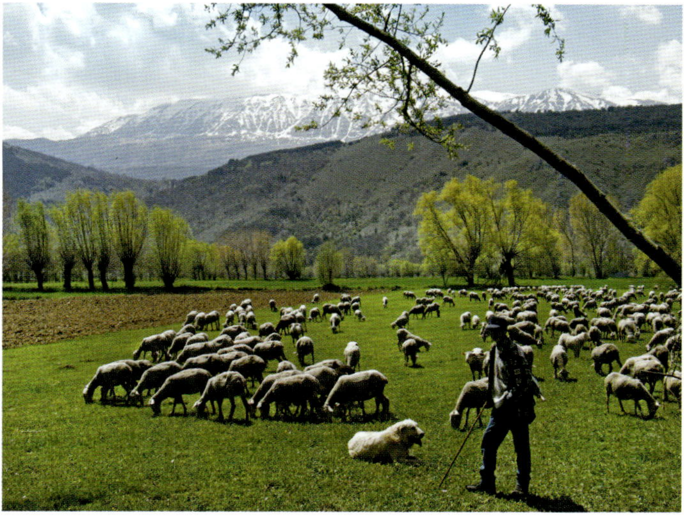

Schafweide, im Hintergrund der Gran Sasso

Im Zentrum, nach dem Bar-Geschäft, gehen wir links durch das Stadttor und dann abwärts bis zur Abzweigung nach *Onna*, der wir linkerhand folgen, bis wir zu einem großen Rinderstall kommen (Brunnen auf der linken Seite). Vor dem Stall rechts in die kleine 

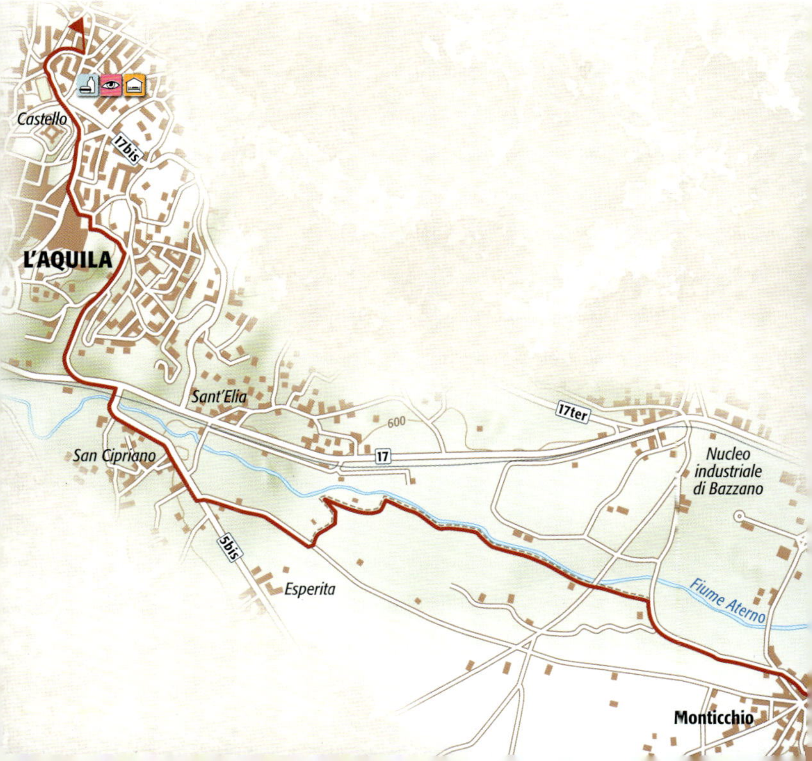

Straße einbiegen, die sich gleich wieder teilt. Wir nehmen den Fahrweg rechts und gehen am Ende dieses Weges wieder rechts, bis wir zur Kreuzung mit einem asphaltierten Sträßchen kommen. Diesem folgen wir links und gelangen zur Hauptstraße, die nach **Fossa** führt, in die wir rechts einbiegen. Wir folgen dieser bis zu den Füßen des antiken Ortes, der an den Hang des Hügels gebaut ist. Oberhalb des Ortes steht das Kloster *Sant'Angelo d'Ocre* markant auf einem Felsvorsprung. Von weitem scheint es, als ob nichts geschehen wäre, in Wirklichkeit ist Fossa seit dem Erdbeben ein Geisterort, dessen Bewohner in einer Siedlung in der Ebene leben. Jeden Abend wird zur Erinnerung die Straßenbeleuchtung eingeschaltet.

Zum Zeitpunkt des Erscheinens des Führers ist sogar der Weg durch das Dorf gesperrt, wir müssen daher am Talboden an Fossa vorbei. Zu Füßen des Hügels biegen wir links in die *Via Aveja* ein. Wir nehmen den ersten Karrenweg auf der rechten Seite bei einer Hausruine, der uns über eine Abkürzung durch Gebüsch und Bäume zur Straße bringt, in die wir rechts aufwärts einbiegen und über die wir in sanften Kurven zur Klosterfestung gelangen.

Wenn die Sperre aufgehoben ist, führt uns die *Via Madonna delle Grotte* angenehm ansteigend geradeaus in das alte Fossa. Wir gehen immer geradeaus durch den Ort hindurch, auch bei der Kreu-



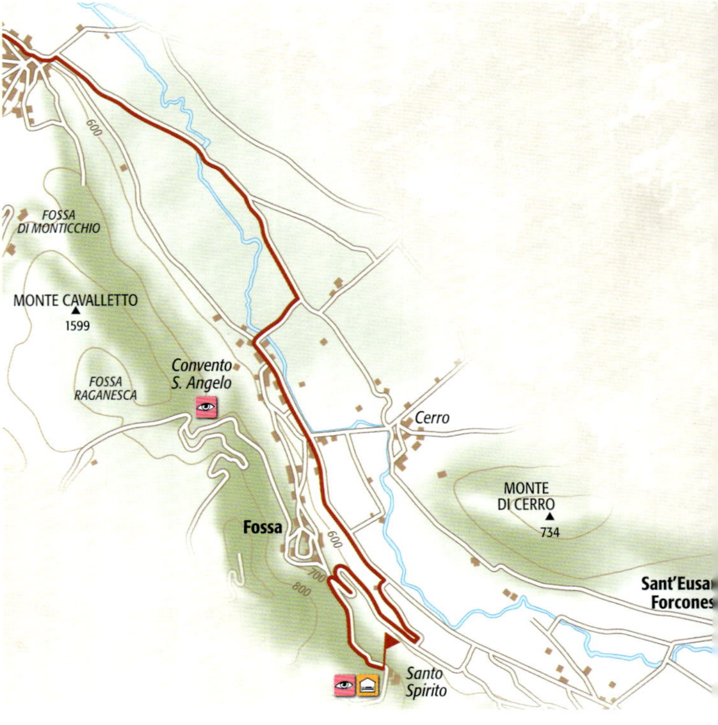

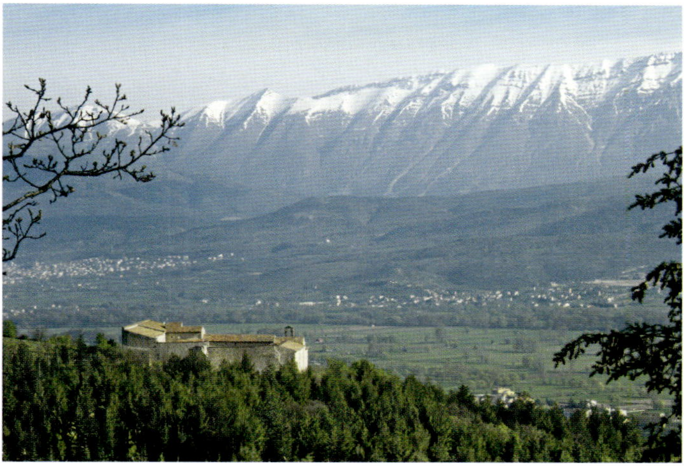

*Santo Spirito d'Ocre*

zung mit der Straße, die nach Fossa vom Tal heraufführt, geht es geradeaus weiter. Ein schmales Sträßchen führt leicht ansteigend zu unserem Etappenziel, der Klosterfestung **Santo Spirito d'Ocre**.



## Sehenswürdigkeiten

### FOSSA

Fossa war vor dem verheerenden Erdbeben eine freundliche Ortschaft. Das Beben und ein Erdrutsch haben sie fast völlig zerstört. 2014 ist endlich ein zögerlicher Wiederaufbau erkennbar. Perle der Ortschaft ist die Kirche Santa Maria in Cryptas mit Fresken aus dem 13. Jh. Unter den Darstellungen das letzte Gericht, ein schöner Erzengel Michael, der die Seelen wiegt, und ein Marienzyklus.
Nach einer Überschwemmung in den 1990-er Jahren wurde bei Fossa eine Nekropole des Stammes der Vestini aus dem 9. Jh. v. Chr. entdeckt und ausgegraben. Dieser archäologisch wertvolle Fund befindet sich derzeit in einem bedauerlichen Zustand der Verwahrlosung.

### SANT'ANGELO D'OCRE

Hoch über dem Aternotal auf einem rauen Felsabsturz liegt das Franziskanerkloster Sant'Angelo, eine ehemalige Einsiedelei. Der Name des Klosters Sant'Angelo ist ganz typisch für die Gegend, in der zahlreiche Ortschaften, Kirchen oder Grotten die Namen hl. Engel, hl. Michael oder Erzengel tragen. Zu Beginn des 13. Jh. war es ein Benediktinerinnenkloster, wurde aber bald, voraussichtlich we-

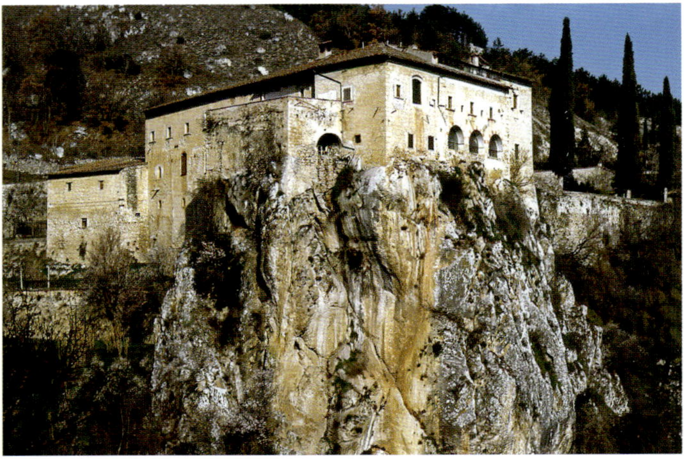

*Das Franziskanerkloster Sant'Angelo d'Ocre*

gen seiner unsicheren Lage, von Orden zu Orden weitergereicht: zunächst an die Klarissen, dann an die Minderbrüder der regulären Observanz, schließlich am Ende des 16. Jh. dem Orden der reformierten Minderbrüder. Die Kirche und die gesamte Klosteranlage sind mit wertvollen Gemälden ausgeschmückt und besitzen eine dem Erzengel Michael geweihte Kapelle. Leider ist das Kloster seit dem Erdbeben im Jahr 2009 geschlossen.



## DIE KLOSTERFESTUNG SANTO SPIRITO D'OCRE

Das Kloster Santo Spirito d'Ocre thront über dem Aternotal wie eine unbezwingbare Festung. Hier errichteten die Zisterzienser die wichtigste Niederlassung des Ordens in der Provinz L'Aquila. Den Bau einer Kirche stifteten 1222 der Lehensherr von Ocre, Graf Bernhard, und dessen Mutter Roalda, und übergaben sie dem seligen Placido di Roio mit der Auflage, sie dem Heiligen Geist zu widmen. 1226 genehmigte der Diözesanbischof die Gründung der Abtei. Nach dem Tod Placidos im Jahr 1248 wurde das Kloster, seinem Wunsch gemäß, dem Mutterkloster Casanova unterstellt. Im 17. Jahrhundert kam es zu einem drastischen Rückgang der Zahl der Mönche und so wurde das Kloster 1692 von Papst Innozenz XII. aufgelöst. Damit war es dem Verfall preisgegeben. Erst im Jahr 1970 wurde es wieder umfassend restauriert und zu einem Beherbergungsbetrieb ausgebaut. Erhalten blieben die Kirche mit den schönen Fresken – Darstellungen der Muttergottes mit Kind, der hl. Peter und Paul und der Grafen von Ocre – sowie der Kreuzgang und ein Portal mit dem Kreuz des Templerordens. Wer im Kloster einkehrt, wird etwas vom Zauber seiner Ursprungszeit spüren.

## Der Michaelskult bei den Byzantinern

Die ersten Zeugnisse für den christlichen Engelskult finden sich in den judenchristlichen Gemeinden in Chonae, einer antiken Stadt in Phrygien, in der Mitte der heutigen Türkei. Bereits im 3. Jh. gab es dort eine dem Erzengel geweihte Kirche bei einer Quelle, der wundersam heilende Wirkung zugesprochen wurde, was zu einem ausgeprägten Engelskult führte. Dabei scheint der Kult des Erzengels als Krankenheiler vor allem beim einfachen Volk verwurzelt gewesen zu sein, weniger in der Oberschicht. Deren Angehörige verfügten über die nötigen Mittel, um sich Ärzte und Pfleger leisten zu können. Sie waren auf Wunderheilungen nur in Ausnahmefällen angewiesen. So erzählt etwa der Kirchenhistoriker Sozomenos (um 380–445) von einem gewissen Aquilin, einem Advokaten am Kaiserhof von Byzanz, der zunächst versuchte, seine Gelbsucht mit Hilfe der Ärzte zu heilen, bevor er sich, schon halbtot, in die Michaelskirche von Hestiae tragen ließ.

Die kirchliche Hierarchie hatte am Michaelsheilkult wenig Interesse, da er nach altem Heidentum roch, wo Krankenhäuser häufig an Kultplätze bestimmter Götter angeschlossen waren. Darauf weist u. a. Kanon 35 der Synode von Laodicea (363–364) hin. Dort wird die Engelverehrung als Götzendienst verdammt und ihre Anhänger werden mit strengen Strafen bedroht.

Andererseits findet sich die Engelsverehrung auch in den Lehren der großen Kirchenväter, beispielsweise bei Augustinus, und schließlich gestattete das zweite Konzil von Nizäa (787) zur Zeit des Bilderstreits ausdrücklich die Verehrung von Engelbildern und das Erbitten um Schutz und Hilfe von den Engeln, legte aber gleichzeitig fest, dass Engel nicht angebetet werden dürfen.

Kaiser Konstantin ließ im 4. Jahrhundert unweit von Konstantinopel eine prachtvolle Kirche zu Ehren des Erzengels Michael erbauen, das sogenannte Michaelion, in dem die *incubatio* gepflegt wurde: D.h. die Gläubigen verbrachten die Nacht in der Kirche und im Schlaf erschien ihnen der Erzengel, um ihnen Antworten auf ihre Fragen und Anweisungen für ihr Tun zu geben. In dieser Tradition ist auch der Traum von Papst Gregor dem Großen (590–604) zu sehen, dem Rom die Umwandlung des Hadrianmausoleums in die Engelsburg verdankt.

Im 6. Jahrhundert förderte auch Kaiser Justinian den Michaelkult und ließ dem Erzengel gleich mehrere Kirchen weihen – mit dazu gehörenden Armenhäusern, was durchaus als populistische Maßnahme, als Zugeständnis an die Volksfrömmigkeit gedeutet werden kann.

Im byzantinischen Reich wurde Michael, der Anführer der himmlischen Heere, auch als Fürsprecher und Schutzpatron der kaiserlichen Heere verehrt. Daher wurde er oft im Gewand eines byzantinischen Adeligen oder eines Heerführers dargestellt.

TAG 7

# Von Santo Spirito d'Ocre nach Rocca di Mezzo 19 km

Schwierigkeit: ●●●

**Nicht die Länge der heutigen Etappe ist kräftezehrend, sondern der anstrengende Anstieg auf die Hochebene *delle Rocche*. Versorgt mit Wasser und Proviant starten wir früh, damit wir die Anstiege gemächlich angehen und die faszinierende Hochebene genießen können, deren Einzigartigkeit uns für die Mühen belohnt.**

### Unterkünfte

**Terranera:**

- B&B *alla Corte di Terranera,* Via Carmine di Corpo S.P. 38, 13 Betten, auch Halbpension möglich. Tel.: 0862/911034 oder 0862/916344

**Rocca di Mezzo:**

- *Madonna delle Rocche,* Via Vittime XI Maggio, der freundliche Pfarrer Don Vincenzo verwaltet das Haus, unbedingt vorher anrufen, Pilgerpreis. Tel.: 0862/917496 oder 0862/917429 oder 0862/91329
- Hotel *Altipiano delle Rocche,* SS 5bis, 47, erschwingliche Preise in Doppelzimmern mit Frühstück. Tel.: 0862/917065
- Hotel *Caldora,* Via Colli della Mula 3, Halbpension, Pilgerpreis, Fahrradreparaturen möglich. Tel. 0862/917174 oder 0862/917520 oder 0862/917596
- B&B *La Posada del Colle,* Kochnische. 0862/917331 oder 334/5409137



## Wegbeschreibung

Vor dem Klostertor folgen wir links der Straße, die sanft aufwärts führt. Nach 200 m links abzweigen und bei der nächsten Kreuzung wieder links die Straße entlang bis zum Weiler **Casentino**, dem höchsten Dorf dieses Tales. Bei der Kreuzung im oberen Teil des alten Dörfchens, bei den ersten Häusern, rechts abbiegen. Nach ca. 100 m in den Schotterweg einbiegen, der rechts aufwärts führt (in einer Kurve steht oberhalb ein grünes Wasserreservoir). Der Fahrweg führt gleichmäßig ansteigend den Bergrücken hinauf, die Ausblicke auf das *Gran-Sasso*-Massiv werden immer weiter und beeindruckender. Der Fahrweg endet in einer kleinen, flachen Wiese, dem höchsten Punkt unseres ersten Anstiegs. (Achtung: der Markierstein mit gelbem Pfeil wird oft verdreht.) Hier gilt es wieder die Richtung zu wechseln und den Steig zu nehmen, der 10 m unter-

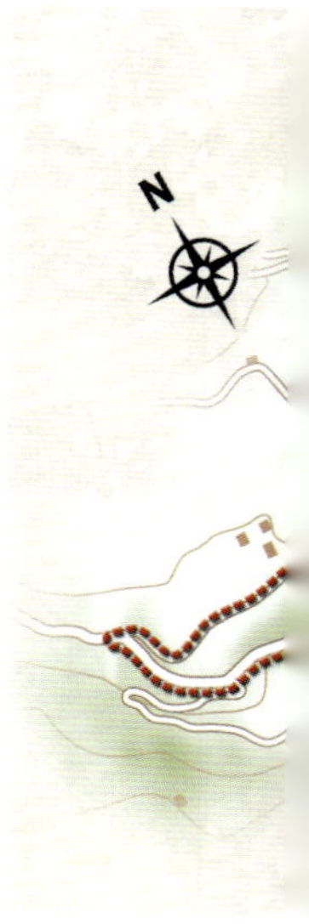

halb des Weges zwischen Sträuchern und Hecken wieder abwärts führt. Wir erreichen auf diesem Steig einen grasbewachsenen Weg und gelangen zur XII. Station eines Kreuzweges, dem wir nun abwärts folgen. Der Abstieg ins Dörfchen **Tussillo** bis zum Kirchlein *Sant'Agata* ist angenehm, das Dorf ist beim Erdbeben 2009 vollkommen zerstört worden und aus der Höhe sehen wir das ebenfalls schwer beschädigte Dorf *Villa Sant'Angelo*. Hier in *Tussillo* gibt es die letzte Möglichkeit, vor dem langen Anstieg, der uns nun erwartet, Wasser zu füllen (Brunnen bei der Kirche).

Wir gehen die Gasse zwischen den Häusern abwärts in die *Via Gian Carlo Rota.* Bei der Abzweigung nehmen wir den Schotterfahrweg rechts, der gut markiert ist und den Reiterweg *Ippovia del parco del Sirente-Velino* anzeigt. Es ist ein Karrenweg für Maultiere, den das Militär angelegt hat. Gleichmäßig ansteigend gewinnen wir schnell an Höhe (ca. 600 Hm auf einer Strecke von 5 km). Trotz der hohen, schattenspendenden Bäume kann die Sonne hier ganz schön stechend sein. Wir wappnen uns mit Geduld und bewundern das einzigartige Panorama mit der Aussicht auf den *Gran Sasso*, das *Majella*-Massiv und die Berge der Hochebene.

Der Weg endet an der Hauptstraße, in die wir links einbiegen und Richtung **Fontavignone** gehen. Links ins Dorf hinein, dieses durchqueren (Möglichkeit zum Einkehren) und auf einem ebenen, neuen Radweg bis zur nächsten schönen Hochebene. Auf dieser gibt es einen wunderbaren Aussichtsplatz, der als Picknickplatz hergerichtet ist. Hier beginnt ein schöner Fahrweg, der zwischen Weiden und Feldern zum reizenden Dörfchen **Terranera** führt.

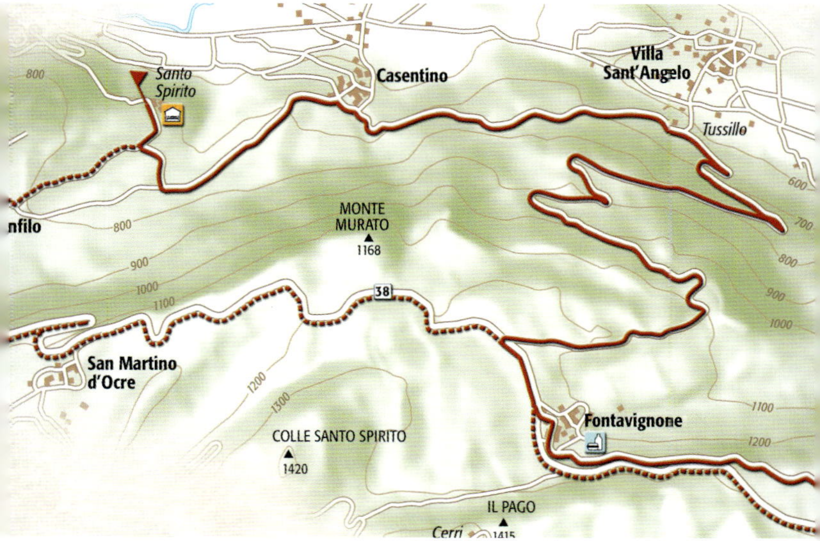

Im Ort angelangt gehen wir an der Kirche entlang durch das Dorf abwärts, bis wir auf die Straße gelangen, die nach *Rocca di Mezzo* führt. Vor uns breitet sich die bezaubernde Hochebene Le Rocche aus. Es empfiehlt sich, auf der ruhigen Hauptstraße zu bleiben, die in 4 ebenen km nach **Rocca di Mezzo** führt. Quer durch die Felder ist der Boden sehr sumpfig und es gibt einen Graben, über den zurzeit keine Brücke führt. Um zur Herberge zu gelangen, biegen wir bei der Carabienieristation rechts ab und am Ende der kurzen Straße noch einmal nach rechts auf die Hauptstraße. Nach wenigen 100 m befindet sich die Herberge *Madonna delle Rocche*.

## Variante für Fahrradpilger

*Bei der Klosterfestung Santo Spirito links weiter ca. 2 km bis zur zweiten Abzweigung, die nach* **Ocre** *führt. Zuerst kurz auf der Regionalstraße SR5 durch San Panfilio d'Ocre, dann weiter auf der Provinzstraße SP38. Auf dieser an der Abzweigung nach* **Fontavignone**



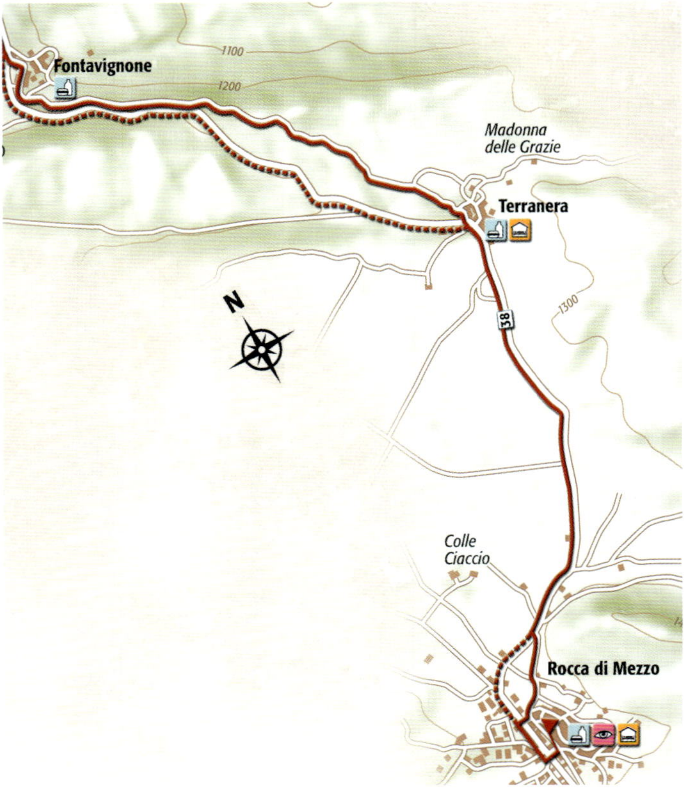

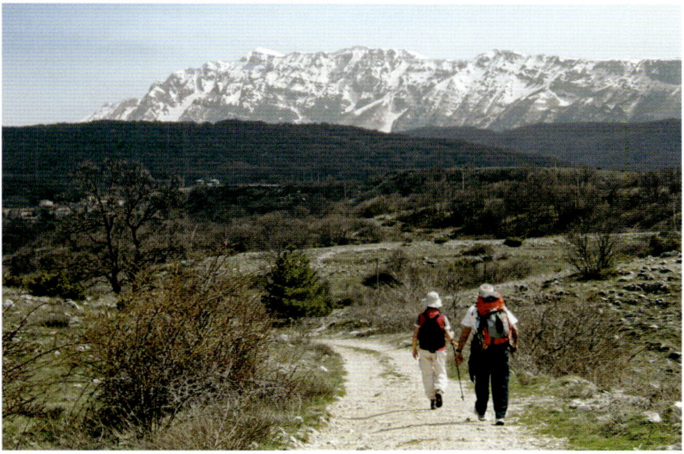

*Auf dem Weg zur Hochebene von Rocca di Mezzo*

*(+6,5 km) vorbei, noch 4 km weiter in die kleine Ortschaft* ***Terranera.*** *Schließlich immer weiter auf der Provinzstraße nach* ***Rocca di Mezzo.*** *Im ersten Teil ist diese Strecke aufgrund mehrerer Anstiege recht anstrengend. Gesamt 18,5 km.*



## Sehenswürdigkeiten

### DER REGIONALPARK SIRENTE-VELINO

Der Regionalpark Sirente-Velino wurde 1989 gegründet und erstreckt sich auf einer Fläche von 50.288 ha in der Provinz L'Aquila. Die Felsenwände der höchsten Gipfel ragen steil in die Höhe und die Geröllfelder sind reich an seltenen Pflanzen. Die Vegetation des Naturparks ist auf den beiden Massiven und in den tiefer liegenden Zonen völlig unterschiedlich. Auf dem Sirente befinden sich wunderschöne Buchenwälder, im Tal des Aterno sind Eichenwälder zu finden und in den Schluchten wachsen Steineichen.
Geschichte und Bevölkerung des Gebiets und der Ortschaften im Bereich des Velino sind vorwiegend durch dessen Zugehörigkeit zur Fucino-Ebene geprägt. Sowohl in der Frühgeschichte (es gibt wichtige Ausgrabungsstätten rund um den Fucino-See) – als auch in der italisch-römischen Zeit (wie eine der wichtigsten Städte der antiken Abruzzen, Alba Fucens bei Massa d'Albe, bezeugt) spielte diese Ebene eine große Rolle. Die Valle Subequana steht hingegen geographisch und historisch mit der Talmulde von L'Aquila in Verbindung, schon zu italischer Zeit (Zeugnis dafür ist die Nekropole in Fossa) und auch im Mittelalter. Aufgrund der Schönheit seiner Land-

schaft sowie der gut erhaltenen Burgen, Klöster und Ortschaften gilt dieser Bereich des Parks als eines der besten Zeugnisse der mittelalterlichen Abruzzen. Die Dörfer entstanden zu einer Zeit, als der Hochebene eine militärische Bedeutung als Verbindungsglied zwischen dem Fucino und der Talmulde von L'Aquila zukam. Diese einzigartigen Stätten sind eng mit der durch die Bodenbestellung in den Bergen und die jahreszeitenabhängige Wanderschaft der Herden geprägten Wirtschaft verbunden.

## TERRANERA

Über den Ursprung des Ortes weiß man nur wenig. Der Marchese Antinori erwähnt in einem Dokument aus dem Jahr 1180 die Existenz einer bewohnten Siedlung. Den nächsten Hinweis findet man erst wieder im 16. Jh., wonach im Jahr 1508 etwa 140 Menschen hier lebten. Mitte des 16. Jh. ist auch die Pfarrkirche San Lorenzo in martire gebaut worden.

Terranera bedeutet in der italienischen Sprache schwarze Erde. Österreichischen Archiven und jenen der Städte Neapel und L'Aquila ist aber zu entnehmen, dass Namensgeber für den Ort nicht die schwarze Erde ist, sondern die schwarze Kleidung der Templer. Diese Rittermönche beschützten im Hochland der Rocche die Menschen vor den Übergriffen der Raubritter.



## DAS NARZISSENFEST IN ROCCA DI MEZZO

Im Mai bedecken Narzissen die Wiesen um Rocca di Mezzo. Mädchen und Frauen der Stadt pflücken diese wunderbaren Blüten für einen Festumzug. In wochenlanger Vorbereitungsarbeit werden von den Bürgern der Stadt Blütenbilder und -figuren gefertigt. Am letzten Wochenende im Mai werden in der Nacht von Samstag auf Sonntag Wagen mit den Narzissenblütengebilden für den Festumzug geschmückt, der am Sonntagnachmittag stattfindet.

## DIE „GARA DEL SOLCO“

Der Brauch, in einem Wettkampf mit Pflügen möglichst gerade Furchen in den Boden zu ziehen, geht auf das 15. Jahrhundert zurück und wird von den Ortsgemeinschaften der Gegend seither ohne Unterbrechung gepflegt. Die Legende besagt, dass die von der Pest geplagten Einwohner die Muttergottes um Hilfe baten und das Versprechen gaben, in Zukunft gerade Furchen in den Boden zu ziehen, falls die Gegend von der Seuche befreit werde. Seither findet der Wettkampf in der ersten Septemberwoche statt.

## Das Berggebiet der Abruzzen

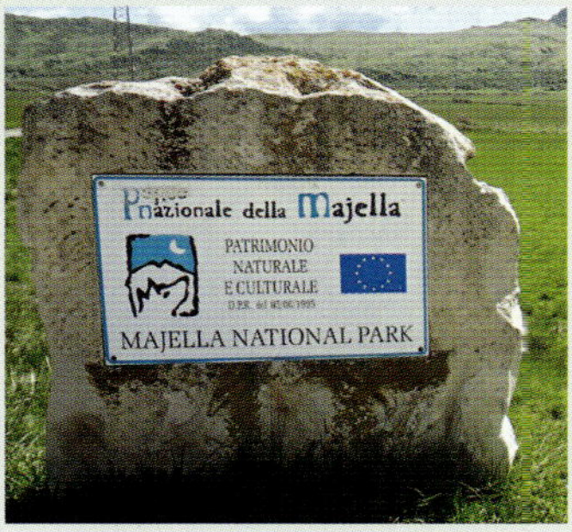


*Hinweis auf den Majella-Nationalpark am Pilgerweg bei Pescocostanzo (Tag 13)*

In den Abruzzen ist die Natur eine geschützte Ressource. Die Region hat ein Drittel ihres Gebietes unter Naturschutz gestellt, schon 1932 wurde im Süden der Region der Nationalpark Abruzzen, Latium und Molise gegründet, 1991 folgten der Majella-Nationalpark sowie jener um den Gran Sasso. Eine mutige, weitblickende Entscheidung, die dafür gesorgt hat, dass die Region eine Führungsposition im Bereich „grüner Tourismus" einnimmt. Dabei befinden sich diese „grünen Ressourcen" hauptsächlich, aber nicht ausschließlich in den Bergen, wo sich die Landschaften und Ökosysteme je nach Höhenlage ändern: zuerst typisch mediterran, dann richtig alpin mit Latschenkiefernwäldern und Hochgebirgssteppen.

Als Teil des Apennins sind die Abruzzen vorwiegend bergig: Zwei Drittel der Fläche der Region befinden sich in einer Höhe von über 750 m. In dieser Bergregion befinden sich die höchsten Gipfel des Apennins: Corno Grande auf dem Gran Sasso (2919 m), Monte Amaro auf der Majella (2794 m) und Monte Velino (2486 m).

Man spricht von den tausend Dörfern der Abruzzen: Das sind kleine Ortschaften mit Häusern aus Stein und Ziegeln, die eng aneinandergeschmiegt in winzigen auf und ab führenden Gässchen stehen, mit Türen aus solidem Holz und durch jahrhundertlangen Gebrauch ausgetretenen Stiegen. Ortschaften, die sich wie kleine Häuserfamilien zusammendrängen. Hier hat jede Familie einen ironischen, oft bissigen Spitznamen, der immer weitergegeben wurde, auch wenn längst in Vergessenheit geraten war, weshalb der Ururgroßvater ihn überhaupt erhielt.

Fast alle Dörfer des Hinterlands, die sich auf abgeschiedenen Hügelkuppen drängen, entstanden im Mittelalter. In diesem Zeitalter fanden die Ortschaften in den Abruzzen zu ihrem so einzigartigen und besonderen Aussehen, das sie im Wesentlichen bis heute beibehalten haben. Einige Dörfer gehen aber auch auf die italisch-römische Zeit zurück. Im Hinterland ist Stein das vorherrschende Baumaterial, wie es für die mediterrane Baukunst typisch ist. Die Steinhäuser in den Dörfern erzählen aber auch die allgegenwärtige, erdrückende und stets notwendige Verteidigungsbereitschaft, die das lange abruzzesische Mittelalter prägte, das sich aus verschiedenen Gründen bis Ende des 18. Jahrhunderts hinzog.

# Von Rocca di Mezzo nach Celano 16 km

Schwierigkeit: ●○○

**Der erste Teil der Etappe führt über einen angenehmen Fahrradweg, der zweite Teil, bis ins Städtchen *Celano,* geht über naturbelassene Wege und schattige Pfade durch Wald und Felder vorwiegend eben und abwärts dem anmutigen Städtchen mit der beeindruckenden Burganlage zu.**

## Unterkünfte

**Celano:**

- ✭ *B&B Il vicolo,* nahe am Marktplatz, Kochmöglichkeit, Alessandro Venditti, Tel.: 329/8006181
- ✭ *Hotel B&B Lory,* Via Ranelletti 279, 700 m vom Marktplatz entfernt, Pilgerpreis. Tel.: 0863/793656
- ✭ Agritour *Il Miele e le stelle,* Via Cicivette 70, abseits des Pilgerweges, schöner Agritour mitten im Grünen, gute regionale Küche, Vittoriano, ein Sanitagopilger, holt ab und bringt zurück auf den Weg, Pilgerpreis. Tel.: 328/8960562 oder 329/1034039



## Wegbeschreibung

Über die gerade, breite Hauptstraße verlassen wir von der *Piazza del Municipio* aus über den *Viale XXIV Maggio* den Ort und gelangen auf den neu angelegten Fahrradweg, auf dem wir dem Verkehr auf der Hauptstraße SR5 ausweichen. Leicht ansteigend nähern wir uns dem Dorf **Rovere**, an dem wir im unteren Teil der Ortschaft vorbei gehen, und gelangen nach dem Dorf gleich wieder auf den Radweg, der auf der linken Seite der Hauptstraße entlang angelegt ist und fast bis nach **Ovindoli** führt.

Kurz vor *Ovindoli* können wir auf unserer linken Seite die *Gole di Celano* ausmachen, tiefe Schluchten durch das zerfurchte Gebirge. In *Ovindoli* den gepflegten Dorfplatz überqueren. Dann rechts eine Abkürzung über die *Via della Fonte abwärts* wieder auf die Hauptstraße, kurz auf dieser weiter abwärts, dann überqueren wir sie und gehen in der Kurve links abwärts in ein schmales, steiles Sträßchen, das asphaltiert beginnt und dann ein Feldweg wird (links steht ein gelbes Haus). Immer wieder die Hauptstraße überqueren, der Methangasleitung folgend, die durch gelbe Pfähle gekennzeichnet ist, die für uns Bezugspunkt bleiben. Der steinige Weg geht bald schon in einen angenehmen Weg durch einen schönen Pinienwald über. Wieder auf der Hauptstraße angelangt gehen wir diese kurz abwärts, um gleich bei der Kehre wieder auf den Karrenweg zu wechseln. Bei der nächsten Kreuzung wieder die Straße überqueren und an verlassenen Hütten vorbei abwärts. Wir orientieren uns nach wie

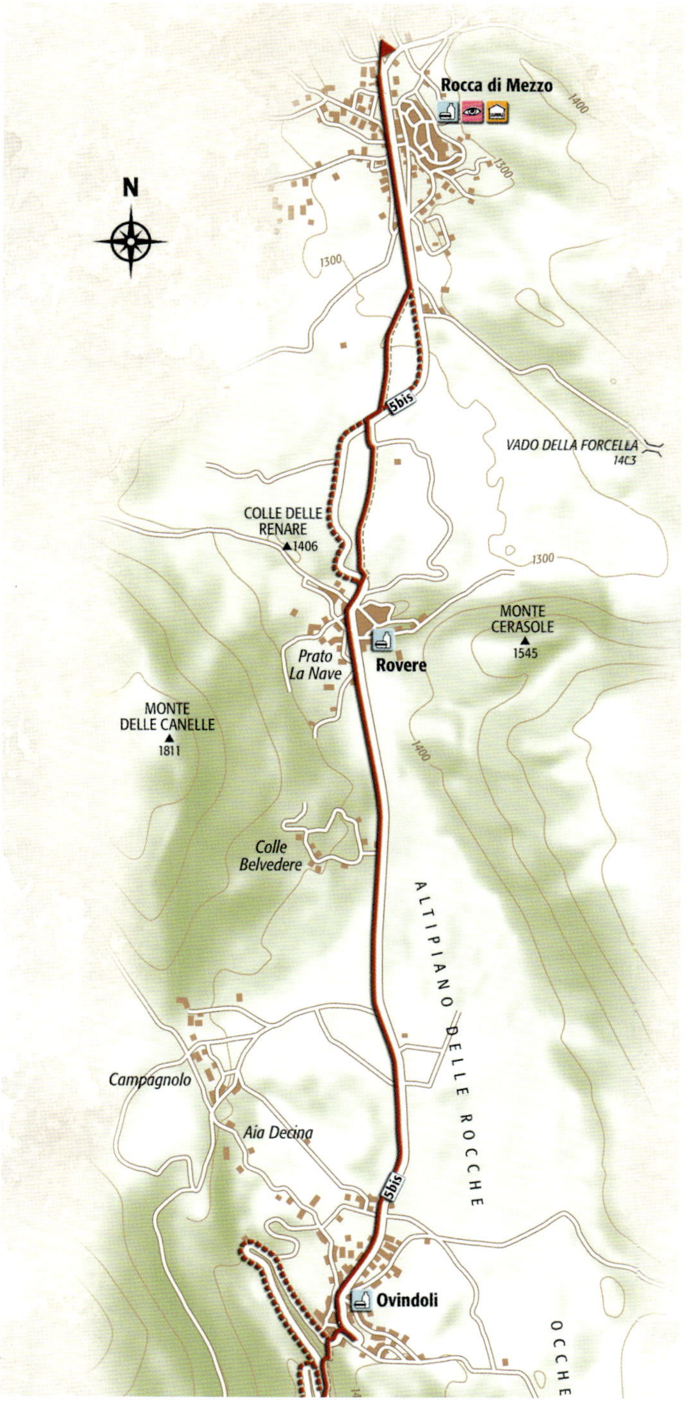
Rocca di Mezzo
N
1400
1300
5bis
VADO DELLA FORCELLA
14C3
COLLE DELLE
RENARE
1406
MONTE
CERASOLE
1545
Prato
La Nave
Rovere
MONTE
DELLE CANELLE
1811
Colle
Belvedere
ALTIPIANO DELLE ROCCHE
Campagnolo
Aia Decina
Ovindoli

vor an den gelben Pfählen der Methangasleitung. Immer abwärts, andere Abzweigungen ignorierend, bis zu den ersten Häusern eines Weilers.
Hier die Dorfstraße überqueren und über die Treppenstufen rechts abwärts gehen. Durch das Dorf weiter abwärts, am Friedhof vorbei bis zu einer Kreuzung mit einer größeren Straße. Diese überqueren, um auf dem nicht asphaltierten, angenehm schattigen Weg weiter zu gehen, einem kleinen Bach entlang. Der Weg endet an einer Asphaltstraße, über die wir nun weiter gehen. An der Casa Rosati, einem schönen Ansitz vorbei wird die Straße wieder eng. Am Ende rechts weiter, bis zu einer Kurve, wo wir aufwärts in die *Via Collementosa* einbiegen.
An deren Ende geht sie in die *Via Calvario* über, wahrscheinlich wegen des schönen Kreuzes, das hier steht, und führt in Kehren abwärts. Am Ende angelangt, bringt uns die Straße links in langen Kurven schnell aufwärts in den oberen, alten Teil des Städtchens **Celano** zur faszinierenden Burg. Die Besichtigung lohnt mit wunderbarer Aussicht und auch das Städtchen selbst ist einen Bummel wert.

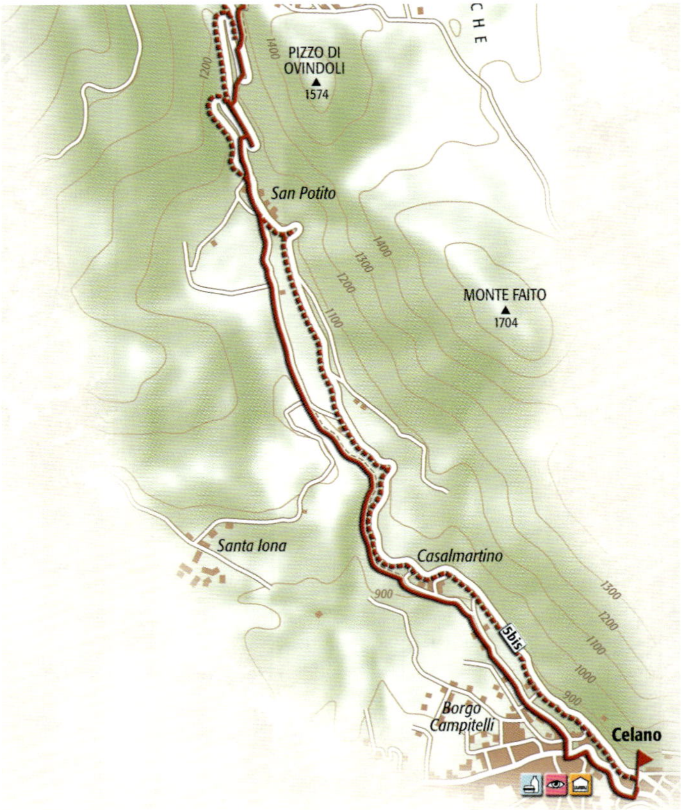

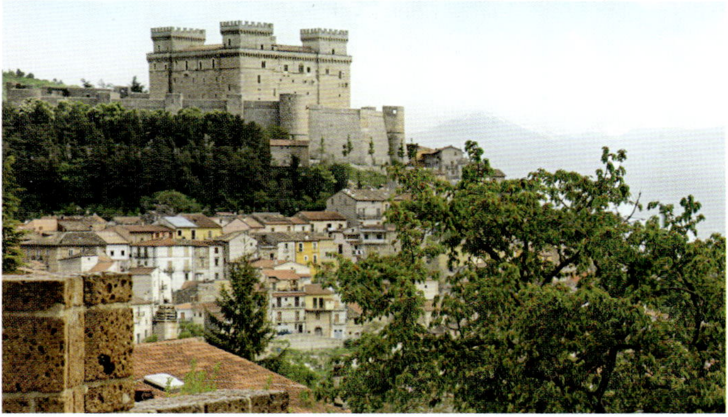

*Die mächtige Burg von Celano*

## Variante für Fahrradpilger

***Ovindoli** über die zentrale Straße durchqueren und auf der SR5 in langen Kehren abwärts, vorbei an mehreren Abzweigungen in die umliegenden Ortschaften direkt nach **Celano.** 19 km.*



## Sehenswürdigkeiten

### CELANO

Das rund 11.200 Einwohner zählende Städtchen ist ein Juwel, das man unbedingt besichtigen sollte. Schon von weitem ist die auf einem 800 m hohen Hügel gelegene Ortschaft mit der eindrucksvollen Wehranlage *Castello Piccolomini* zu sehen. Den Bau veranlasst hat im Jahr 1392 Pietro Berardi, Graf von Celano, die Arbeiten abgeschlossen hat 1463 Antonio Todeschini Piccolomini, ein Neffe von Papst Pius II. Nach der Familie Piccolomini gerät die Burg in den Besitz unterschiedlicher Adelsfamilien. Seit der staatlichen Enteignung im Jahr 1938 beherbergt die Wehranlage das „Museo d'Arte Sacra della Marsica" und die „Collezione Torlonia di Antichitá del Fucino", ein Kunstmuseum und eine Kunstsammlung, in denen man bedeutende Werke aus der Gegend besichtigen kann.
Die größte Kirche von Celano ist *San Giovanni Battista* (13.–15. Jh.) mit einem schönen Lünetten-Fresko, das eine Madonna mit Kind und an ihrer Seite den Evangelisten Johannes und Papst Bonifaz IV. zeigt. Die Kirche zum hl. Franziskus (1345) erinnert an den Aufenthalt des Heiligen in Celano um 1220. Auch hier ist ein schönes Fresko Madonna mit Kind zu sehen, flankiert von den hll. Franz von Assisi und Antonius von Padua.

## GOLE DI CELANO

Die schmale Schlucht der Gole di Celano ist ideal für einen Ausflug in unberührte Natur. Wer in Celano einen Rasttag einlegen und sich Zeit für die einmalige Durchquerung dieses Canyons nehmen möchte, sollte sich Informationen beim lokalen Alpenverein CAI einholen (Herr Simplicio Contestabile, Tel. 380/4118758). Der Weg durch die enge Schlucht ist gefährlich, besonders im Winter ist von der Durchquerung abzuraten, da nicht nur Schnee, sondern auch eine spiegelglatte Eisdecke den Weg unbegehbar machen.

## DIE FUCINO-EBENE

Südlich von Celano erstreckt sich die fruchtbare Fucino-Ebene (ca. 660 m ü. M.), auf der vor allem Getreide und Gemüse angebaut werden. Hier befand sich der drittgrößte Binnensee Italiens, der immer wieder zur Trockenlegung anregte. Bereits die Römer, die hier Seeschlachten inszenierten, unternahmen erste Versuche. Cäsar wollte das Gebiet zur Kornkammer seines Reiches machen. Sein Projekt scheiterte kläglich, so wie jene seiner Nachfolger auch. Erst 1885 gelang es Herzog Alessandro Torlonia, das Gebiet trocken zu legen und rund 16.000 ha fruchtbar zu machen. Aus dem Großgrundbesitz entstanden schließlich viele kleinere landwirtschaftliche Betriebe.



### Thomas von Celano

Thomas von Celano, der Biograf von Franz und Klara von Assisi, wurde um 1190 als Sohn des Grafen von Celano geboren und erhielt eine ausgezeichnete Ausbildung in Bologna und an der päpstlichen Kurie. Kurz nach seinem Eintritt in den Franziskanerorden um 1215 beteiligte sich Thomas an der Deutschlandmission und wirkte als Kustos der Brüder in den Rheinstädten Köln, Mainz, Worms und Speyer. Er war dabei, als Franziskus am 3. Oktober in Assisi verstarb, und ebenso, als er 1228 in Assisi heiliggesprochen wurde. Im Auftrag von Papst Gregor IX. verfasste Thomas von Celano die offizielle Vita des Heiligen in mehreren Fassungen. Auf die *Vita prima* (1229) folgte nach 1230 die Kurzfassung davon für das Chorgebet, 1246/47 im Auftrag des Generalkapitels das *Memoriale*, ein biografisch-spirituelles Handbuch, und nach 1250 der ergänzende Wundertraktat. Tommaso wird auch offizieller Biograf der heiliggesprochenen Klara (1255/56) und dichtete liturgische Texte. Er starb 1260 als Kaplan der Klarissen in San Giovanni di Val dei Varri in den heimatlichen Abruzzen. 1516 werden seine Gebeine ins nahe Franziskanerkloster Tagliacozzo unweit Celano übertragen, wo Tommaso als Seliger verehrt wird. Sein Gedenktag ist der 4. Oktober, das Fest seines Ordensgründers Franziskus. Reliquien werden auch in der Franziskanerkirche in Celano verwahrt.“

TAG 9

# Von Celano nach Gagliano Aterno 23 km
# oder Castelvecchio Subequo 26 km

Schwierigkeit: ●●●

**Heute steht uns eine lange, aber sehr suggestive Etappe bevor, abwechslungsreich und spannend bringt sie uns über mehrere anstrengende An- und Abstiege von einem Tal ins andere. Die Einsamkeit der Hochebene *Baullo* hat tibetischen Charakter, lässt Raum entstehen für Kontemplation und Innenschau und bleibt wohl als mystische Etappe in Erinnerung.**
**Seit 2013 findet auf diesem Abschnitt jährlich am letzten Samstag im August der „Marsch der Schöpfung" statt, der an den hl. Franziskus erinnert.**

### Unterkünfte

**Gagliano Aterno:**

- ✯ *Casa vacanza Sotto l'Aia,* im unteren Teil des Dorfes, 8 Betten, Kochgelegenheit, Pilgerpreis, Giuseppe Santilli anrufen, er ist ein profunder Kenner des Gebietes und hilft gerne, weitere Unterkünfte ausfindig zu machen, Tel.: 338/3315222
- ✯ *B&B Casa Agizia*, elegantes Haus im Ortszentrum, 20 Betten, Pilgerpreis, Frau Gianna, Tel.: 333/9206190, Abendessen im Restaurant *Canal Verde,* Tel.: 334/1188958
- ✯ *Gemeindeunterkunft*, ebenfalls im Ortszentrum, 10 Zweibettzimmer in einladend restaurierten Häuschen, keine Verpflegung, im Juli und Anfang August NICHT möglich; Infos im Gemeindeamt, Tel. 0864/797401.

**Castelvecchio Subequo:**

- ✯ *Pilgerunterkunft im Franziskanerkloster*, 30 Plätze in großen Schlafsälen, Tel. 349/5038116 (Patrizia); Patrizia vermittelt auch Privatunterkünfte bei Familien.
- ✯ B&B *Di Calbi,* via Fonte, am unteren Ende des Dorfes bei der Kirche Santa Elisabetta, 9 Betten, Tel.: 333/4089994 (Ermelinda)
- ✯ B&B *Notti al Sirente,* nahe beim Sportplatz, 14 Betten, reichhaltiges Frühstück, Tel.: 0864/79157 oder 392/1387140, www.nottialsirente.it, zum B&B gehört das Restaurant *Antichi Sapori*
- ✯ B&B *Ideacasa*, 2 km weiter in Castel di Ieri, kleines, gemütliches Haus im Zentrum mit Küchenbenützung, Pilgerpreis, Tel.: 339/5342859

## Wegbeschreibung

Wir gehen am großen Hauptplatz des Städtchens zur Mauer, von wo aus wir den Blick über das ganze Tal haben. Links die Straße abwärts gehen, gleich nach der ersten Kurve rechts abzweigen, weiter der Mauer entlang bis zum Brunnen. Dort links abbiegen, weiter bis zu einem großen weißen Kreuz. (Wer im Hotel *Lory* übernachtet hat, geht gleich links vom Hotel abwärts bis zu diesem weißen Kreuz.) Hier links abzweigen, am Ende wieder links. Wir verlassen nun das Städtchen.

Bei der ersten Kurve zweigt links ein betoniertes Sträßchen ab, das leicht aufwärts führt. Den weiß-roten Markierungen dieses Weges folgen, der gleich schon mitten in die stille, schattige Natur führt. Nach ca. 1,5 km kommen wir zu einem Platz, bei dem mehrere Wanderwege beginnen. Einer führt zu den beeindruckenden *Gole di Celano*. Unser Weg führt aber an der rechten Seite über eine oft sumpfige Stelle, die im Sommer ausgetrocknet ist, und führt dann über einen recht steilen Karrenweg rechts aufwärts; bei einer Abzweigung weiter aufwärts auf dem Karrenweg. Der Weg wird nach dem ersten steilen Stück breiter und führt in zwei weiten Kehren zu einem Aussichtspunkt mit einem schönen Eisenkreuz.

Vor uns auf einem Hügel sehen wir das Dörfchen **Aielli** (Geschäft, Bar, Brunnen) mit seinem imposanten Turm, auf den wir bis zu einer Abzweigung zugehen. Hier rechts abwärts abbiegen, über eine kleine Brücke, vorbei am Brunnen, der rechts am Weg ist, wieder aufwärts durch das Dorf dem großen Turm zu, der vorerst unser Ziel ist. Vom Turm aus gibt es wunderbare Rundumblicke auf die Umgebung. Dann bei der Beschreibungstafel des Turms vorbei und von hier rechts aufwärts das Dorf verlassen, an einem Spielplatz vorbei. Wir folgen dem Asphaltsträßchen bis zu einem kleinen Pinienwald rechts und einem grünen Wasserreservoir auf der linken Seite der Straße. Nun auf einem Schotterweg links an einem neuen Haus vorbei (weiß-rote Markierung), und nach 100 m biegen wir rechts in den Weg ein, der auf die großen Windräder zuführt, die nun unser Orientierungspunkt sind. Von diesem Weg hoch über dem Tal haben wir einen wunderbaren Ausblick über das *Fucino*-Tal und die vielen Dörfer rundherum, die zu unseren Füßen liegen. Alle Abzweigungen ignorieren und auf dem Weg bleiben, der direkt auf das unterste einer Gruppe von Windrädern zuführt.



Wir gehen rechts am untersten Windrad vorbei, verlassen gleich danach den breiten Schotterweg, um rechts über einen schmaleren

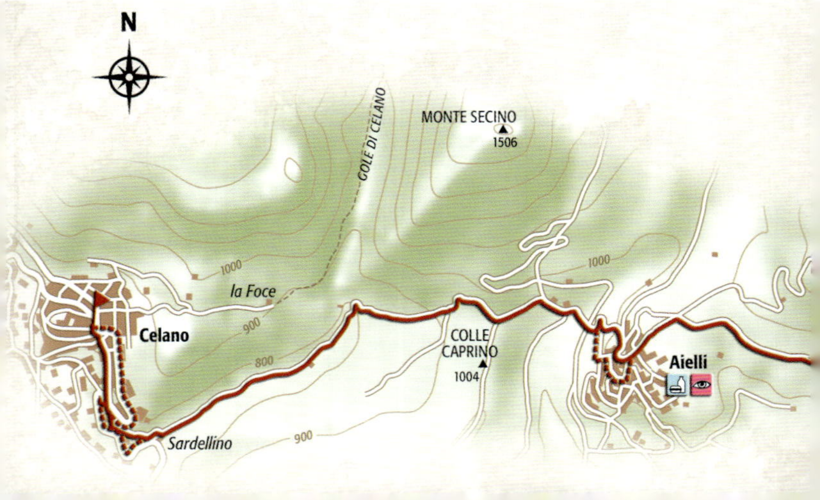

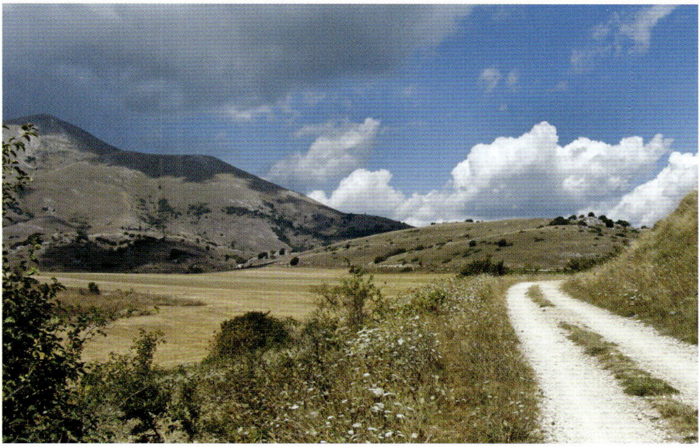

*Am Weg zur Baullo-Hochebene*

Weg in den Graben abzusteigen und auf der anderen Seite wieder hinauf. Wir gelangen über diese Abkürzung wieder auf den sehr breiten, schönen Schotterweg und folgen diesem rechts abwärts zum einladenden Picknick-Platz mit großem Brunnen und einer offenen Kapelle, die der Gottesmutter geweiht ist.

Weiter die Straße abwärts bis zum nächsten markanten Brunnen mit drei ineinander übergehenden Becken. Wir biegen im rechten Winkel links ab, gehen die ganze Länge des Brunnens entlang aufwärts und folgen dem leicht ansteigenden Weg dem Gebirgshang zu. Dem Weg aus roter Erde durch das Tal folgen, das zunehmend schmäler wird und auf die Hochebene führt. Es ist dies der stillste und suggestivste Teil unseres Weges heute, eingebettet in verzaubernde, mystische Landschaft. In einer Kurve gibt es eine Tafel mit dem Hinweis auf ein Wasserwunder des hl. Franziskus (siehe Exkurs). Die Steigung ist angenehm gleichmäßig und bringt uns auf die ausgedehn-

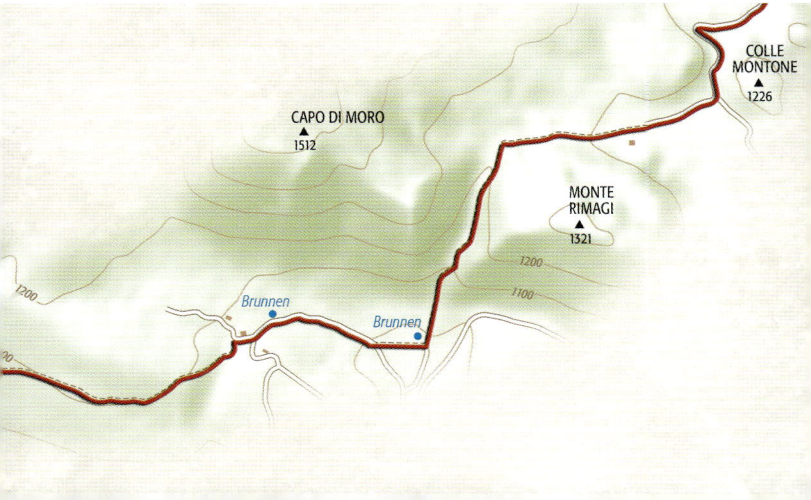

te, faszinierende, einsame Hochebene *Baullo* mit großen Rinder-, Schaf-, und Pferdeherden. Die Äcker liegen hier je zwei Jahre brach, im dritten Jahr wird Düngerklee ausgesät, der dem Boden die idealen Nährstoffe zuführt, und im vierten Jahr wird Gerste angebaut, aus der hervorragendes Qualitätsbier gebraut wird. Zurzeit gibt es Ausgrabungen, um die Überreste eines großen benediktinisch-franziskanischen Klosters sichtbar zu machen.

Wir verlassen die Hochebene abwärts über den Schotterweg, der nach einer Kurve etwas breiter wird und bald in Asphalt übergeht. Herrliche Ausblicke ergeben sich auf das große *Subequana*-Tal, das steil unter uns liegt, und auf die Gebirgskette auf der anderen Seite des Tales. Hier nun gilt es sich mit Geduld zu wappnen für den langen Abstieg, denn hier gibt es kaum eine Menschenseele. Schon weit unten die Abzweigung links in den Schotterweg nicht verpassen, der zu Kloster und Schloss des Dorfes **Gagliano Aterno** führt. Bei den ersten Häusern abwärts zwischen den Häusern durch.

Um nach *Castelvecchio Subequo* zu gelangen, zweigen wir im unteren Teil von *Gagliano Aterno* rechts ab und gehen bis zu einem Eisenkreuz, bei dem wir in das Sträßchen links einbiegen und geradeaus weiter gehen: Das Sträßchen führt an einer Wiese mit einem Turm mit Taubenschlag entlang. Bei der Abzweigung gehen wir den Feldweg rechts abwärts und durchqueren in ca. 3 km das ganze Tal auf lieblichen Wegen zwischen Obstbäumen, Feldern und Gärten. Bei der nächsten Abzweigung halten wir uns rechts und gehen entschieden dem Dorf **Castelvecchio Subequo** zu, das vor uns liegt; kurz vorher kommen wir an der kleinen Kirche San Rocco vorbei.



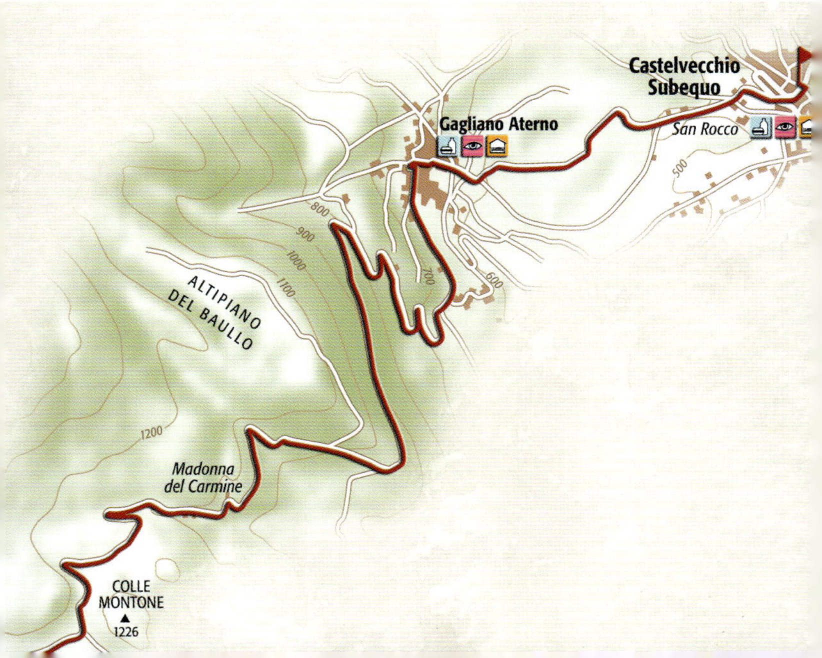

## Variante für Fahrradpilger

*Von **Celano** nach **Aielli** führt die Variante 6 km über Provinzstraßen. Vom Rathausplatz in **Celano** die **Via Santilli** entlang, rechts in die **Via Ranelletti** einbiegen und dann in die langen Kehren der **Via Crocefisso.** Kurz auf der SR5bis weiter, gleich links abzweigen in die Straße nach **Sardellino** und weiter nach **Aielli.***
*Oder: In **Celano** direkt den Hinweisschildern nach **Aielli folgen,** diese führen aber auf die viel befahrene Schnellstraße **Strada dei Parchi.***

## Sehenswürdigkeiten

### GAGLIANO ATERNO

An höchster Stelle des Ortes thront die mittelalterliche Burg der Fürsten von Celano, heute im Besitz der Grafen Lazzeroni. Sie ist zwar sehr gut erhalten, aber nicht zugänglich. Im Jahr 1216 war Franziskus Gast im Schloss und es wird erzählt, dass er von der bezaubernden Loggia mit Blick in die Talsenke Richtung Castelvecchio Subequo entzückt ausrief: „Dort ist der auserwählte Ort, an dem ich, dem Willen Gottes entsprechend, ein Kloster gründen werde." Eine Gedenktafel in der Schlosskapelle erinnert an den Besuch des Heiligen. Die nach einem Erdbeben zu Beginn des 18. Jh. im Inneren völlig erneuerte Stadtpfarrkirche San Martino hat ein schönes Portal aus dem 14. Jh. Das Klarissenkloster Santa Chiara am Rathausplatz entstand im 13. Jh. und war bis vor kurzem bewohnt. Einst ein wichtiger Ort der inneren Einkehr, ist es seit dem Erdbeben des Jahres 2009 nicht mehr zugänglich.



### CASTELVECCHIO SUBEQUO

Von der antiken Stadt Superaequum, die etwas unterhalb des heutigen Dorfes lag, ist nur noch wenig erhalten. Den Namen Subequo erhielt die Pelignerstadt vermutlich aufgrund ihrer Position „über dem Wasser", also über dem Flusstal. Zur Zeit der Grafen Celano wurde aus super sub, zumal die Zuordnung sich nicht mehr nach dem Tal, sondern nach der im Hochland liegenden Marsica und der Stadt Celano richtete.
Das Leben der Menschen hier war immer von der schweren Feldarbeit und der beschwerlichen Transhumanz geprägt. Die religiösen Feiern im Ort sind Zeugen einer bäuerlichen Volksfrömmigkeit, die in der Geschichte zuweilen auch magisch-religiösen Charakter angenommen hat. In ganz besonderer Weise wird hier der hl. Franziskus verehrt, dem die wichtigsten Dorffeste gelten, die am 16. und 17. September sowie am 3. und 4. Oktober stattfinden.

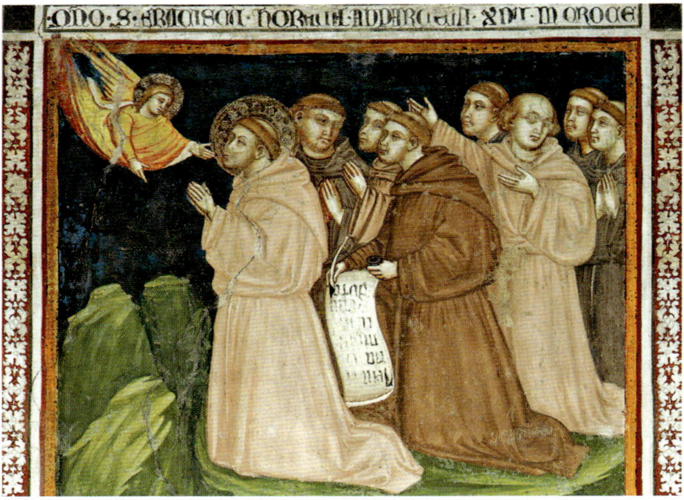

*Franziskus und die Seinen; Fresko in San Francesco, Castellvecchio Subequo*



Auch in diesem Ort hat das Erdbeben von 2009 große Schäden angerichtet.

Die Kirche San Francesco des Franziskanerklosters besitzt einen schönen Freskenzyklus zum Leben des hl. Franziskus. Dieser wurde vermutlich zwischen 1375 und 1393 von zwei unbekannten Malern in der ehemaligen Hauptkirche angebracht, die durch einen erweiternden Umbau im 17. Jh. zu einer Seitenkapelle wurde. Am Altar dieser Kapelle steht ein wertvolles Reliquiar mit Blut des hl. Franziskus, das sich 2013 verflüssigt haben soll, was das Interesse an der Reliquie natürlich gefördert hat. Den außergewöhnlichen Hauptaltar der Klosterkirche aus Nussbaumholz zieren 27 Stauten.

Im Kloster werden wertvolle Kunstgegenstände aus dem 14. Jh. aufbewahrt, auch der Kreuzgang ist einen Besuch wert.

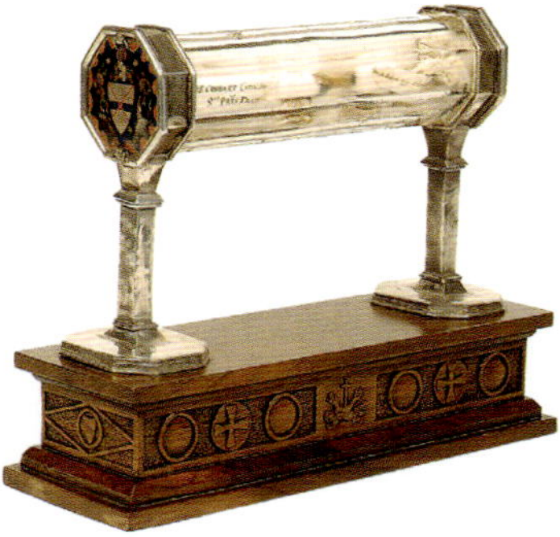

*Die Blutreliquie in der Franziskanerkirche*

## Das Wasserwunder des hl. Franziskus auf der Baullo-Hochebene

Thomas von Celano weiß im Mirakelbuch von einem Wunder zu berichten, das der hl. Franziskus hier gewirkt haben soll: „In Gagliano, einer stark bevölkerten und berühmten Stadt in der Diözese Sulmona, lebte eine Frau namens Maria, die sich durch die rauen Pfade dieser Welt hindurch zu Gott bekehrt und sich ganz dem Dienste des heiligen Franziskus hingegeben hatte.
Als sich diese Frau eines Tages auf einen Berg, auf dem der Fluch völliger Trockenheit lastete, begab, um junge Ahornbäume zu beschneiden, vergaß sie, Wasser mitzunehmen. Da eine glühende Hitze herrschte, begann sie vor brennendem Durst zu ermatten. Sie konnte nichts mehr arbeiten und legte sich deshalb wie leblos auf den Boden und begann, im Herzen den heiligen Franziskus, ihren Patron, anzurufen. So erschöpft schlummerte sie ein wenig ein. Und siehe, der heilige Franziskus erschien ihr und rief sie mit Namen. „Steh auf“, sagt er, „und trinke Wasser, das Gott dir und vielen anderen schenkt!“ Die Frau gähnte nur auf diesen Anruf hin, schlief aber, vom Schlaf übermannt, weiter. Noch einmal wurde sie gerufen; doch allzu schläfrig, sank sie wieder auf den Boden zurück. Das dritte Mal aber erhob sie sich, nicht wenig durch des Heiligen Befehl gestärkt. Sie nahm das Farnkraut, das neben ihr stand, und riss es aus der Erde. Als sie sah, dass dessen Wurzel ganz feucht war, begann sie mit dem Finger und einem Stückchen Holz ringsherum zu graben. Plötzlich füllte sich das Loch mit Wasser, und aus dem kleinen Tropfen wurde eine Quelle. Die Frau trank und stillte ihren Durst; dann wusch sie ihre Augen, die durch ein langes Leiden getrübt waren und mit denen sie nicht mehr deutlich sehen konnte. Da wurden ihre Augen hell, wie mit neuem Licht durchströmt, und alle Altersrunzeln verschwanden. Schnell lief die Frau nach Hause und verkündete allen das Staunen erregende Wunder zum Ruhme des heiligen Franziskus. Das Gerücht von dem Wunder verbreitete sich und drang bis in andere Gegenden zu den Ohren aller. Von allen Seiten kamen viele herbei, die an verschiedenen Krankheiten litten, und wurden dort, nachdem sie vorher in einer Beichte für das Heil ihrer Seele gesorgt hatten, von ihren Gebrechen befreit. Blinde erhielten ihr Augenlicht, Lahme konnten wieder gehen, die Schwellungen der Wassersüchtigen gingen zurück, für die mannigfachen Krankheiten erhielt man die verschiedensten Heilmittel. Noch heute kann man dort die Quelle fließen sehen. Zu Ehren des heiligen Franziskus ist dort eine Kapelle errichtet worden.“*
Heute sind sowohl die Quelle als auch die Kapelle verschwunden, aber die Gegend versprüht nach wie vor den Geist des Franziskus.

* aus: Dieter Berg, Leonhard Lehmann (Hg.), Franziskus Quellen. Die Schriften des heiligen Franziskus, Lebensbeschreibungen, Chroniken und Zeugnisse über ihn und seinen Orden, © 2014 Butzon & Bercker GmbH, www.bube.de, Kevelaer, [2]2014, S. 432 f.

# Von Castelvecchio Subequo nach Raiano

Schwierigkeit: ●●○ 11 bzw. 14 km

**Diese Etappe ist leider eine Asphaltetappe, auch die Reitwege sind asphaltiert ... Aber sie ist kurz und die Weitblicke sind herrlich! Nach wenigen Kilometern wechseln wir über den Pass ins *Sulmona*-Tal mit wieder neuen Landschaftsszenarien.**

## Unterkünfte

**Castel di Ieri:**

- B&B *Ideacasa*, kleines, gemütliches Haus im Zentrum mit Küchenbenützung, Pilgerpreis, Tel.: 339/5342859

**Raiano:**

- B&B *Centro storico,* Via Palazzo 35, 9 Betten, Möglichkeit, die Tische für Picknick zu benutzen, Tel.: 0864/726574 oder 380/5277403
- Restaurant *Pizzorante Taste*, Piazza Santa Maria, Pilgerpreis, Tel.: 0864/726747 oder 328/2264628 (Herr Andrea)



## Wegbeschreibung

Wir verlassen die Ortschaft, indem wir links in die Staatsstraße einbiegen, und folgen dieser in südlicher Richtung, dem Dorf *Castel di Ieri* zu. Nach 500 m links auf die *Via Le Pose*, die anfangs parallel zur Hauptstraße verläuft; vor uns auf dem Hügel das anmutige Dörfchen **Castel di Ieri.** Der Weg führt leicht ansteigend, schattig und angenehm, umsäumt von hohen Bäumen nach 1,5 km wieder auf die Hauptstraße, auf der wir das Dorf im unteren Teil passieren.
Vom Kirchplatz geradeaus weiter zwischen den Häusern hindurch abwärts (rechts eine Padre-Pio-Statue). Nach einem Picknickplatz wird die Straße allmählich breiter und wir kommen zum Friedhof. Über den Gehsteig an der Friedhofsmauer vorbei, gleich nach dem Friedhof links auf die schmale Straße wechseln, die steil ansteigend schnell an Höhe gewinnen lässt. Nach diesem ersten anstrengenden Anstieg wieder flacher, hoch über dem Tal still und einsam durch Wiesen und Wälder mit herrlichen Ausblicken auf das Tal und hinüber zum *Forca*-Pass und die Hügel, die wir gestern durchwandert haben. Die kleine Straße mündet in die Passstraße, in diese links einbiegen und in wenigen weiten Kehren auf den Übergang zum *Peligna*-Tal ankommen. Es ist dies hier eine herrliche Aussichtsterrasse mit Weitblick auf die umliegenden imposanten Berge, die das *Sulmona*-Tal begrenzen. Uns gegenüber der *Morrone,* auf dem Papst Cölestin V. als Einsiedler lebte, dahinter das *Majella*-Massiv.

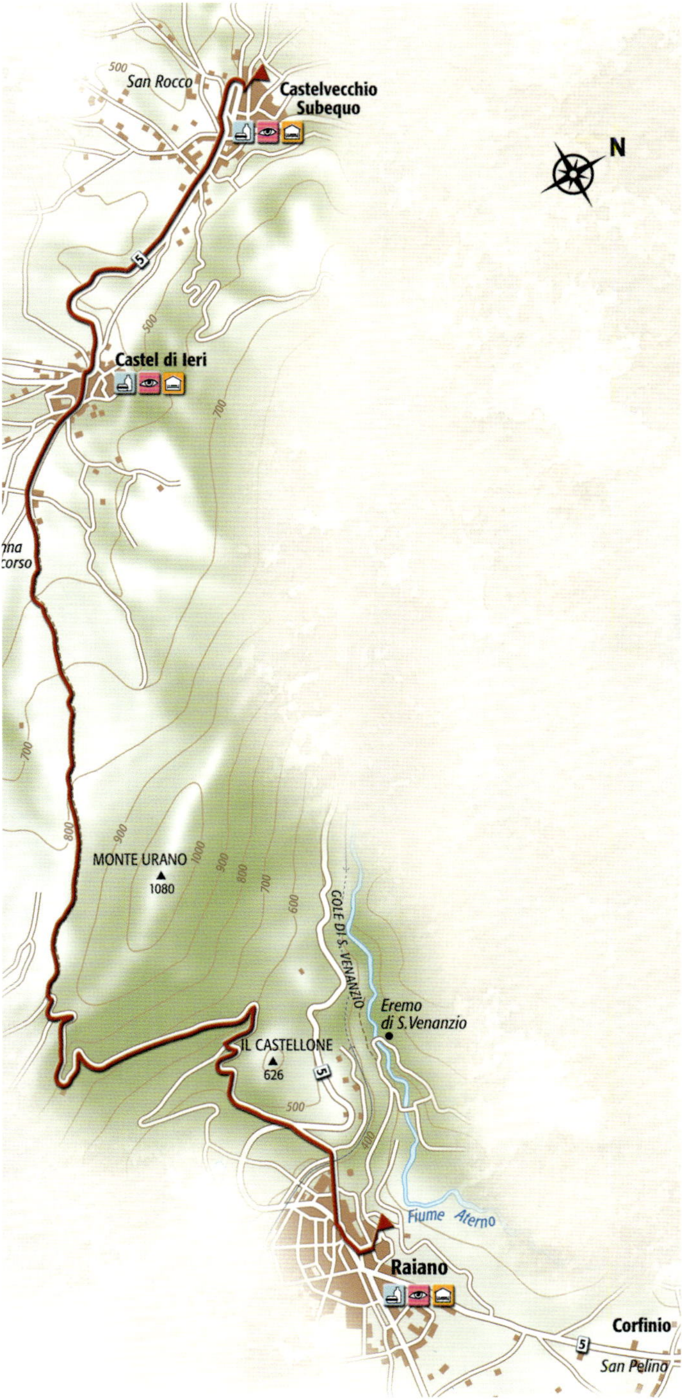

Castelvecchio Subequo
San Rocco
500
N
5
Castel di Ieri
700
800
900
1000
MONTE URANO
1080
GOLE DI S. VENANZIO
Eremo di S.Venanzio
IL CASTELLONE
626
400
Fiume Aterno
Raiano
Corfinio
San Pelino

In langen Kehren geht es vom Pass nun abwärts. Die Abkürzungen lohnen sich kaum, da die Pfade sehr schmal und steil sind, sodass man sehr vorsichtig sein muss. Unter uns liegt unser Etappenziel **Raiano**. Weit unten schon, bald nach der markanten Rechtskehre links abwärts abzweigen und auf einem Schotterweg, gesäumt von schönen, hohen Bäumen und durch Olivenhaine, direkt in den Ort. Über die Bahngeleise, geradeaus die überaus breite Parkstraße entlang, vorbei am ehemaligen Franziskanerkloster weiter ins Dorfzentrum.

## Sehenswürdigkeiten

### CASTEL DI IERI

Das kleine Dorf im Subequotal mit 350 Einwohnern liegt auf einem Hügel über der antiken römischen Straße Tiburtina Valeria, die heute die Staatsstraße SS5 ist. Die bauliche Struktur lässt vermuten, dass es im Mittelalter entstanden ist. Ausgrabungen der letzten Jahre brachten jedoch Funde aus dem 7. bis 5. Jh. v. Chr. zu Tage, darunter Reste einer Festung, einen Mosaikboden und Reste eines Tempels, ein Kultgebäude zur Verehrung einer weiblichen Gottheit, vermutlich Minerva, und einer männlichen Gottheit, vermutlich Herakles oder Dionysos. Die mittelalterliche Festung ist fast vollständig erhalten; man erreicht sie durch die Porta dell'Arco, an der das Wappen der Colonna angebracht ist.



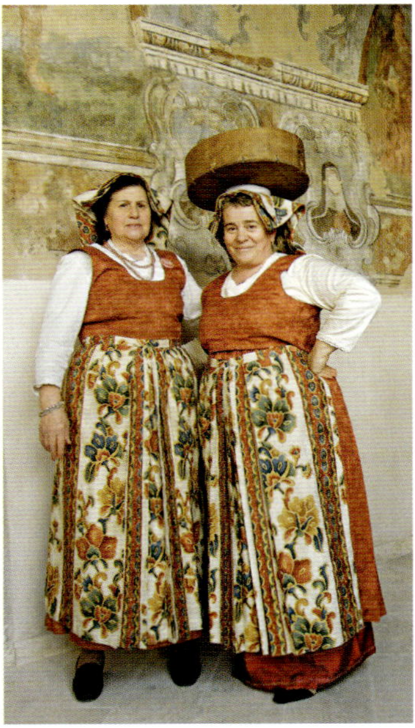

*In Landestracht im ehem. Kreuzgang des Klosters von Raiano*

### RAIANO

Raiano ist ein ansprechender, gepflegter Ort mit viel Grün und einem kleinen historischen Zentrum. Die ältesten Funde, die auf ein Castrum Radiani hinweisen, stammen aus dem Jahr 872. Das mittelalterliche Raiano lag etwas höher im Hang, wurde aber im 14. Jh. von einem Erdbeben zerstört. Man konnte die Einwohner davon überzeugen, dass es sinnvoller sei, den Ort im Flusstal wieder zu errichten. Heute ist Raiano vor allem für seine Kir-

schen bekannt. Die Sagra delle cigliege, das Kirschenfest, das jährlich Anfang Juni gefeiert wird, dient der Aufrechterhaltung einer alten Tradition.
Im Stadtteil S. Antonio können gleich mehrere schöne Kirchen besichtigt werden: Sant'Antonio, San Giovanni und L'Annunziata. Sehenswert sind weiters die Pfarrkirche S. Maria Maggiore, der antike Turm aus dem Mittelalter, die eleganten Palazzi der Adeligen und der Kreuzgang des (aufgelassenen) Klosters der Zoccolanti, dessen Wände ein Freskenzyklus ziert, ein Meisterwerk, das wenig bekannte Episoden aus dem Leben des hl. Franziskus und seiner Gefolgsleute erzählt. Im unteren Ortsteil kann man eine Ölmühle aus dem 19. Jahrhundert besichtigen.
Die Thermen von Raiano sind bekannt für ihr Wasser aus der Quelle La Solfa, die reich an schwefel- und natriumsulfidhaltigen Elementen ist und bei vielen Krankheiten heilungsfördernd wirken soll.

Wer einen Ruhetag einlegen möchte, kann den Ort als Ausgangspunkt für nachstehende Ausflüge nützen:
- ein geführter Rundgang zu den *Gole di San Venanzio* (wenden Sie sich an das Büro der *Riserva naturale Gole in San Venanzio,* Tel.: 0864/726058);
- ein schönes Picknick am Flussbett des Aterno mit anschließendem Besuch des *Eremo San Venanzio*;
- eine Busfahrt zur wenige Kilometer entfernten romanischen Kirche *San Pelino*.



## DAS NATURSCHUTZGEBIET GOLE DI SAN VENANZIO UND DER EREMO SAN VENANZIO

Das Naturschutzgebiet wurde im Jahr 1998 von der Region Abruzzen errichtet, hat eine Ausdehnung von 1072 Hektar und liegt vollständig im Gemeindegebiet von Raiano. Besonders sehenswert sind die Canyons.
In diesem landschaftlich reizvollen und geschützten Gebiet liegt die große Einsiedelei San Venanzio, die wie eine Brücke zwischen den engen Felswänden der gleichnamigen Schlucht über dem Wasserlauf des Aterno schwebt.
Benannt ist die Einsiedelei nach dem zum Christentum bekehrten jungen Venantius, der sich hierher zurückzog, um im entbehrungsreichen Leben der Einsiedelei Gott nahe zu sein. Aus dieser Einsamkeit wurde er jäh entrissen, als er im Jahr 251 verhaftet wurde. Die Legende berichtet, Venantius sei erst 15 Jahre alt gewesen, als er unter Decius vermutlich im Jahr 235 den Märtyrertod erlitt. In den Abruzzen und in ganz Mittelitalien ist seine Verehrung, die seit dem 9. Jh. bezeugt ist, sehr populär. Am 18. Mai pilgern Gläubige zur

Einsiedelei, um sich auf das sogenannte Venanzio-Bett zu legen, angeblich ein Abdruck des Heiligen im Felsen. Anschließend klettern die Pilger über den Felsen zur Crocetta-Grotte, in die sich der Heilige gerne zurückzog.
Neben der Kirche, vorbei an den Zellen der Eremiten, erreicht man die Grottenkapelle der Sette Marie, in der eine schöne Terracotta-Gruppe aus dem 16. Jh. zu sehen ist. Die Höhle auf der anderen Seite der Schlucht, die zum Fluss hin ausgerichtet ist, führt wieder zum Abdruck des Heiligen und zu einer in den Felsen gehauenen heiligen Treppe, über die man wieder in die Kirche gelangt. Zum Abschluss der Wallfahrt pilgern die Gläubigen zum Fluss, um ihre schmerzenden Glieder ins Wasser des Aternos zu tauchen, dem heilende Wirkung zugesprochen wird.
Die Venanzio-Einsiedelei, ein Ort für Stille, Kontemplation und Meditation, erreichen wir vom Hauptplatz von Rainano, der Piazza Umberto Postiglione, indem wir durch das Dorf zurück zum Bahnüber-

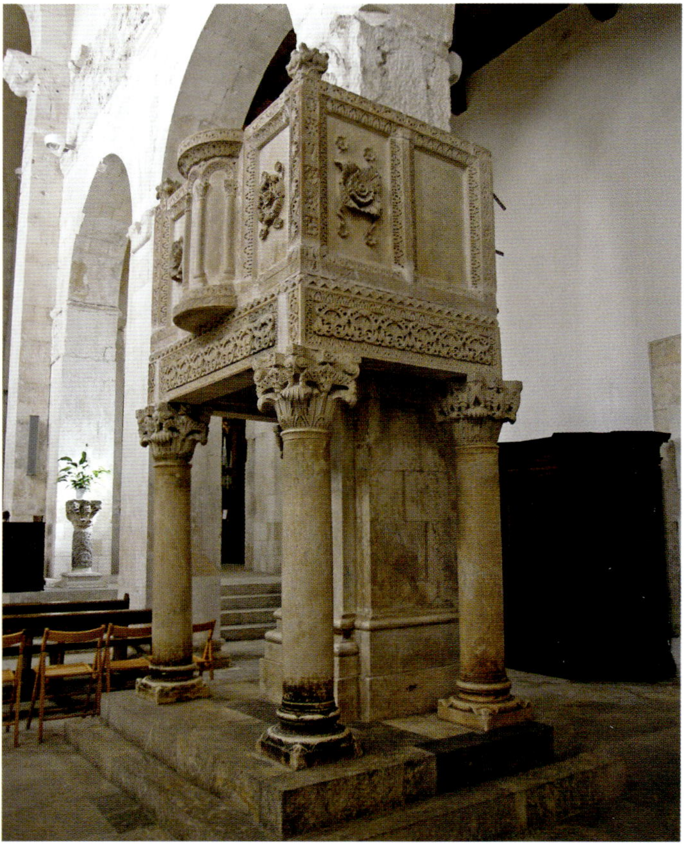

*Kanzel in der Basilika San Pelino*

gang gehen und vor diesem beim Holzkreuz rechts in einen Weg einbiegen, der dann zum Steig wird. Der Weg ist mit Holzschildern gekennzeichnet und führt in 1,5 km zum Kloster.

### DIE BASILIKA SAN PELINO

Die antike Kathedrale der Diözese Valva, 2 km abseits von Raiano, ist eine der schönsten romanischen Kirchen der Abruzzen. Die frühchristliche Kirche wurde über dem Grabmal des Bischofs von Brindisi, dem hl. Pelino, an jener Stelle erbaut, an der er im 4. Jh. den Märtyrertod fand. Die erste Kirche hat Cyprius, ein Schüler von Pelino, errichten lassen; sie wurde im Jahr 881 von den Sarazenen teilweise zerstört und 937 von den Ungarn niedergebrannt. Der heutige Bau wurde im 12. Jh. errichtet. Eine eingehende Betrachtung der Fassade lohnt sich, um die vielen interessanten Details zu bewundern. Der Innenraum ist in seiner Einfachheit sehr schön: das große Mittelschiff, die durch Säulen abgetrennten Nebenschiffe, der erhöhte Altarraum mit der wunderschönen Kanzel, die restaurierten Fresken aus dem 14. Jh. und das Oratorium S. Alessandro aus dem 12. Jh. Ein Rundgang lohnt sich, allein um die facettenreiche Apsis zu betrachten.



### Pilgerreisen zum Monte Sant'Angelo

Die mittelitalienischen Regionen Umbrien, Latium, Abruzzen und Molise sind besonders reich an Wallfahrtsorten, Kirchen, Grotten und Kultstätten, die dem Erzengel Michael geweiht sind. Ihre Gründungen hängen in aller Regel mit dem Michaelsheiligtum am Gargano bzw. mit den Pilgerreisen dorthin zusammen. Im Mittelalter traten große Pilgerscharen über unterschiedliche Wege die Reise zum Gargano an. Ob einfache Bauern, Tempelritter, Heilige, Päpste oder Herrscher, sie alle machten sich auf den Weg zum heiligen Berg, um in der sagenumwobenen Grotte um Vergebung der Sünden zu bitten.
Der Franziskus-Biograf Thomas von Celano schreibt über die mittelalterlichen Pilger: „Wo nur immer eine Kirche stand, verneigten sie sich, auch wenn sie nicht bei der Kirche selbst waren, sondern sie nur von weitem irgendwie sehen konnten, gegen sie hin tief zur Erde und … beteten den Allmächtigen an … Und was nicht weniger zu bewundern ist, wo immer sie ein Kreuz oder das Zeichen eines Kreuzes erblickten, sei es am Boden oder an einer Wand, an Bäumen oder an Zäunen am Weg, taten sie das Gleiche." (1 Cel 45)
Nicht wenige der allerersten Franziskanerklöster in Umbrien. Latium und den Abruzzen gehen auf ältere Michaelskultplätze zurück, so etwa Sant'Angelo in Panzo am Fuße des Subasio, der Speco di Narni oder Sant'Angelo d'Ocre.

# Von Raiano nach Sulmona 15 km

Schwierigkeit: ●○○

**Wieder eine kurze Etappe, durch die Felder der Talebene unter vielen Schatten spendenden Bäumen. Es lohnt sich, früh zu starten, um das reizende Städtchen Sulmona genießen zu können.**

## Unterkünfte

**Sulmona:**

- ✯ Pilgerunterkunft *Consorzio Celestiniano,* Viale Matteotti 14, rechts neben der Kathedrale, mit dazugehörendem Restaurant, Tel.: 0864/210949
- ✯ B&B *L'Annunziata* und *Casa Vacanza La Rocca*, in der Altstadt, Via della Rocca 23, Kochnische, gutes Frühstück, Pilgerpreis, Tel.: 338/9494940

Im Corso Ovidio nahe der öffentlichen Gärten gibt es eine gute Frühstücksbar, *Il café Ovidio,* die ab 4 Uhr früh geöffnet hat.

In Sulmona gibt es zudem zahlreiche Unterkünfte in allen Kategorien. Auskünfte erteilt das freundliche Personal im Tourismusbüro, das in der Nähe der Annunziata-Kathedrale liegt, Corso Ovidio 208, Tel.: 0864/53276



## Wegbeschreibung

Über den breiten *Viale del Tratturo*, eine wunderschöne Kastanienallee, Stolz des Ortes, verlassen wir *Raiano*. Am Ende der Allee dem Gehsteig folgen, der sich bei einer Kreuzung über eine langgezogene Rechtskurve 2 km bis zum Friedhof fortsetzt. 800 m nach dem Friedhof rechts in die Straße nach *Prezza* einbiegen, es ist die Provinzstraße *Fanesia*. Die ruhige Straße führt unter hohen, Schatten spendenden Bäumen durch Felder und Äcker. Nach 5,5 km, am Ende dieser Provinzstraße angelangt, rechts ins Dörfchen **Prezza** einbiegen. Bei den ersten Häusern teilt sich die Straße vor einer kleinen, unauffälligen Kirche. Achtung! Unser schmales Asphaltsträßchen biegt kurz vor der Kirche links abwärts, gleich am Anfang ist ein Brunnen, und führt an einigen alten Häusern vorbei. Die Gasse scheint in einem Innenhof zu enden, sie geht aber als Feldweg nach den verlassenen Häusern weiter und endet an einer Asphaltstraße. In diese rechts einbiegen, über lange Kehren aufwärts, an der Abzweigung zum Kirchlein *Cosmas und Damian* vorbei, das auf einem Hügel auf unserer linken Seite steht.

Wir aber bleiben auf der ruhigen Hauptstraße in Richtung *Campo di Fano* und *Sulmona* (Hinweisschilder). Nach einigen Kurven erreichen wir den höchsten Punkt und die Straße führt leicht abwärts in Richtung *Sulmona* quer durch Pfirsich- und Knoblauchplantagen, die Gegend ist bekannt für diese Produkte. Unter der Autobahn durch abwärts ins Dörfchen **Campo di Fano**, das wir passieren. Am Ende des Dorfes ist ein Brunnen.

Die Straße führt in langen Kehren abwärts, an Häusern vorbei, bis wir rechts abwärts in einen Weg mit Fahrverbot (Schild auf einem Baum) einbiegen. Unter uns liegt der Fluss *Sagittario*, den wir überqueren müssen. Nach einigen 100 m über eine enge Rechtskehre auf einem kleineren Weg gelangen wir zur Brücke mit herrlicher Aussicht. Den Fluss überqueren, bei der Abzweigung rechts aufwärts zur wenig befahrenen Hauptstraße, in diese rechts einbiegen und auf dieser bleiben. Rechts sehen wir das *Genzana*-Massiv, vor uns den *Morrone* und hinter uns die *Majella*. Beim Schild, das **Sulmona** anzeigt, haben wir 15 km hinter uns, wir gehen geradeaus weiter, überqueren die Bahngeleise, bis zum Platz vor den Stadtmauern (Platz der Feuerwehr) und erreichen durch das Stadttor, die *Porta Romana*, die Stadt. Am Ende der Straße kommen wir zum Stadtpark mit der Kathedrale.

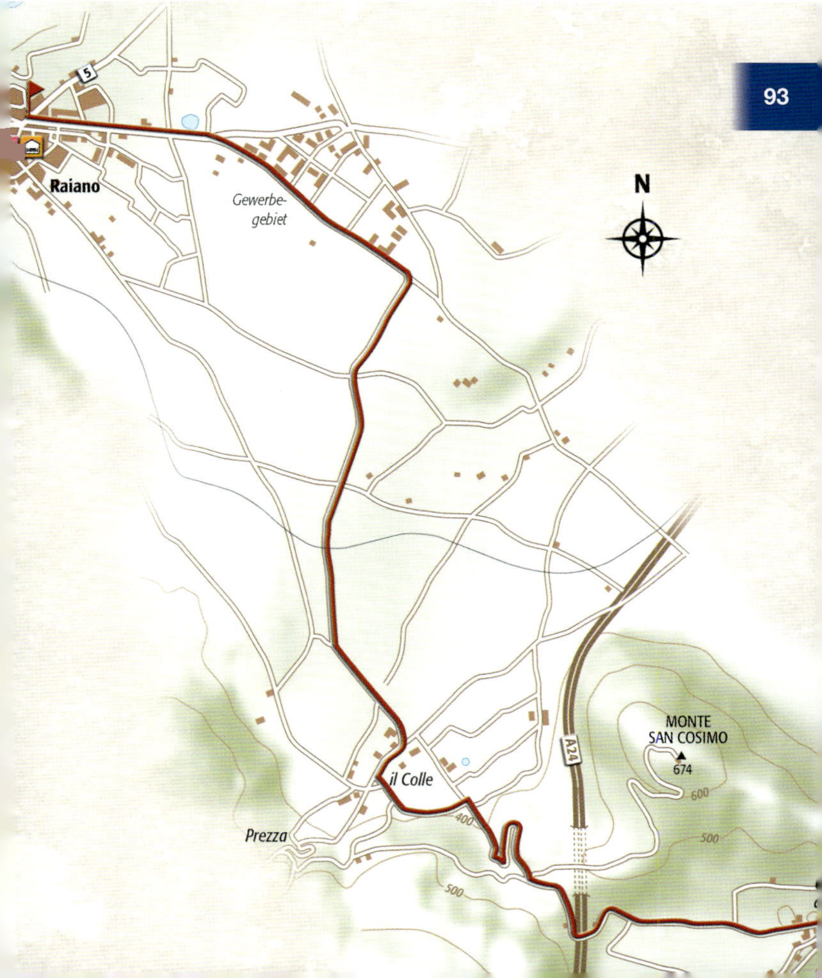

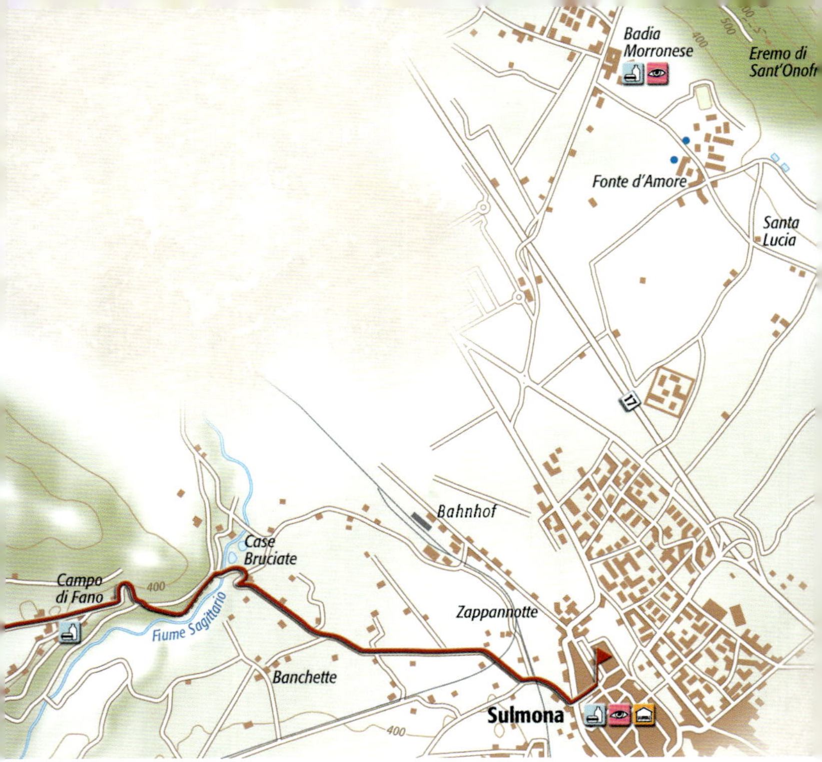


## Sehenswürdigkeiten, Geschichte und Literatur

### SULMONA

Geschichtsträchtige Stadt mit vielen Sehenswürdigkeiten, ca. 25.000 Einwohner. Die Einsiedelei des Cölestin Sant'Onofrio, die imposante Abtei Santo Spirito (Führungen gibt es nur für Gruppen – im Tourismusamt nachfragen) und der nahe gelegenen Herkulestempel „Ercole Curino“ sind einen Besuch wert. Weiters fährt man, am besten mit dem Bus, in den nördlich gelegenen, faszinierenden Ort Badia Morronese, am Fuße des Morrone-Massivs.

**Die Confetti von Sulmona**

Sulmona ist die Stadt der Confetti. Nach alter Tradition werden hier harte und weiche Confetti hergestellt. Das Herzstück der harten sind geschälte und geröstete Mandeln oder Pistazien, die mit mehreren Zuckerschichten, ohne Zusatz von Speisestärke oder Mehl, überzogen werden. Die weichen Confetti hingegen werden mit Mandelpaste, kandierten Früchten oder Schokocreme gefüllt. Die Leckereien werden zu Blumen und bunten Sträußen verarbeitet. Sie werden zu verschiedenen Anlässen, vor allem aber zur Hochzeit, verschenkt. Je nach Anlass wählt man die Farbe: grün für die Verlobung, weiß für

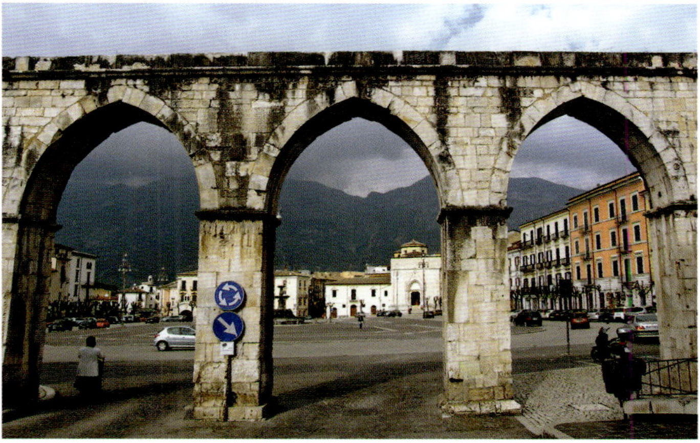

*Das gotische Aquaedukt, erbaut von Manfred, Sohn Kaiser Friedrichs II., ist der Blickfang im Zentrum von Sulmona.*



die Hochzeit, rosa oder hellblau für die Taufe, rot zur Promotion. Bei keiner italienischen Hochzeit dürfen die weißen Confetti fehlen, die das Brautpaar an seine Gäste verteilt, als Dank und in der Hoffnung, dass das Eheleben mehr Süßes als Bitteres hervorbringt. Die Confetti werden nicht nur in unterschiedlichen Farben, sondern auch in unterschiedlichen Formen hergestellt. Beispielsweise die Cannellini mit dem feinen Zimtgeschmack, von denen der bekannte italienische Dichter Giacomo Leopardi gerne naschte und die er in ganz Italien bekannt gemacht hat.

Die **Abtei Santo Spirito**, auch **Badia Morronese** genannt, entstand in der zweiten Hälfte des 13. Jh. auf Initiative von Pietro da Morrone, dem späteren Papst Cölestin V. Dieser bestimmt die Abtei auch bald zum Mutterhaus der von ihm gegründeten Kongregation. Vom Cölestinerorden als Kloster aufgelassen, diente es abwechselnd als Internat, Armenhaus und in jüngerer Zeit als Gefängnis. Neuen Plänen zufolge soll hier ein Museum entstehen und die Büros des Majella-Nationalparks darin untergebracht werden. Im Laufe der Jahrhunderte wurde die Anlage mehrmals erweitert und nach dem schrecklichen Erdbeben von 1706 grundlegend restauriert. Hohe Grundmauern umschließen den weiten Innenhof, den man durch ein imposantes Tor erreicht. Die ehemalige Abtei beherbergt eine wunderschöne Kapelle aus dem 14. Jh.

Um zur **Einsiedelei Sant'Onofrio** zu gelangen, biegt man in die Straße ein, die an der Klosteranlage vorbeiführt und geht zu einem Aussichtspunkt hinauf. Hier beginnt ein Fußweg, der zwar sehr steil

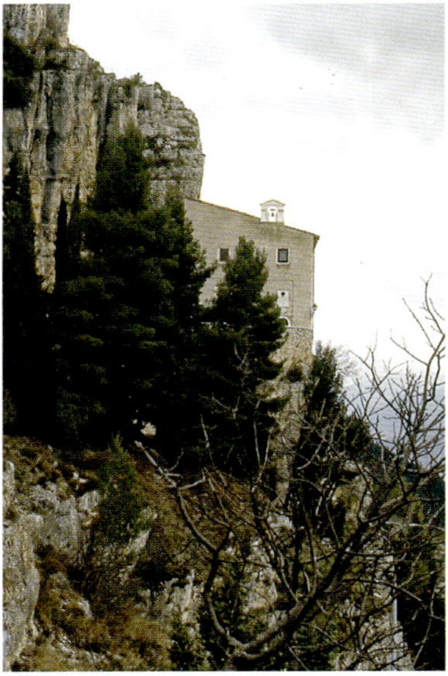

Die Einsiedelei Sant'Onofrio

aber leicht begehbar ist und direkt auf die einsame Terrasse der Einsiedelei führt, mit wunderbarem Blick ins geschichtsträchtige Tal. Hier hauste Pietro, bis im Juli des Jahre 1294 Karl II. von Anjou und Carlo Martello ihm die Nachricht der Wahl zum Papst überbrachten. Auf einem Esel ritt er in die Stadt L'Aquila, um das Papstamt anzutreten – und bereits nach sechs Monaten wieder niederzulegen. Das Gebäude der Einsiedelei umfasst Kapellen, eine kleine Kirche und Zellen. Auf einem Fresko ist Cölestin V. abgebildet, vermutlich 13. Jh.



Von hier aus kann man hinabsteigen zu einer Klause im Felsvorsprung, um den Tempel des Herkules Curinus zu bewundern. Besonders mystisch ist die kleine, durch ein Eisentor geschützte Grotte, die man über eine in den Felsen gehauene Treppe erreicht. Hierher zog sich Cölestin zum Gebet und zur Meditation zurück: Sie lädt zum Verweilen ein. Links vom Eingang steht geschrieben: *„Als einsamer Einsiedler, oh Wanderer, lebte hier selig der heilige Pietro Celestino, im göttlichen Geheimnis jene Liebe ehrend, die das Leben schenkt. Von diesen Felsen aus sprach er mit dem Himmel – still und leise, der Welt entrissen, lobpries er Gott. Es trete ein, wer schweigt, denn hier spricht nur die Stille."*

**Der Tempel des Herkules Curinus** liegt unweit des Klosters unterhalb des Piazzale del Belvedere. Er stammt aus vorromanischer Zeit und ist „Ercole Curino" geweiht (co-viria = Versammlung von Männern), dessen Kult unter den Pelignern stark verbreitet war. Der Tempel wurde als Marktplatz, für politische Versammlungen, militärische Übungen und zum Feiern von Festen genutzt. Im 2. Jh. n. Chr. verschüttete ein Erdrutsch das Areal. Pietro da Morrone ließ an dieser Stelle die Kirche Santa Maria „in gruttis" bauen. Später entstand rund um die Ruine die Siedlung Fonte d'Amore, die zu Ehren Ovids errichtet wurde: Seinerzeit war man davon überzeugt, dass hier einst das Geburtshaus des Schriftstellers stand, die „Villa di Ovidio". Eine kleine Bronzestatue aus dem 3. Jh. v. Chr., die den ruhenden Herkules darstellt und im Museo Archeologico Nazionale d'Abruzzo (Archäologisches Nationalmuseum der Abruzzen) in Chieti aufbewahrt wird, belegt, dass hier der Tempel des Herkules Curinus stand.

**Ovid**

Der berühmte römische Dichter Publius Ovidius Naso, 43 v. Chr. in Sulmona geboren, ist der Stolz der Stadt. Am Platz XX September wurde ihm ein Denkmal errichtet mit der Inschrift „Sulmo mihi patria est" (Meine Heimat ist Sulmone).

Wie seiner Autobiografie zu entnehmen ist, sollte er auf Wunsch des Vaters die Ämterlaufbahn einschlagen. Ovid versuchte zwar, dem Vater zu gehorchen, doch letztendlich konnte er nicht anders als sich der Dichtkunst zuzuwenden und wurde der bekannteste Dichter Roms. Er stand jedoch nicht in der Gunst des Kaisers. Im Jahre 8 n. Chr. verfügte Kaiser Augustus die relegatio Ovids, eine milde Form des Exils, bei der Bürgerrecht und Vermögen erhalten blieben. Auf Befehl des Kaisers wurde er ans Schwarze Meer verbannt. Die Gründe für seine Verbannung verschwieg Ovid und verriet nur, dass es sich um zwei Anklagepunkte handelte, *carmen et error*, ein Gedicht und ein Irrtum.

Die berühmtesten Werke Ovids sind die *Amores*, eine Sammlung von Liebesgedichten, und die *Metamorphosen,* Verwandlungsgeschichten aus der antiken Sagenwelt. Ovid war Zeit seines Lebens mit seiner Heimatstadt Sulmona tief verbunden.

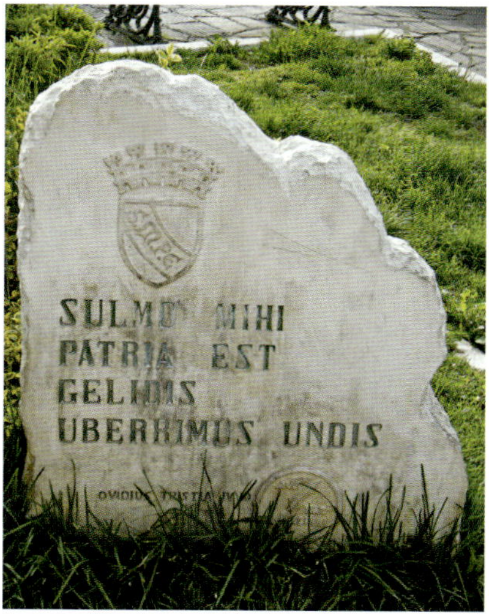

*Ovid-Gedenkstein in Sulmona*

**Ignazio Silone**, einer der bedeutendsten italienischen Schriftsteller des 20. Jahrhunderts, hat mit seinem letzten Werk „Das Abenteuer eines armen Christen" (1968) der Stadt Sulmona und ihrem berühmten Einsiedler, Pietro da Morrone, ein Denkmal gesetzt. Bereits schwer erkrankt, führten ihn Recherchen über Cölestin V. für ein Jahr nach Sulmona und in die nähere Umgebung. Silone hat wie kein anderer Schriftsteller das Leben in den Abruzzen beschrieben und diese schöne Landschaft der Welt bekannt gemacht.

**„La Madonna che scappa in piazza"**

Jährlich am Ostersonntag gegen Mittag findet in Sulmona die berühmte Vorführung „La Madonna che scappa in piazza" statt. Nach der Messe tragen Männer, bekleidet mit weißem Hemd und einem grünen Umhang aus Seide, den Banner der Ordensbrüder der Madonna di Loreto und die Statue des auferstandenen Christus aus der mittelalterlichen Kirche von Santa Maria della Tomba ins Freie. Es folgen Statuen des hl. Petrus und des hl. Johannes. Schließlich kommt eine Gruppe Männer mit der Statue der Madonna in ihrem schwarzen Mantel und wartet hinter dem Kirchenportal. Nun wird der Schmerzensjungfrau die Botschaft der Auferstehung ihres Sohnes überbracht; die Madonna glaubt ihm nicht und verweilt in ihrem Schmerz. Petrus wiederholt die Botschaft, aber auch ihm wird nicht geglaubt. Der Apostel Johannes versucht es noch einmal, diesmal „schwungvoller". Ein Kirchenportal öffnet sich, die Statue der Schmerzensjungfrau erscheint, hält ein, es scheint, sie wolle wieder hinein und dann beginnt sie sich langsam der Stelle zu nähern, die ihr von den beiden Heiligen als der Ort, an dem ihr Sohn auferstanden ist, gezeigt worden war. Die Gottesmutter durchquert in ihrem schwarzen Mantel die Piazza, erst langsam, dann werden die Träger immer schneller. Die schwankende Madonna begreift, dass ihr Sohn wirklich auferstanden ist, und dort, am Ende der Piazza auf sie wartet. Die letzten 50 m laufen die Träger ziemlich schnell: Die Madonna verliert ihren schwarzen Umhang und erscheint nun in einem farbenfrohen Kleid.



## Pietro da Morrone – Papst Cölestin V.

Pietro da Morrone – Papst Cölestin V. – ist einer der außergewöhnlichsten Päpste, die es je gab, und hat in der Region Abruzzen unauslöschbare Spuren hinterlassen.

Pietro Angelari wurde um 1210 als zweitjüngstes von zwölf Kindern einer Bauernfamilie höchstwahrscheinlich in Isernia in der Region Molise geboren. Als zwölfjähriger trat er in das Benediktinerkloster Santa Maria de Faifula ein. 1238 pilgerte er nach Rom, wo er studierte und die Priesterweihe empfing. Nach seiner Priesterweihe zog er sich in die Einsamkeit der Einsiedelei auf dem Berg Morrone bei Sulmona zurück; von da an wird er Pietro da Morrone genannt. Er blieb in der Einsiedelei nicht allein. Weitere Einsiedler kamen und scharten sich um ihn. 1244 verließ er die Einsiedelei, um für seine Gefolgsleute den Zölestinerorden zu gründen, den Pietro nach dem Vorbild der Zisterzienser organisierte; Hauptsitz sind die Klöster Santo Spirito im Majella-Gebirge bei Sulmona und Santo Spirito in Sulmona. Pietro erwies sich als fähiger Leiter der Gemeinschaft und erwirkte viele Schenkungen.

1273 wanderte er nach Lyon, um dem von Papst Gregor X. einberufenen Konzil beizuwohnen und um zu verhindern, dass der von ihm gegründete Orden aufgehoben wird. Bei der sehr beschwerlichen Pilgerreise genoss er die Gastfreundschaft der Templer. Die Mühen machten sich bezahlt, denn seine Mission war erfolgreich.

Trotz seiner Popularität – von mehreren wunderbaren Heilungen wird berichtet, blieb Pietro immer ein unpolitischer, einfacher Bauernsohn mit starkem Hang zum Mystizismus. 1286 verzichtete er auf die Würden als Abt und Prior und lebte wieder als einfacher Eremit; dennoch hatte sich der Ruf seiner Heiligkeit und des wirkungsvollen Organisators in der vatikanischen Kurie und am Königshof in Neapel verbreitet.

Nach dem Tod von Papst Nikolaus IV. kam es zu einer Sedisvakanz von über zwei Jahren. Die Kardinäle der Familien Orsini und Colonna waren gespalten. Auf Wunsch und Betreiben Karls II. von Anjou, König von Neapel, wählte man schließlich den fast 80-jährigen Eremiten Pietro da Morrone zum Papst. Als ihn die Nachricht von der Wahl erreichte, wollte er mit einem Mönchsbruder in die Wildnis fliehen: „Ich schaffe es nicht, mich selbst zu retten; wie soll ich da die ganze Welt retten?“, soll er ausgerufen haben. Erst nachdem man ihm eingeredet hatte, dass eine Ablehnung einer Todsünde gleichkäme, nahm Pietro die Wahl an, verließ auf einem Esel reitend den Berg Murrone und wurde am 29. August 1294 in L'Aquila zum Papst gekrönt.

Der alte Papst erkannte bald, dass er dem hohen Amt nicht gewachsen war und geriet in völlige Abhängigkeit von Karl II, dem zuliebe er sogar seine Residenz nach Neapel verlegte. Er wollte sein Amt zurücklegen und der rechtskundige Kardinal Benedikt Gaetano, den er um Hilfe gebeten hatte, entwarf eine entsprechende Abdankungsformel. Das Volk war entsetzt, trotzdem legte er am 13. Dezember 1294 vor dem Kardinalskollegium in Neapel die päpstlichen Insignien nieder, zog die prunkvollen Gewänder aus und streifte sich wieder seine Mönchskutte über.

Schon am 24. Dezember 1294 wurde Benedikt Gaetano als Bonifaz VIII. sein Nachfolger. Um zu verhindern, dass die Anhänger Cölestins ein Schisma auslösten, wollte er ihn in Verwahrung nehmen. Cölestin konnte jedoch zunächst entkommen und floh über seine Einsiedelei Sant'Onofrio nach Rodi am Gargano, von wo er mit einem Schiff Griechenland erreichen wollte. Doch er erlitt Schiffbruch, wurde festgenommen und bis zu seinem Tod am 19. Mai 1296 in der Festung Castello di Fumone bei Rom gefangen gehalten.

Schon am 5. Mai 1313 erfolgte Cölestins Heiligsprechung durch Papst Clemens V. Sein Gedenktag ist der 19. Mai.

TAG 12

# Von Sulmona nach Pescocostanzo

33 km (Straße)
24 km (Steig)

Schwierigkeit: ●●●

**Heute erwartet uns eine sehr lange Etappe, die längste des gesamten Weges, wenn wir den asphaltierten Wegen folgen, wie es sich bei schlechtem Wetter empfiehlt. Die Strecke ist jedoch so suggestiv und einsam, dass uns der Asphalt gar nicht stört. Die Überraschung beim Erreichen des Hochplateaus von Pescocostanzo ist groß: Sind wir etwa auf Hochalmen in der Schweiz, in Österreich oder in Südtirol gelandet?**
**Bei schönem Wetter gibt es eine Alternative, die um 9 km kürzer ist und durchwegs auf Steigen, durch Almwiesen und auf Feldwegen verläuft. Giuseppe vom B&B *La Rua* in Pescocostanzo hat diese Alternative markiert. Es handelt sich um sehr einsame Wege, die teilweise als solche kaum erkennbar und daher bei Nebel oder Regen nicht zu empfehlen sind.**



### Unterkünfte

**Cansano:**

- Agritur *Capriccio di Giove,* am Anfang der Straße zum Bahnhof, Mini-Appartements, Pilgerpreis, Tel.: 0864/40239 oder 393/0963120 oder 339/4399485 (Filomena)
- Vor der Einsiedelei Sant'Antonio gibt es das Restaurant mit Zimmervermietung *Il Faggeto,* das jedoch nicht immer offen hält, Tel.: 0864/67100

**Pescocostanzo:**

- B&B *La Rua,* Via Rua Mozza 1/3, drei Brüder und eine Schwester kümmern sich liebevoll um die Pilger und sind mit Enthusiasmus für alle Pilgernöte und Pilgersorgen da. Pilgerpreis. Tel.: 0864/640083, www.larua.it
- Restaurant *La Terrazza,* nahe der Pfarrkirche, hervorragendes Essen zum Pilgerpreis, Tel.: 0864/640047

## Wegbeschreibung

**Variante A:**

Über die breite Hauptgasse gelangen wir zum großen Platz mit den Bögen der alten römischen Wasserleitung und gehen geradeaus weiter bis zum Stadttor. Weiter über den *Viale Mazzini,* immer noch geradeaus, an einer Tankstelle vorbei und leicht links in Richtung *Pacentro*. Über die *Via Monte Santo* an der Kapuzinerkirche vorbei, geradeaus weiter die Schnellstraße überqueren und den Schildern in Richtung *Cansano* und *Pacentro* folgen. Am Friedhof vorbei, auf der anderen Straßenseite ist ein Brunnen. (Variante B zweigt hier nach rechts ab.) Nach weiteren 1,5 km, die leicht ansteigen, befindet

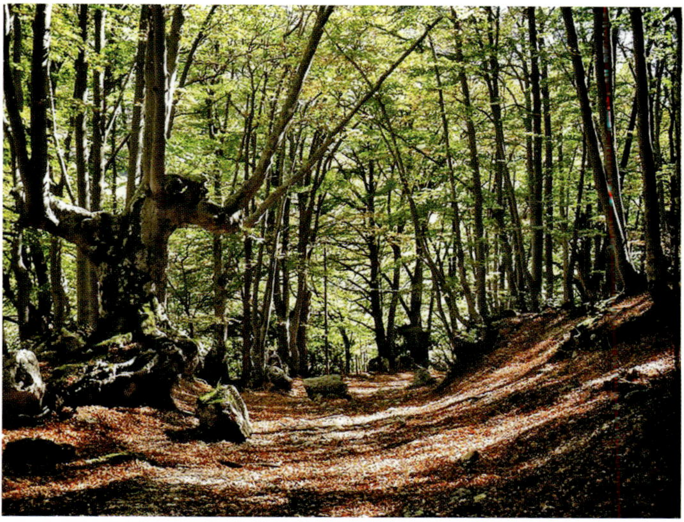

*Im Wald von Sant'Antonio*



sich nach einer Kurve und einem Straßenschild mit der Nummer 57 rechts über einem Olivenhain die Grotte *Sant'Angelo in Vetuli*. Die Schönheit dieser leider verlassenen Grotte belohnt die Mühen, die es kostet, sie zu finden.

Nach weiteren 2 km gehen wir bei einer Abzweigung mit großem Kreuz nach rechts. Das überaus grüne und stille Tal wird zunehmend enger und einsamer, je höher man hinaufkommt. In einer Rechtskur-

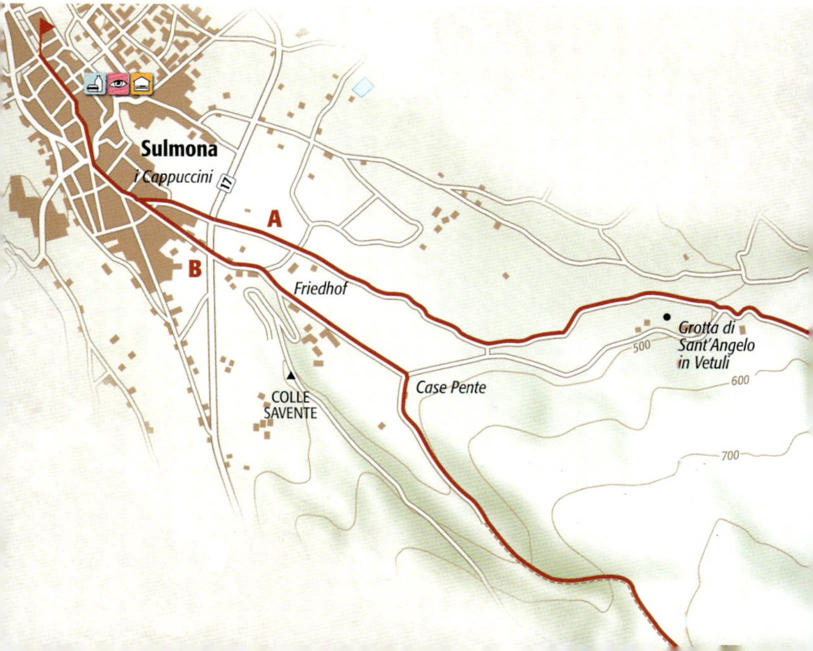

ve zweigt ein Karrenweg geradeaus ab, der ein wenig Asphalt sparen lässt: der Weg verläuft im Talboden und weiter oben kann man über eine steile Böschung wieder die Straße erreichen. Bei den ersten Häusern in **Cansano** angelangt, bleiben wir unten auf der Straße, die nach *Pescocostanzo* führt.
Die Straße steigt in langen Kehren und ebenso langen Geraden an und die Landschaft und das Panorama werden immer weiter. Immer wieder kann man Abschnitte der Eisenbahnlinie *Carpinone-Sulmona* sehen, die höchste Italiens, die mit ihren vielen Galerien und Viadukten einer Modellbahn ähnelt. Sie wurde vor kurzem als Nostalgiebahn wieder in Betrieb genommen. Die Fahrt kostet 35 Euro und lohnt sich.
Schon bald beginnt der Anstieg zwischen den mächtigen Buchen des uralten *Sant'Antonio*-Waldes. Wir erreichen die großen Weideflächen mit den Almhütten, in denen der berühmte *Caciocavallo*-Käse hergestellt wird. Am Beginn der großen Almweiden befindet sich auf der linken Straßenseite, entlang eines Karrenweges, die kleine **Einsiedelei Sant'Antonio**, vorher noch das Gasthaus *Sant'Antonio,* das im Sommer geöffnet hat. Die Einsiedelei liegt an der *Via Numicia,* einer antiken Römerstraße.



Die Straße führt uns nun eben und gerade quer durch das große Almgebiet, auf rund 1300 m Seehöhe. Fast am Ende der Hochebene liegt rechts am Hügel das Städtchen *Pescocostanzo.* Wir folgen dem Hinweisschild links zur Einsiedelei *San Michele* und gelangen nach 500 m zur Grotte. Um nach **Pescocostanzo** zu gelangen, gehen wir von der Grotte aus links ca. 1 km weiter und biegen dann rechts in den Feldweg, der ins Städtchen führt.

**Variante B:**
Bis zum Friedhof folgen wir der Beschreibung von Variante A. Am Friedhof vorbei, ca. 300 m, bei einem Brunnen auf der rechten Seite rechts abzweigen. Das Sträßchen wird bald zum Feldweg und zieht sich angenehm ansteigend durch Olivenhaine an der linken Talseite aufwärts. Achtung: Bei einem verfallenen Haus (am Haus wurde falsch markiert!) angelangt, links ohne Steig über die Wiese kurz den Hang hinaufsteigen, dort beginnt ein wunderschöner schmaler Steig, der den Hang entlangführt. Der Steig führt dann zick-zack höher, an Elektromasten entlang, bis er in ein breites, grasbewachsenes Tal mündet, in dem die Elektromasten und die gelben Pfähle der Gasleitung die Richtung vorgeben.
Die breite Waldschneise, in der wir uns eher rechts halten, führt zuerst aufwärts, dann wieder leicht abwärts bis zu einem Zaun. Wir passieren das Gatter (wieder schließen!), überqueren weglos die Felder und gelangen auf eine schmale Asphaltstraße, in die wir links

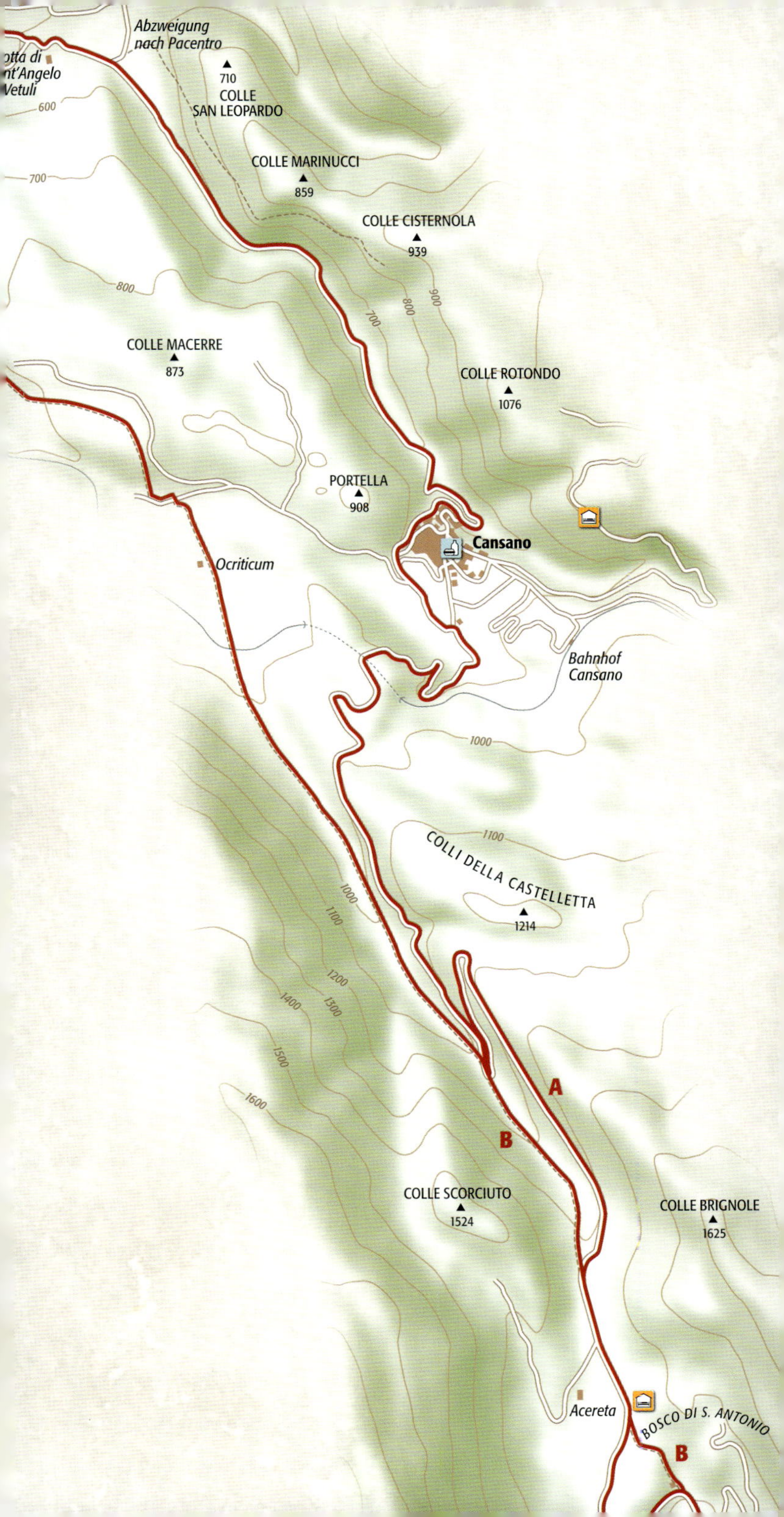
Abzweigung nach Pacentro
otta di nt'Angelo Vetuli
600
710
COLLE SAN LEOPARDO
700
COLLE MARINUCCI
859
COLLE CISTERNOLA
939
800
900
800
700
COLLE MACERRE
873
COLLE ROTONDO
1076
PORTELLA
908
Cansano
Ocriticum
Bahnhof Cansano
1000
1100
COLLI DELLA CASTELLETTA
1214
1000
1100
1200
1300
1400
1500
1600
A
B
COLLE SCORCIUTO
1524
COLLE BRIGNOLE
1625
Acereta
BOSCO DI S. ANTONIO
B

einbiegen. Nach ca. 50 m zweigen wir rechts in einen Feldweg ab. Auf diesem gelangen wir zu den Ausgrabungen *Ocriticum*, wo Tempelanlagen aus vergessenen Zeiten wieder aufgetaucht sind.
Wir bleiben geradeaus auf diesem Weg, der nach einem Verteilerzentrum der Methangasleitung leicht ansteigt und sich nach rechts wendet. Bei den Schildern des CAI links abzweigen und durch den schönen Wald weitergehen. Der Weg mündet in ein Feld, dem wir auf der linken Seite folgen, am Ufer eines kleinen Baches entlang. Bald taucht der Weg wieder auf, es ist die alte Römerstraße *Numicia,* auch *Via delle penticelle* genannt. Angenehm steigend führt sie uns durch einen faszinierenden Buchenwald und an uralten, moos-

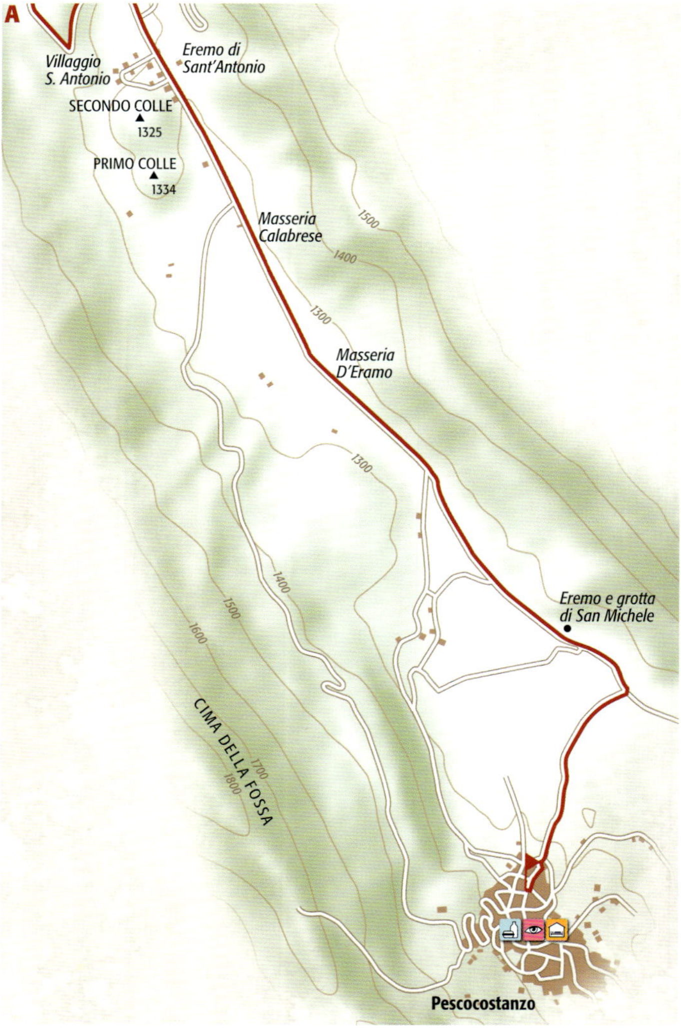

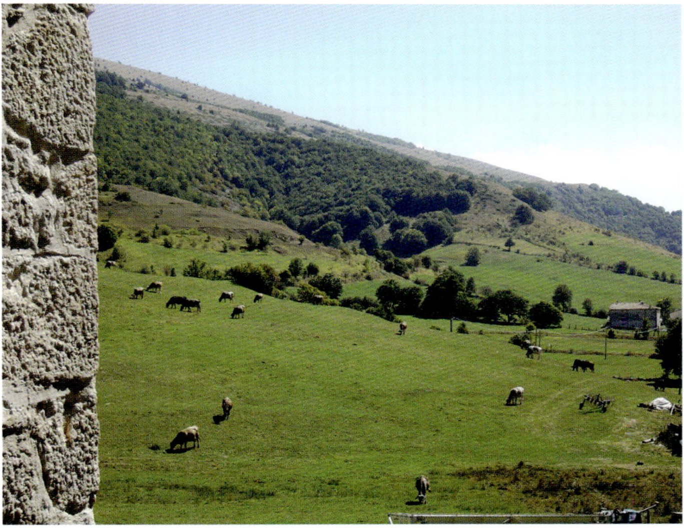

*Bei der Einsiedelei Sant'Antonio*

bewachsenen Steinmauern vorbei aufwärts. Bei einem großen Brunnen (kein Trinkwasser!) und einer kleinen Schutzhütte stoßen wir auf die Straße.



Wir gehen ein paar Schritte zurück und bleiben aufwärts auf dem Waldweg, auf dem Römerweg. Der Wald mündet in grasbewachsenes Gelände, wir bleiben auf dem Steig, der zunehmend flacher wird und in die breite Talschneise mündet, die ehemals *Tratturo* war und an deren Ende *Pescocostanzo* liegt.

In die Asphaltstraße rechts einbiegen bis zum Restaurant *„Il faggeto"* auf der linken Seite. Beim Restaurant führt durch ein Holzgatter der Steig in den uralten Buchenwald **Sant'Antonio** und zur gleichnamigen Einsiedelei. Nach der Einsiedelei mündet der Steig wieder in die Hauptstraße, auf der wir weiter gehen. Ein Holzschild zeigt uns den Weg zur Einsiedelei *San Michele* auf der linken Talseite, gegenüber des Städtchens **Pescocostanzo**. Von der Einsiedelei im Talboden links weiter, bis wir rechts abzweigend das Städtchen erreichen.

## Variante für Fahrradpilger

*Die Fahrradpilger nehmen die Variante A. Die Etappe ist mit 33 km zwar kurz aber anstrengend, denn sie führt ständig ansteigend bis auf 1400 m Seehöhe. Frühes Ankommen in Pescocostanzo lässt Zeit für einen ausgiebigen Bummel in diesem faszinierenden Ort.*

## Sehenswürdigkeiten

### DAS MAJELLA-GEBIRGE

Die Faszination der Majella liegt darin, dass sie seit jeher als heiliges Gebirge galt und eng mit einer Muttergottheit verknüpft ist, mit Maja, der römische Göttin des Wachstums. Seit hier Menschen leben, ist die Majella Zufluchtsort und Lebensquell für Jäger und Hirten, Einsiedler und Räuber, Köhler und Bergleute.
1991 wurde der Majella-Nationalpark gegründet. Er hat eine Fläche von 74.000 ha, umfasst 39 Gemeinden in den Provinzen L'Aquila, Chieti und Pescara und erstreckt sich rund um das Massiv des Majella und des Murrone im Westen und der Berge Pizi und Porrara im Osten. Der höchste Gipfel im Naturpark ist der Monte Amaro mit seinen 2793 m.

### DIE EINSIEDELEI SANT'ANTONIO

Die Einsiedelei liegt in einem ca. 550 ha großen Wald, der seit 1985 als Naturschutzgebiet ausgewiesen ist, mit Höhenlagen um 1300 bis 1400 m. Uralte Ahornbäume, wilde Birnbäume, Eiben und Kirschbäume mischen sich in den riesigen Buchenwald. Im Herbst triumphieren die Farben und im Frühjahr erblühen hier der Enzian, die Pfingstrose und die pipactis purpurea, eine wilde Orchidee, die in Italien kaum vorkommt.
Die im Mittelalter entstandene Einsiedelei des hl. Antonius von Padua liegt neben einer großen Viehweide, von Eichen etwas verdeckt. Das einfache Gemäuer mit dem kleinen Turm wurde erst kürzlich restauriert und verfügt neben der Kirche über einen Raum, in dem Eremiten lebten. Leider öffnet es nur zum Gedenktag des Heiligen am 13. Juni seine Tore. Umso eindrucksvoller feiern die zahlreichen Pilger an diesem Tag ihr Gedenken an den Heiligen und geben Zeugnis, dass sich bis heute eine tiefe Volksfrömmigkeit erhalten hat.



### PESCOCOSTANZO

Pescocostanzo ist längst kein Dorf mehr, sondern eine Kleinstadt mit einem der schönsten historischen Stadtzentren Italiens, nicht umsonst wird es zu den schönsten Orten Italiens gezählt *(„I borghi più belli d'Italia“)*. Um das Jahr 1000 auf Betreiben der Benediktiner gegründet, wurde es 1456 von einem Erdbeben völlig zerstört. Der Wiederaufbau im 16. Jh. zog sich über zwei Jahrhunderte hin, brachte dann aber ein schmuckes Bergdorf hervor. In dieser Blütezeit entstanden prunkvolle Barockkirchen, elegante Palazzi und schöne Brunnen. Mit der Zuwanderung lombardischer Handwerker erlebte der Ort auch eine kulturelle Blüte: filigrane Gold- und Silber-

schmiedekunst, Spitzenklöppelei oder die kunstvolle Verarbeitung von Holz etablierten sich und wurden hier drei Jahrhunderte lang kultiviert. Die Zahl der Kunsthandwerker hat zwar stetig abgenommen, trotzdem gibt es noch heute viele kleine Läden, in denen filigrane Goldschmiedearbeit und Spitzen zum Verkauf angeboten werden.
Von den vielen Kirchen der Stadt sollte man auf jeden Fall Santa Maria del Colle besuchen, deren Fassade zwar eher schlicht, der Innenraum aber umso prächtiger und pompöser ist. Einen Besuch wert ist auch das Museo del Merletto a Tombolo, das Klöppelmuseum, das im Palazzo Fanzago untergebracht ist.

## Die Einsiedelei San Michele in Pescocostanzo

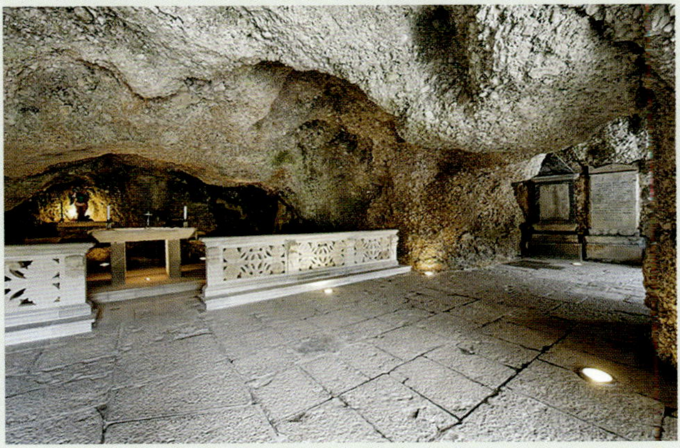

Die wunderschöne Einsiedelei San Michele Arcangelo liegt am Fuße des Monte Pizzalto, nur einige Kilometer nördlich von Pescocostanzo. In einer Bulle von Papst Luzius III. aus dem Jahr 1183 wird sie erstmals erwähnt, erbaut wurde sie aber schon viel früher: In unmittelbarer Nähe wurde ein Friedhof der Langobarden freigelegt.
Das Zentrum der Einsiedelei war die Michaelsgrotte, zu der eine Quelle gehört. Sie lag am Weg, den Wanderhirten mit ihrem Vieh benutzten. Es wird vermutet, dass eine Mönchsgemeinschaft der Benediktiner hier in 13 Grotten-Zellen, die auf dem Hügel verstreut sind, zurückgezogen gelebt hat. Die Grotte diente aber auch den Wanderhirten als Unterschlupf und erinnert von ihrer Größe her an jene am Gargano. Die Inschrift über einem Eingangstor erinnert an Restaurierungsarbeiten, eine zweite ist dem Erzengel gewidmet: „Göttlicher Anführer, lass uns keinen Schaden nehmen." Der idyllische Ort, auf einer Höhe von 1300 m, lädt zum Verweilen ein.

## Sant'Angelo in Vetuli und der Michaelskult der Langobarden

Nicht direkt an unserem Weg, aber in dieser Gegend (verborgen im Wald in der Nähe von Pacentro) liegt ein weiteres Michael-Heiligtum, wieder eine Grottenkirche, von der leider nur Teile erhalten sind. Aber bei aller Renovierungsbedürftigkeit haben die Ruinen des Grottenkirchleins etwas Würdevolles an sich, mit dem Rundbogen über dem Altar und den beiden Seitenbögen, die auf dorischen Säulen ruhen. Von besonderer Schönheit sind die frühchristlichen Ornamente mit den Symbolen Sanduhr und Fisch.

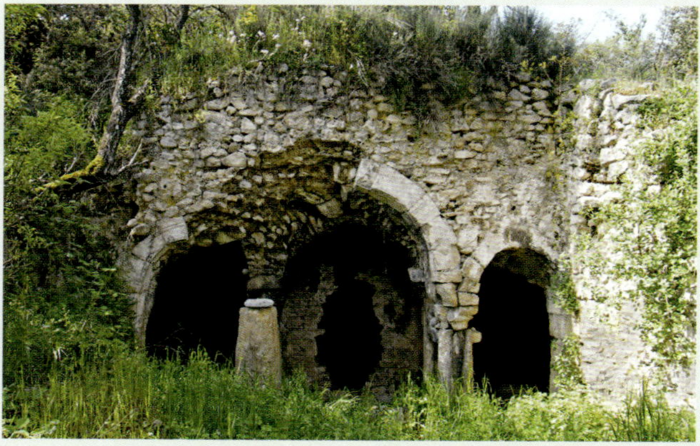

Wie in allen dem Erzengel Michael geweihten Grotten findet man auch hier ein kleines Becken zum Sammeln des Wassers. Die örtliche Bevölkerung erinnert sich noch an die Pilgerzüge, die anlässlich der Gedenktage des hl. Michael am 8. Mai (Fest der Michaelserscheinung am Monte Gargano) und am 28. September die Wanderhirten auf ihrem Weg von Apulien in die Abruzzen und zurück hier vorbei brachten. Mit dem Ende der Transhumanz ist auch der Pilgerweg in Vergessenheit geraten.

Der Michaelskult in dieser Gegend geht vermutlich auf die Langobarden zurück, bei denen der Erzengel eine besondere Verehrung erfuhr. Dafür spricht die Tatsache, dass sie viele Kirchen dem hl. Michael geweiht haben, in ihren Herzogtümern Spoleto und Benevent, aber etwa auch die Kathedrale in ihrer Residenz Pavia, wo ihre Könige gekrönt wurden. Ob Michael bei den Langobarden den germanischen Kriegsgott Wotan abgelöst hat, wird von Historikern kontrovers diskutiert. Naheliegend ist es, zumal Michael schon in der Ostkirche als Heerführer und Feldherr verehrt und dargestellt wurde. In einer Gesellschaft, die von Heerzügen und militärischen Strukturen geprägt war, wie jener der Völkerwanderungszeit und des frühen Mittelalters, war es von Bedeutung, auf wessen Seite der Anführer der himmlischen Heere, der Sieger gegen die Mächte der Finsternis stand.

# Von Pescocostanzo nach Ateleta 19 km

Schwierigkeit: ●○○

**Die Etappe beginnt als Spaziergang durch die Wiesen im Talboden, um dann bis nach Pietransieri sanft anzusteigen und nach Ateleta sanft hinunterzuführen. Für die erste Hälfte dieser Asphaltetappe gibt es wieder eine Alternative, die bei schönem Wetter als Abkürzung durch Wiesen und Wälder gegangen werden kann. Bei Regen werden die ebenen Felder aber zu einem Sumpf und der Karrenweg wird zu einem Bachbett.**

### Unterkünfte

**Ateleta:**

- ✯ *B&B Colle Sisto,* Via Conte di Torino 3, Kerstin aus Deutschland und Elio vermieten 8 Betten an Pilger; mit dazugehörendem Restaurant, Tel.: 0864/65090 oder 366/3757372
- ✯ Frau *Vincenza* vermietet 12 Betten mit Küchenbenützung, Pilgerpreis, Tel.: 0864/65062 oder 334/7210736

## Wegbeschreibung



**Variante A:**

Wir verlassen das Städtchen durch die Hauptgasse nach unten und biegen bei der IP-Tankstelle rechts und gleich wieder links in den geteerten Radweg ein, der uns in 1,5 km nach **Rivisondoli** bringt.

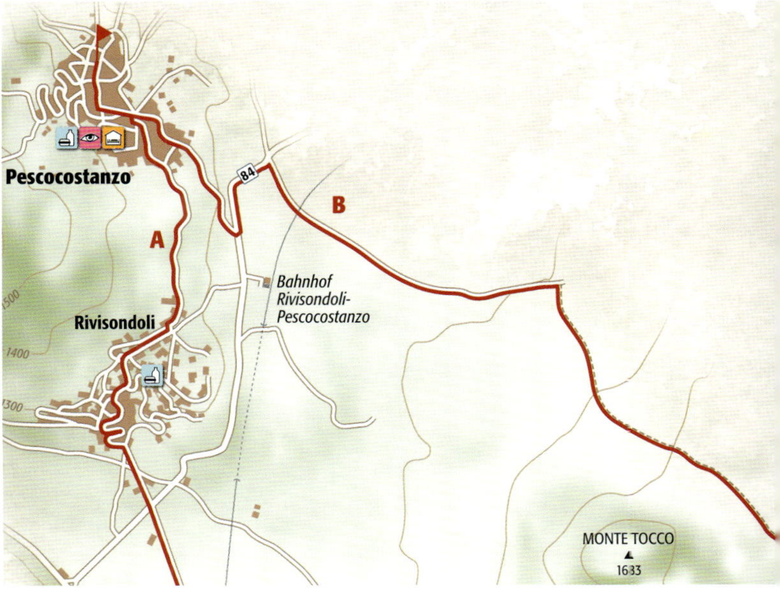

Abwärts zwischen Häusern gelangen wir ins Dorf, biegen gleich rechts in die *Via Marconi*, die in die *Via Regina Elena* übergeht. Am Dorfplatz angelangt, gehen wir abwärts, an der Kirche vorbei, weiter die Stufen abwärts bis an den Fuß des Ortes.

Von oben sehen wir bereits den Radweg, der diesen Ort quer durch die Felder mit der nächsten Ortschaft, **Roccaraso***,* verbindet. Unter der Staatsstraße durch gelangen wir nach 1 km an den Beginn dieses Dorfes. Wir gehen geradeaus weiter bis zu einer Fußgängerzone mit dem Namen *Vicolo San Bernardino*, die rechts am gleichnamigen Kirchlein endet. Hier biegen wir nach links ab und durchqueren einen Spielplatz in seiner ganzen Länge. Geradeaus weiter, an der *Carabinieri*-Kaserne vorbei, links über die Bahngeleise, dann rechts weiter. Bei der nächsten Kreuzung geradeaus und weiter über die Staatsstraße nach *Pietransieri.* Nach einer ersten Steigung verläuft der Weg eine Zeitlang eben weiter, um dann wieder anzusteigen. Vor uns öffnet sich nun das *Sangro*-Tal. Nach 5 km erreichen wir **Pietransieri***.*



**Variante B:**

Über die Hauptstraße an der Tankstelle vorbei bis zur Kurve, hier links geradeaus (Holzschild *formaggi).* Die Straße wird zum Feldweg und mündet weiter unten in die Provinzstraße. In diese links einbiegen bis zum Holzschild des *Majella*-Nationalparks. Hier rechts in den Feldweg einbiegen und über diesen die Felder durchqueren, unter der Bahnüberführung durch und auf der anderen Talseite den bewaldeten Hügeln zu. Der Weg ist nur als Spur auszumachen und führt geradeaus weiter aufwärts an den Waldrand. Am Waldrand links in den Steig einbiegen, der nun mit den Holzschildern des Nationalparks gekennzeichnet ist (Weg Nr. 1, *Pietransieri).* Ansteigend, bis der Wald lichter wird, durch die Wiesen, am großen Brunnen vorbei führt der Weg auf der rechten Seite der Schneise zum Schutzhaus (geschlossen, Brunnen mit Trinkwasser). Der Feldweg wird

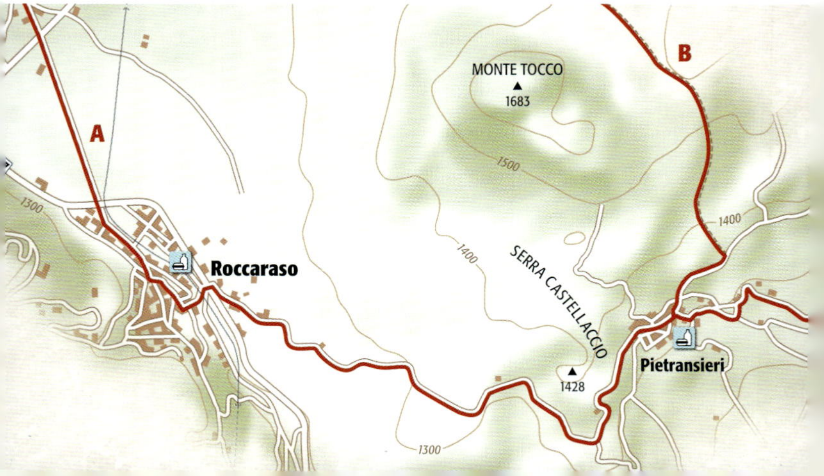

zum breiten Traktorweg und führt bald abwärts, *Pietransieri* zu. Ein kaum sichtbarer Steig, grün-gelb-grün markiert, führt links an den Kamm des Hügels, wo es wunderbare Ausblicke gibt. Den Kamm entlang weiter der Markierung folgen, wieder zurück auf den Traktorweg und über diesen hinunter nach **Pietransieri**, bis zur Hauptstraße, in diese links einbiegen.

Von hier aus geht es nun stetig abwärts. Wir erreichen den Hauptort **Ateleta**, nachdem wir mehrere Fraktionen, die dazugehören, passiert haben, die beiden letzten heißen *Carceri Alte* und *Carceri Basse* Das B&B Colle Sisto befindet sich im oberen Teil des Ortes, in einer Querstraße zu jener, die mit weißen Steinen gepflastert ist, das Hotel *Due Monti* liegt am unteren Ende nahe dem Hauptplatz mit Kirche.

*Die Fahrradpilger nehmen Variante A.*

## Sehenswürdigkeiten



### RIVISONDOLI, ROCCARASO UND PIETRANSIERI

Die Orte, durch welche die heutige Etappe führt, haben eine ähnliche Geschichte wie Pescocostanzo: Sie sind allesamt um das Jahr 1000 entstanden, standen unter Feudalherrschaft und waren der Wanderviehzucht verschrieben. Die immensen Schafsherden waren im Besitz weniger Fürstenhäuser, die die heimische Bevölkerung unter harten Bedingungen und für einen geringen Lohn als Schafhirten verdingten.

**Rivisondoli** wurde im 18. Jh. und im Jahr 1915 durch zwei entsetzliche Erdbeben dem Boden gleichgemacht. Zum Wiederaufbau motiviert hat der Bau der Bahnstrecke Sulmona-Isernia. Zum beliebten Sommerfrischort wird Rivisondoli mit der Ankunft von König Vittorio Emanuele und dessen Familie, die im eleganten Hotel Apennini

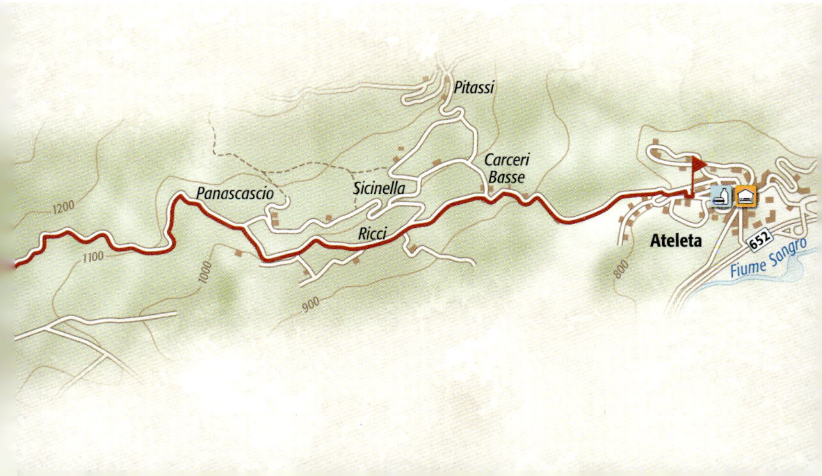

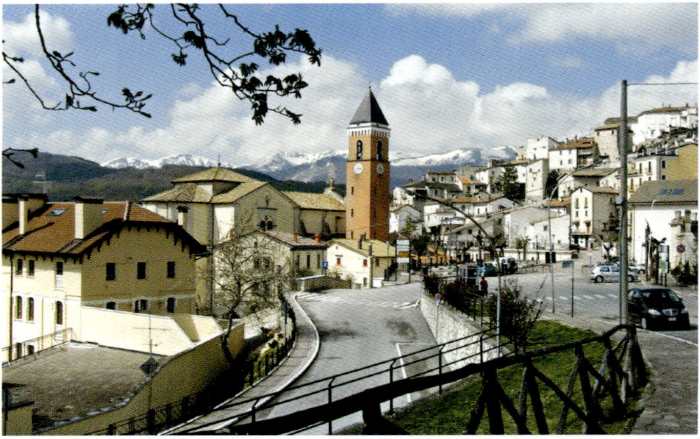

*Rivisondoli*

(heute königliche Residenz genannt) ihren Urlaub verbrachte. Seither lebt der Ort hauptsächlich vom Wintertourismus.



**Roccaraso** war bis zum Zweiten Weltkrieg für die Schafzucht und das Handwerk bekannt und konnte kurz vor Kriegsausbruch auch einen bescheidenen Tourismus verzeichnen. Mit der Landung der Alliierten in Salerno lag das Gebiet, gemeinsam mit Pietransieri, auf der „Gustav"-Abwehrlinie der Deutschen. Der Ort wurde vollständig evakuiert, die Einwohner wurden nach Sulmona und in andere Orte deportiert, um ihn dann dem Erdboden gleich zu machen. Alle Wohnhäuser und ein Theater aus dem 17. Jh. wurden zerstört. Nach dem Zweiten Weltkrieg bauten die Einwohner den Ort wieder auf und schufen einen beliebten Wintersportort.

Noch weitaus schlimmer erging es **Pietransieri**, in dem im Zweiten Weltkrieg ein Blutbad angerichtet wurde, dem 128 Zivilisten, vor allem Frauen und Kinder, zum Opfer fielen. Für das Leid der Bevölkerung und den Mut zum Wiederaufbau haben die beiden Gemeinden Roccaraso und Pietransieri eine Verdienstmedaille erhalten.

## ATELETA

Die Entstehungsgeschichte dieser Ortschaft ist einzigartig: Vor zwei Jahrhunderten wurde sie auf Betreiben von Gioacchino Murat (1767–1815) erbaut, um jenen „einfachen" Leuten ein Zuhause zu geben, die Pescocostanzo zu einer Blütezeit verholfen hatten. Der Name des Dorfes stammt aus dem Griechischen und bedeutet „frei von Steuern". Tatsächlich war es ein Steuerparadies, denn Murat hielt die Einwohner steuerfrei. Mit dem Ende der Schafzucht im vergangenen Jahrhundert kam es zu einer massiven Abwanderung. Heute lebt der Ort, vorwiegend vom Sommertourismus.

## Mont-Saint Michel und die geheimnisvolle Michael-Linie

Eine geheimnisvolle Michael-Linie durchzieht Europa: Zieht man eine Linie vom Monte Gargano – dem Tor Europas nach Süden und Osten – zum Mont-Saint Michel in der Normandie – dem Tor Europas nach Norden und Westen – so liegt ein drittes großes Michael-Heiligtum genau in der Mitte, die Sacra di San Michele im Susa-Tal (Piemont). Und auch St. Michael's Mount an der Südwestspitze Englands liegt auf derselben Linie. Als Michaelspilger tun wir uns schwer, an einen Zufall zu glauben.

Die Gründung von Mont-Saint Michel geht auf Bischof Aubert von Avranches zurück. Der Legende nach soll ihm der Erzengel im Traum erschienen sein mit der Aufforderung, auf dem einen Kilometer vor der Küste gelegenen Felsen eine Kirche zu bauen. Als der Bischof auch der mehrfach wiederholten Aufforderung nicht nachkommen wollte, soll ihm der Engel mit seinem Finger ein Loch in den Schädel gebrannt haben. (Der Schädel von Aubert mit dem Loch wird in der Kirche Saint-Gervais in Avranches aufbewahrt.) Um 708/709 soll Aubert dann ein erstes Heiligtum zu Ehren des heiligen Michaels auf dem Felsen errichtet haben, nachdem er zuvor Abgesandte zum Monte Gargano geschickt haben soll, um ein Stück Felsen aus der Michaelsgrotte zu holen. 966 wurde auf dem Felsenheiligtum ein Benediktinerkloster gegründet, im 11. Jh. die beeindruckende romanische Abteikirche errichtet.

Die Benediktinerabtei Sacra di San Michele im Susa-Tal bei Turin, die ähnlich wie Mont-Saint Michel wie eine Burg auf einem Felsen thront, wurde 983 von Hogo von Montboissier gegründet.

Eine Legende besagt, dass die Linie St. Michael's Mount–Mont-Saint Michel–Sacra di San Michele–Sant'Angelo am Gargano, die – der Krümmung eines Säbels gleich – bis nach Jerusalem gezogen werden kann, auf den Kampf des Erzengels mit Luzifer zurückgehe. Sie sei ein Säbelhieb des Erzengels. Wieder eine andere Legende besagt, dass die Geretteten aus allen Völkern am Ende der Zeiten auf dieser Linie nach Jerusalem gelangen, wo der Erzengel Michael auf sie warte, um sie in den Himmel zu geleiten.

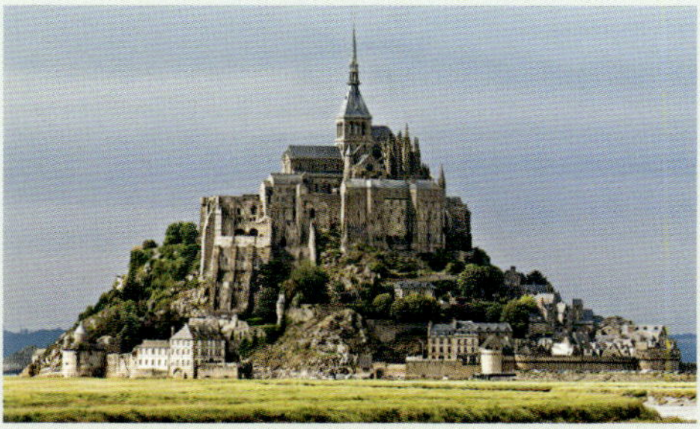

*Mount-Saint Michel in der Normandie*

# Von Ateleta nach Carovilli 23 km

Schwierigkeit: ●●○

**Heute verlassen wir die Region Abruzzen und betreten das überaus grüne Molise. In dieser landschaftlich faszinierenden, vom Tourismus aber vergessenen Region scheinen die Uhren stehen geblieben zu sein. Vorbei an einsamen Bergdörfern, die von Abwanderung gezeichnet sind, erleben wir zum ersten Mal die *Tratturi,* jene berühmten Schafwege, die bis vor wenigen Jahrzehnten genutzt wurden. Es wäre schade, wenn die bis zu 100 m breiten Schneisen gänzlich zuwachsen würden, und wir hoffen, dass langsam zunehmender Pilgertourismus zur Erhaltung beitragen kann.**

### Unterkünfte

**Carovilli:**

✭ *B&B La Dimora del Sergente,* Largo del Carmelo 9, 9 Betten, der sympathische Avio bekocht die Pilger liebevoll in seinem urigen Haus, Tel.: 0865/838157 oder 333/2784957



## Wegbeschreibung

Vom Hauptplatz im unteren Teil des Dorfes, der *Piazza XX Settembre*, gehen wir rechts die *Via Sanguina* entlang, es ist die alte, kaum befahrene, schattige Staatsstraße, der Verkehr läuft jetzt über die neue Schnellstraße. Nach ca. 1,5 km begegnet uns das Schild *Provincia di Isernia,* die Regionengrenze, das Tor nach *Molise.*
Bald überqueren wir über eine schöne Brücke den *Sangro*-Fluss, der, obwohl schon recht breit, noch den Charakter eines Wildbaches hat. Die ruhige Staatsstraße führt durch die Felder und der Lärm der Schnellstraße verliert sich schnell. Nach 4 km ab dem Start in *Ateleta* wenden wir uns nach links und folgen dem Schild *San Pietro Avellana*, in der Kurve finden wir einen Brunnen und ein Restaurant. Es gibt nun in regelmäßigen Abständen Brunnen, ungefähr alle 1,5 km einen. Die Straße beginnt in langen Kurven durch einen grünen Blättertunnel sanft anzusteigen. Nach kurzer Strecke gibt es auf der linken Seite einen Karrenweg quer durch den Wald als Alternative zur Straße. In der netten Ortschaft **San Pietro Avellana** angelangt geht man vom kleinen Dorfplatz aus auf der unteren Straße durch den ganzen Ort, vorbei an der Bar, am Postamt und dem Lebensmittelgeschäft.
Immer weiter die Straße entlang, gelangt man zum letzten Haus auf der linken Seite, das durch sein dunkelrotes Dach auffällt. Hier zweigt links ein schmaler Weg ab mit dem Schild der Einsiedelei

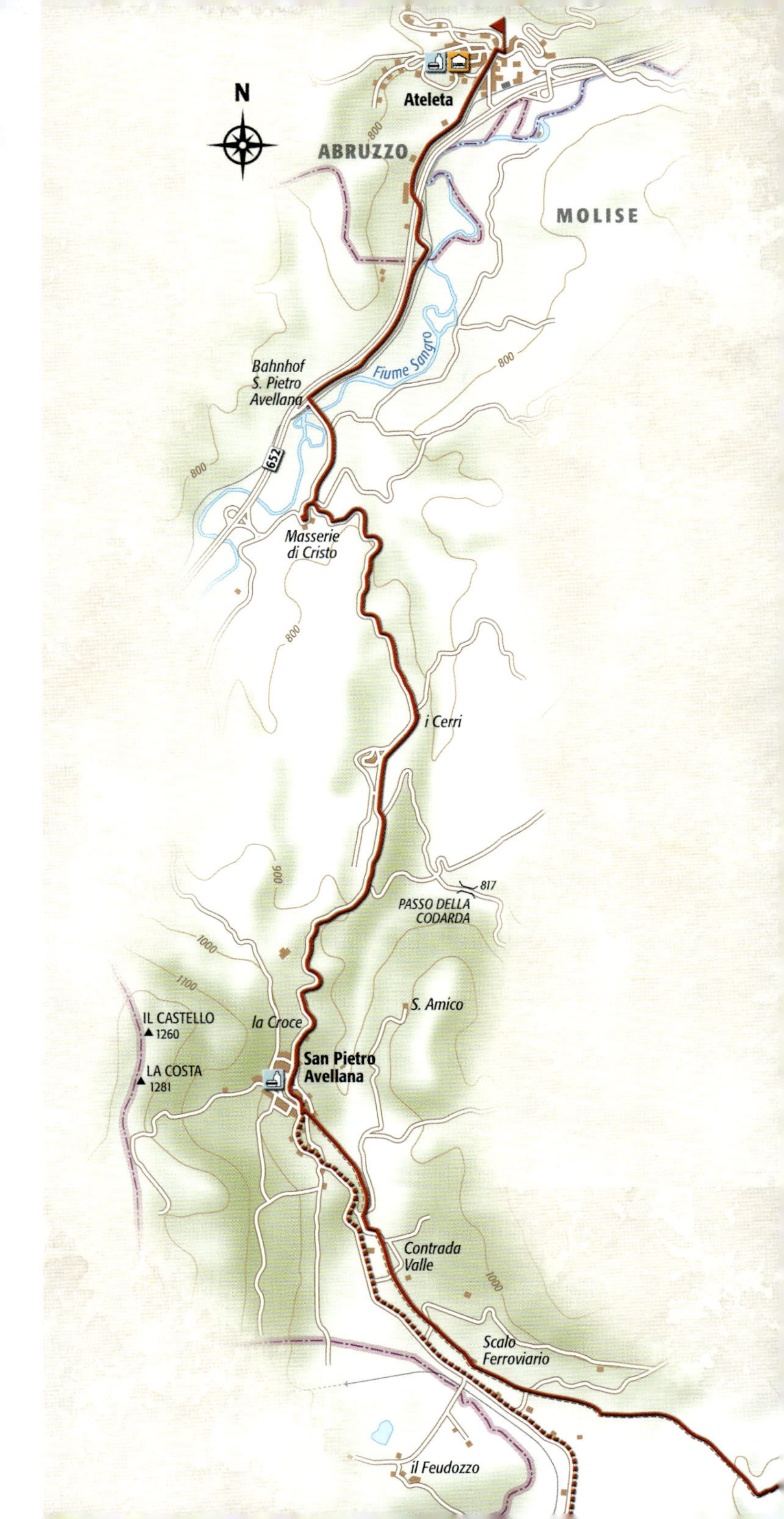
N
Ateleta
ABRUZZO
MOLISE
800
Fiume Sangro
Bahnhof
S. Pietro
Avellana
652
Masserie
di Cristo
i Cerri
900
817
PASSO DELLA
CODARDA
1000
1100
IL CASTELLO
1260
LA COSTA
1281
la Croce
S. Amico
San Pietro
Avellana
Contrada
Valle
Scalo
Ferroviario
il Feudozzo

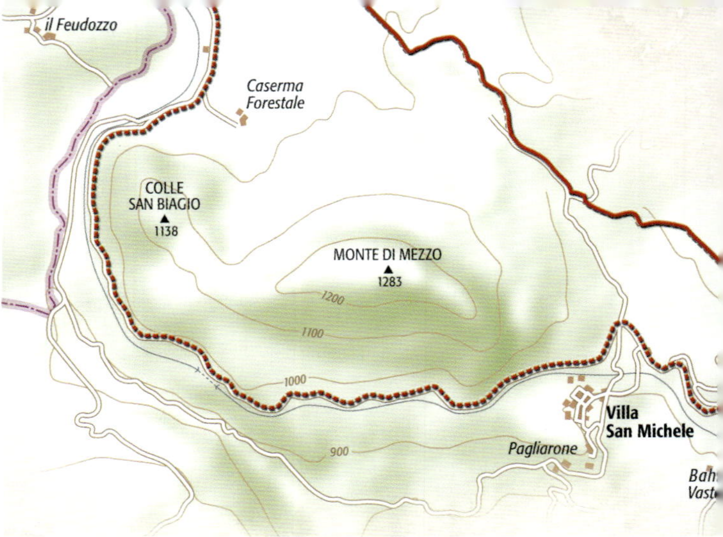




*Sant'Amico*, in den wir einbiegen. Auch sehen wir einen Pfosten, der den *Tratturo* anzeigt, den Weg der Schafherden, dessen Entstehung bis in die Bronzezeit zurückgeht und der in der Regel 60 Neapolitanische Schritte (= 111,6 m) breit angelegt wurde. (Bei Regenwetter kann man auch auf der parallel verlaufenden Staatsstraße bleiben, anstatt diesen ersten Teil des *Tratturo* zu gehen, siehe Karte.)
Achtung auf den zweiten Pfosten, der wenig weiter steht: Hier verlassen wir den Weg und biegen rechts ins Feld ein, um zwischen Sträuchern den *Tratturo Celano-Foggia* entlang zu gehen. Die Strommasten geben uns die Richtung vor. Ein kurzes erstes Stück ist der Boden im Frühjahr und bei Regenwetter sehr sumpfig, wir halten uns dann ganz rechts des Feldes, bis wir auf einen Karrenweg gelangen. Diesem folgen, immer entlang der hölzernen Strommasten, die unser Anhaltspunkt sind, denn ein Weg ist kaum erkennbar. Das breite Feld, auf dem wir uns befinden, ist der *Tratturo*! Ein Asphaltsträßchen, das den *Tratturo* teilt, überqueren und auf dem weglosen Feld weitergehen.
Durch eine kleine, sumpfige Niederung gelangen wir auf einen geteerten Weg, der am Sportplatz vorbei in ein kleines Dorf führt. Nach dem Fußballplatz gehen wir über die neue, kleine Holzbrücke und biegen links in die Provinzstraße ein. Bei einer kleinen Autowerkstatt links gegenüber dem Bahnhof zweigen wir links aufwärts ab und gehen kurz bis zum Hinweisschild, das uns durch eine Öffnung in einem Zaun rechts wieder ins Feld weist, um wieder dem *Tratturo* zu folgen. Wir folgen den rot-weißen Hinweisschildern des CAI und den Schildern des *Tratturo,* und auch die Strommasten, die bald schon tiefer verlaufen, geben uns wieder die Richtung vor. Bei einer Abzweigung nach rechts bleiben wir geradeaus und gelangen abwärts zu einer

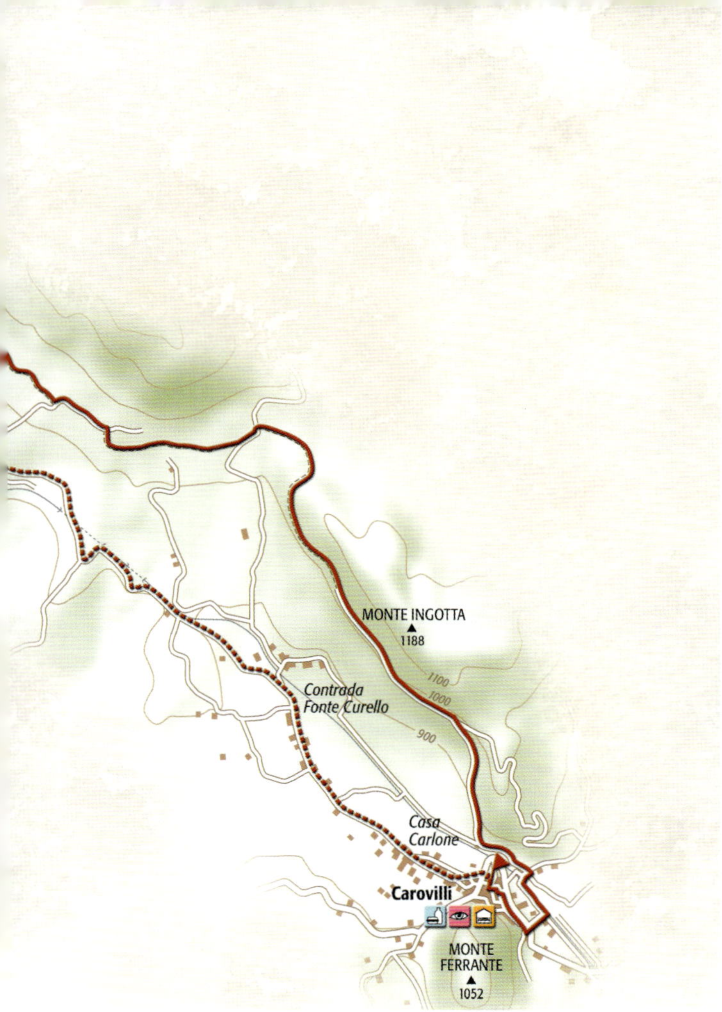




kleinen, unauffälligen Holzbrücke. Der *Tratturo* biegt hier in einem weiten Bogen nach rechts und führt nach dem Überqueren des Bächleins aufwärts. Der *Tratturo* ist hier in seiner ganzen Breite recht eindeutig zu erkennen, weil er mit Hilfe eines EU-Projektes ausgehackt und gesäubert wird.

Der *Tratturo* geht also aufwärts bis zu einem Übergang. Kurz vor dem höchsten Punkt gibt es einen schönen Brunnen mit bestem Wasser, der erst kürzlich restauriert worden ist: die *Fonte Palombo*, deren Geschichte auf einer Tafel erzählt wird. *Colle Mandrone,* der Übergang, bietet eine herrliche Fernsicht. Auf der linken Seite gibt es eine Abzweigung für einen Abstecher zu einer uralten Buche, *Re Faione*. Wir bleiben geradeaus und gehen auf der anderen Seite des Hügels abwärts, bis wir zu einem großen Picknickplatz auf der rechten Seite des Weges kommen. Hier halten wir uns links, gehen über eine

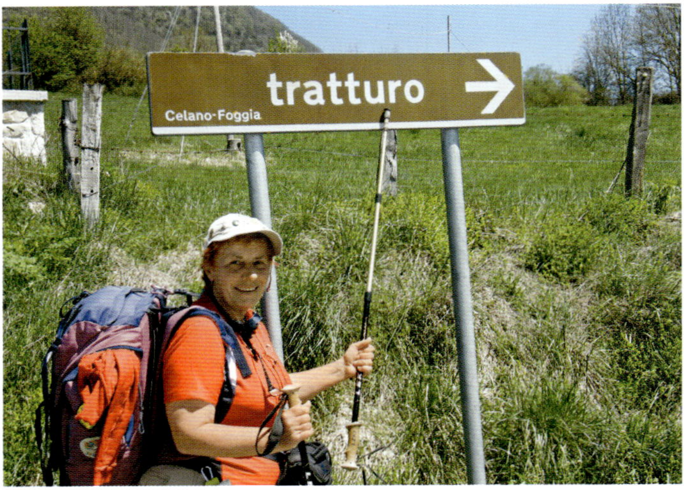

*Die alten Schafwege, Tratturi, werden heute als Kulturdenkmäler gepflegt.*



Böschung abwärts und kommen zu einer kleinen, unauffälligen Holzbrücke. Diese überqueren und wir kommen auf einen schmalen Pfad, der uns durch hohes Gestrüpp hindurch zu einem abgelegenen kleinen Friedhof bringt; in der Nähe steht ein großer Brunnen.
Wir gelangen zur Provinzstraße, biegen in diese rechts ein, überqueren sie und biegen nach wenigen Metern gleich wieder links in den *Tratturo* ein. Dieser ist hier gut erkennbar, da erst 2014 ein Weg durchs Gebüsch gerodet worden ist. Wir biegen links in einen Schotterweg ein, der zu einem auffallenden gelben Haus führt, einem frisch restaurierten Bauernhaus mit B&B.
Wir bleiben 100 m oberhalb des Bauernhauses, gehen am Haus vorbei und halten stets diese Höhe. Der Weg wird nun von hohen Bäumen und Gestrüpp begrenzt und führt bald an einem weiteren Haus vorbei. Wir folgen diesem Feldweg leicht aufwärts und nach einigen 100 m zweigen wir rechts abwärts in den Hohlweg ein, der von Sträuchern gesäumt ist, bis er im Feld kaum mehr erkennbar ist. Wir halten die Richtung und die Höhe (wichtig!) durch das Feld am Hügel, rechts unter uns sind das Tal und die Landstraße zu sehen sowie die Brückenbögen der aufgelassenen Eisenbahn, vor uns das Dorf Carovilli.
So erreichen wir bald einen gut erkennbaren Steig, der dann in einen breiten Weg übergeht. Wir folgen diesem in den Wald hinein und zweigen bei der ersten Möglichkeit rechts ab, steil abwärts zum ersten Haus von **Carovilli**. In die Asphaltstraße biegen wir links ein, gehen an einem alten Waschplatz vorbei und überqueren die Bahngeleise in Richtung Dorf, an dessen unterem Ende wir uns befinden.

## Variante für Fahrradpilger

*Ab **San Pietro Avellana** teilt sich der Weg der Fuß- und Fahrradpilger. Diese bleiben auf der Asphaltstraße, die nach Cerreto und Carovilli führt. Ca. 1,5 km nach **San Pietro Avellana** rechts den **Tratturo** ignorieren und auf der Provinzstraße 9,5 km weiter bis **Cerreto.** Von dort weitere 5 km bis an den Ortseingang nach **Carovilli.***

## Sehenswürdigkeiten

### SAN PIETRO AVELLANA

Auf unserem Weg in die Region Molise erreichen wir als erste Ortschaft San Pietro Avellana, ein kleines, originelles Dorf, italisch-samnitischer Herkunft. Im Altertum waren die Samniter ein mächtiges Volk, das die Etrusker erfolgreich vertrieben hat.
In der Krypta der Pfarrkirche aus dem 13. Jh., die den Aposteln Petrus und Paulus geweiht ist, ruht der hl. Amicus, der in einem nahen Wald als Einsiedler lebte (wir kommen am nächsten Tag am Weg vorbei, der zu seiner Klause führt). Bemerkenswert ist das riesige Zyklopenmauerwerk: große, unregelmäßige Steine aus dem Gebiet des Monte Miglio, die sorgfältig aufeinandergeschichtet wurden und samnitischer Herkunft sind. Die dichten Wälder rund um den Ort sind reich an weißem und schwarzem Trüffel, der eine wichtige Einnahmequelle für die Einwohner ist.



### CAROVILLI

Die Ortschaft fügt sich harmonisch zwischen dem Berg und zwei Hügeln ein. Am Hauptplatz steht die wunderschöne Kirche Santa Maria Assunta (Mariä Himmelfahrt), in der die Gebeine des hl. Stefano del Lupo aufgebahrt sind. Tradition und Religion haben für die Menschen hier eine besondere Bedeutung. Am Morgen des 19. Juli folgt beinahe das gesamte Dorf in einer Prozession dem gläsernen Schrein mit den Gebeinen des Heiligen. In seinem Geburtshaus hat man ein kleines Museum eingerichtet. Vom 20. bis zum 22. August wird die Tresca, das Drescherfest, gefeiert, ein heidnisches Erntedankfest, das mit der Christianisierung zum Fest der Krönung Mariens wurde.
In den Gassen des Dorfzentrums fallen die kunstvoll gearbeiteten Haustüren auf. Seit der Antike lebt man hier von der Land- und Viehwirtschaft. Heute bessern sich die Bauern ihr Einkommen mit dem „agriturismo" (Urlaub am Bauernhof) auf.
Unweit vom Ort, auf dem *Monte Ferrante*, kann man die samnitischen Zyklopenmauern aus dem 3. bis 1. Jh. v. Chr. bewundern.

## Santo Stefano del Lupo

Der hl. Stefano del Lupo ist der Schutzheilige von Carovilli. Der Gründerabt des Klosters von Vallebona, das im Jahr 1149 erbaut wurde, wurde in Carovilli geboren und war Zeit seines Lebens mit dem Berggebiet der Majella sehr verbunden.

Der Benediktinermönch hielt sich gerne im Kloster San Liberatore Majella in Serramonacesca auf und hatte auch freundschaftliche Verbindungen zu den Mönchen der Abtei Montecassino.

Über sein Leben ist wenig überliefert, nur seine Sanftmut ist legendär. Eine Legende erzählt:

Eines Tages schickten die Mönche Stefan zum Holzsammeln in den Wald. Nachdem er nicht zur rechten Zeit zurückkam, machten sie sich große Sorgen. Als er endlich in der Ferne zu sehen war, vermissten die Mönche den Esel, mit dem er aufgebrochen war. Als Stefan näher kam, stellten sie fest, dass das eingesammelte Holz ein Wolf trug, den er gezähmt hatte. Den Mönchen wurde bewusst, dass sie es mit einem von Gott auserwählten Menschen zu tun hatten und schickten ihn zum Studium in das Kloster Majella.

Seine Reliquien ruhen in der Kirche Santa Maria Assunta in Carovilli. Eine kürzlich vorgenommene Untersuchung der Gebeine hat ergeben, dass er im Alter von 50/60 Jahren starb und hinkte.

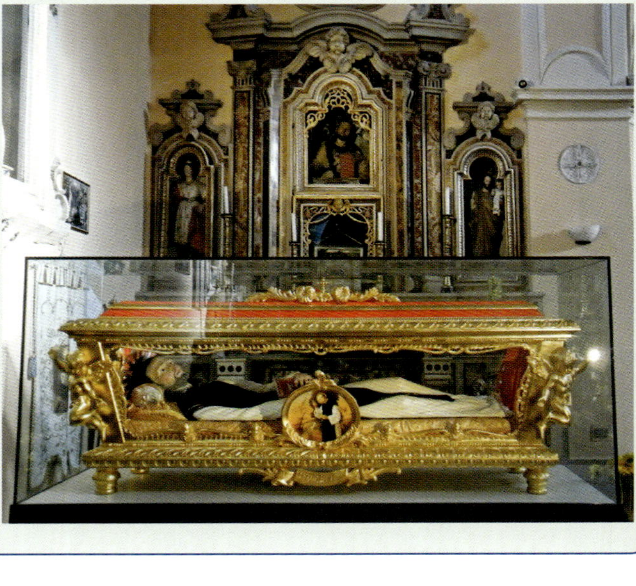

# Von Carovilli nach Carpinone 20 km

Schwierigkeit: ●●○

**Durch eine liebliche Hügellandschaft geht es in leichtem Auf und Ab entlang der alten Schafwege, die *Tratturi*, nach *Pescolanciano*. Teils auf ruhigen Asphaltstraßen, teils auf Steigen und Pfaden erreichen wir die reizende Ortschaft *Carpinone*.**

## Unterkünfte

**Pescolanciano:**

- ☆ Wer die Etappe halbieren möchte, um die samnitischen Ausgrabungen von *Pietrabbondante* zu besuchen (es kann ein Taxidienst organisiert werden), findet im B&B *Pasquale Vitullo* Unterkunft, Pilgerpreis, Tel.: 0865/832303

**Carpinone:**

- ☆ Frau Maria Malerba bietet in ihrem Haus 6 Betten mit gutem Frühstück für Pilger, es befindet sich in der Kurve am Eingang des Dorfes in der Pizzeria *La Casetta, Via Ponte Nuovo,* Tel.: 340/9734359

## Wegbeschreibung



Vom Dorfplatz aus folgen wir aufwärts der Provinzstraße, bis wir links auf dem Hügel die Kirche *San Domenico* erreichen, die sich mitten auf dem *Tratturo* befindet und zu Zeiten der wandernden Schafherden eine Zollstation war. Wir folgen auf der anderen Seite des Hügels abwärts kurz dem *Tratturo*, bis wir auf einen Asphaltweg kommen, der auf der linken Seite des *Tratturo* abwärts führt. Hier wurden in den ehemals öffentlichen *Tratturo Häuser* hineingebaut und Zäune errichtet, sodass dieser nicht mehr so gut erkennbar ist. Wir folgen dem Sträßchen auf der linken Seite des Tales stets ab-

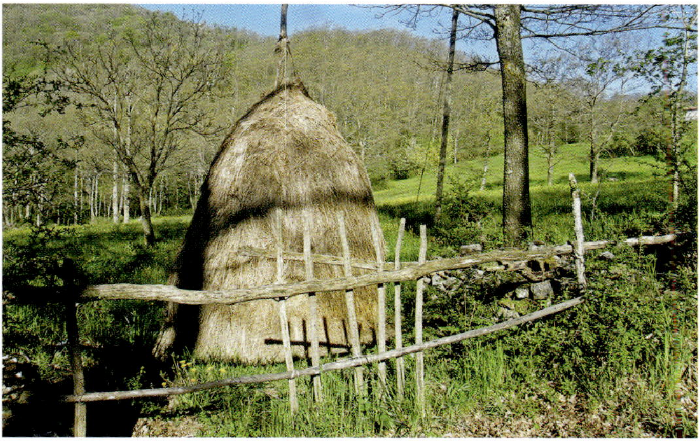

*Auf dem Tratturo bei Carovilli*

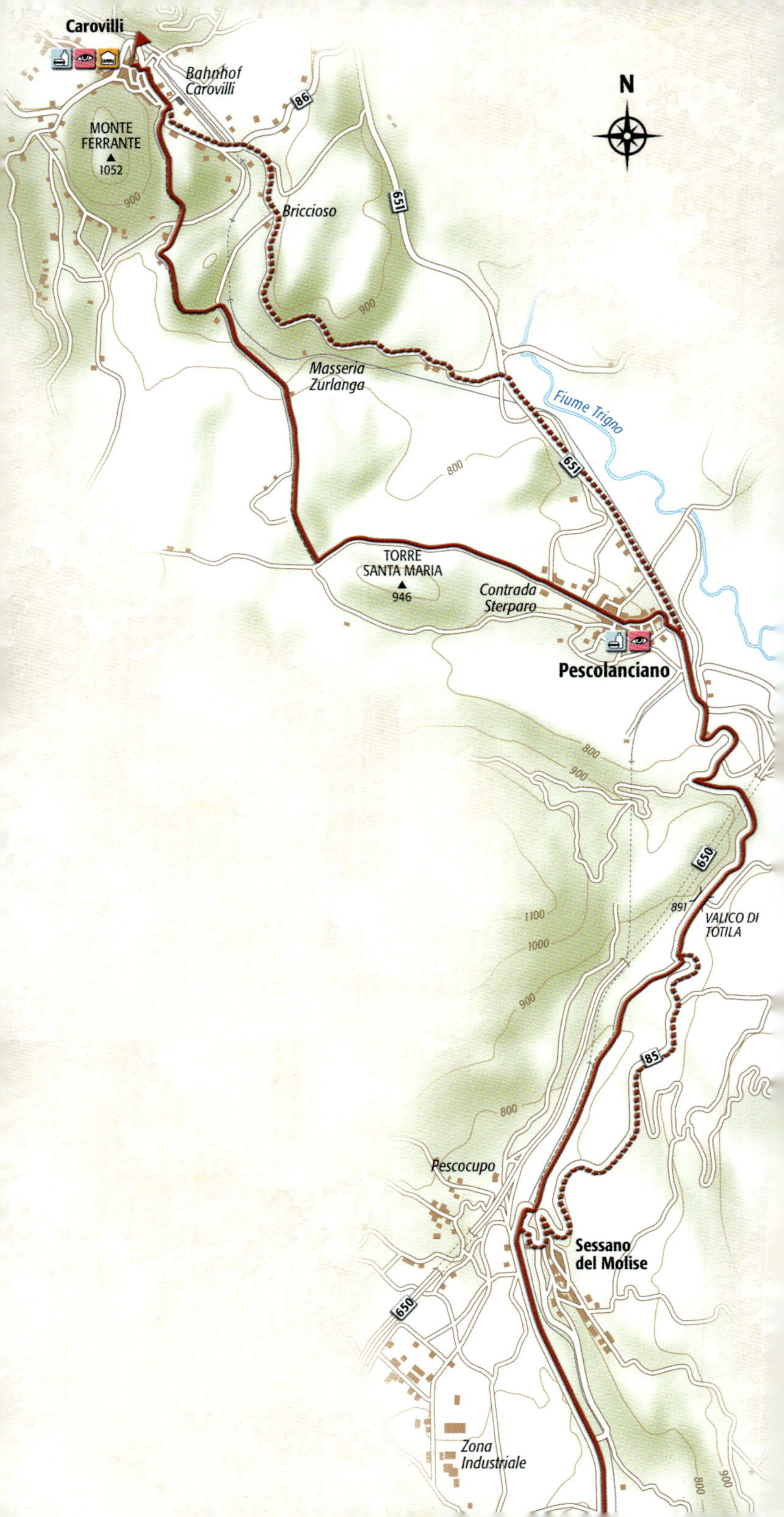

Carovilli
Bahnhof Carovilli
86
N
MONTE FERRANTE
1052
900
Briccioso
651
900
Masseria Zurlanga
Fiume Trigno
651
800
TORRE SANTA MARIA
946
Contrada Sterparo
Pescolanciano
800
900
650
891
VALICO DI TOTILA
1100
1000
900
85
800
Pescocupo
Sessano del Molise
650
Zona Industriale
800
900

wärts, zweigen nach 300 m links ab, ignorieren die Abzweigungen nach der Rechtskehre, bis wir in die Ebene hinunterkommen. Wir biegen links ab, gehen über die Brücke und folgen dieser angenehmen und ruhigen Straße, die an einem großen Verpflegungs- und Übernachtungsplatz der damaligen Transhumanz vorbeiführt. An der Straßenseite gibt es immer wieder Schilder, die auf den *Tratturo* hinweisen.
Gleich nach einer größeren *Tratturo*-Erklärungstafel biegen wir links ab und gehen über eine kleine Brücke einem Bauernhaus zu, an dem wir links vorbei gehen. Wir halten uns links aufwärts und folgen auf einem Traktorweg dem *Tratturo*, der hier recht verwachsen ist. Die *Tratturi* gehen immer möglichst geradeaus und folgen der einfachsten und logischsten Möglichkeit, im Gelände weiterzukommen. Dieser Tatsache dürfen wir auch vertrauen, wenn es Zweifel gibt. Wir gelangen abwärts in eine Niederung und auf einen breiten, schönen Schotterweg.
Bevor es wieder aufwärts geht, zweigen wir links ab auf einen schmaleren Weg, der uns angenehm eben den Hang entlang führt und eine herrliche Aussicht bietet. Immer wieder gibt es hier Wegabschnitte, auf denen die Steine zu erkennen sind, mit denen der Weg gepflastert war, der die *Tratturi* entlang angelegt war für die Versorgungstrupps, die die Schafherden begleiteten. Auf einem der Steine ist noch das antike Siegel dieses *Tratturo „RF Regio"* auszumachen, und wer genau hinsieht, kann rechts in den Stauden noch die Mauerreste der Kirche *Santa Maria dei Vignali* erkennen, die auf die Zeiten der Transhumanz und die antike Besiedlung durch die Samniten zurückgeht.
Bald schon taucht zu unseren Füßen aus diesem Grasmeer die Ortschaft **Pescolanciano** auf (Geschäfte, Bars), die von einer großen Burg beherrscht wird. Vor den ersten Häusern des Dorfes befindet sich rechts das Häuschen von Maria Assunta, einer herzlichen, liebevollen Frau, die sich über Pilgerbegegnungen freut. Gerne stellt sie für ein einfaches Mittagsmahl mit Pilgerfreunden schon mal ihren großen Spaghettitopf auf den Herd.
Nachdem wir das einladende Dorf besichtigt haben, gehen wir hinunter auf die Staatsstraße. Hier gibt es nun zwei Möglichkeiten: man kann rechts in die Staatsstraße einbiegen und mehrere 100 m über diese viel befahrene Straße gehen bis zur Abzweigung nach *Carpinone* und dort rechts über die Provinzstraße aufwärts. Oder – wenn man die Staatsstraße vermeiden möchte – man zweigt im unteren Teil des Dorfes nach dem Dorfplatz in der Linkskurve rechts in den schmalen asphaltierten Weg ein, geht abwärts am Klärwerk vorbei, dann über eine breite Brücke, durch einen kleinen Tunnel unter den Bahngeleisen hindurch und auf der anderen Seite wieder

hinauf. Wir biegen rechts in die Provinzstraße ein, gehen über die Überführung der Schnellstraße und folgen den Straßenschildern nach *Carpinone*.

Die Provinzstraße SP 45 führt uns in einigen langgezogenen Kehren auf den *Valico di Totila* („Attila-Pass"), der zwar so heißt, aber als *San-Venditti*-Pass bekannt ist. Abwärts zweigen wir bald nach der ersten Kurve rechts in einen Schotterweg ab, der an einer langen Mauer entlang führt und bald schon sanft und schattig inmitten von Wald und Wiesen, zeitweise parallel zur Bahnlinie, verläuft. Bei einem aufgelassenen Steinbruch gehen wir rechts abwärts und gelangen nach **Sessano del Molise**.

Hier halten wir uns rechts und unterqueren die Bahn. Bevor dieser Weg in die Staatsstraße mündet, links weitergehen, parallel zur Straße auf dem angenehmen Feldweg bis zum kleinen Dorfplatz, wo es einen Brunnen gibt. Nun gehen wir links über die Straße hinauf zur wenig befahrenen Schnellstraße, auf der wir in 7 km nach **Carpinone** gelangen. Leider gibt es für dieses Streckenstück keine Ausweichmöglichkeit abseits der Hauptstraße.



## Variante für Fahrradpilger

*Die antiken **Tratturi** sind für Fahrräder großteils nicht gut geeignet. Es empfiehlt sich, in **Carovilli** den Hinweisschildern nach **Pescolanciano** zu folgen, ca. 6 km, dann weitere 7 km nach **Sessano del Molise** und von dort auf der SS 85 bis zur Ortschaft **Carpinone.***

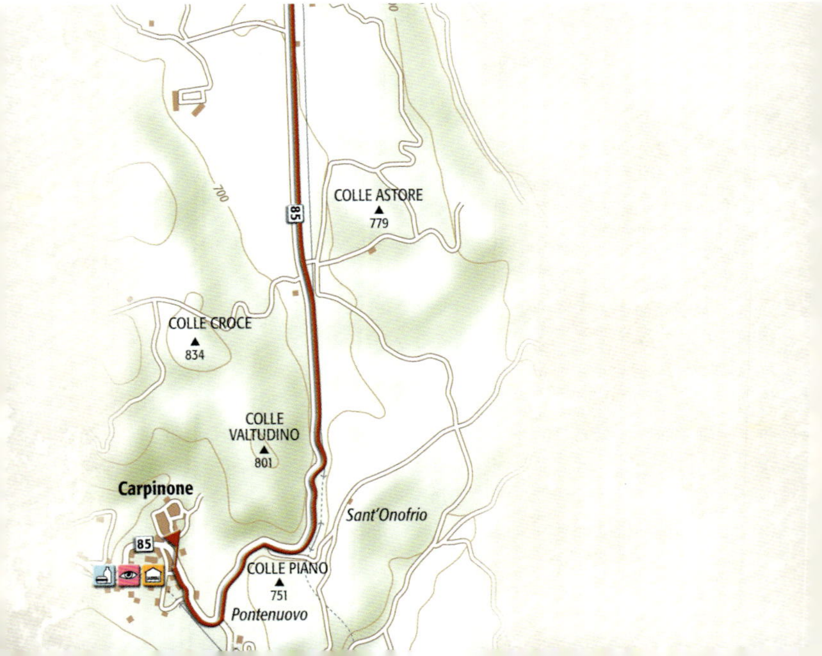

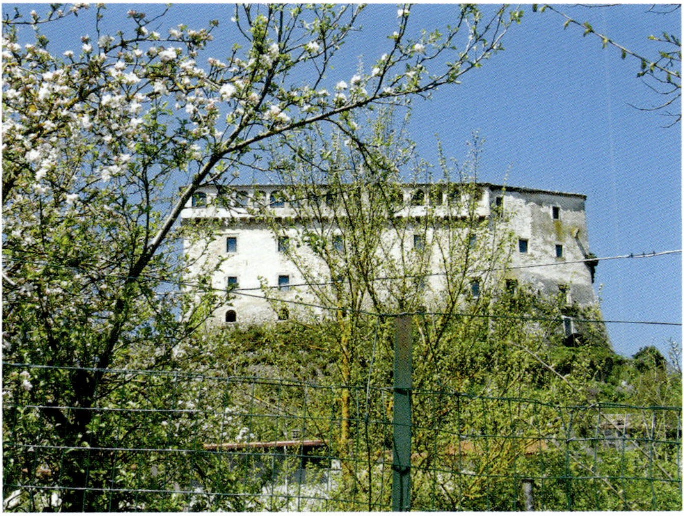

*Die Burg von Pescolanciano*



## Sehenswürdigkeiten

### PESCOLANCIANO UND SEINE BURG

Das Dorf entstand rund um die imposante Burg, die Rastplatz für die Wanderhirten aber auch für die Pilger war, die zum Engelsberg am Gargano und häufig von dort weiter ins Heilige Land pilgerten. Die Existenz dieser samnitischen Festungsanlage ist seit der Zeit des Alboinos gesichert, also bereits für die Zeit um 573 v. Chr. Hier soll Kaiser Friedrich II. den Angriff und die Zerstörung der Burg von Carpinone und die Invasion von Isernia zur Sicherung des Knotenpunktes auf der Straße nach Apulien geplant haben. Einst einfache Festung, wurde sie im 15. Jh. ausgebaut und u. a. mit einer Kapelle versehen, in der Reliquien des hl. Alexander aufbewahrt sind und nach alter Templertradition verehrt wurden. Mit der notwendig gewordenen Restaurierung nach einem schrecklichen Erdbeben zu Beginn des 19. Jh. entstand ein herrschaftlicher Wohnsitz. Ein Teil der Burg ist nunmehr im Besitz der Provinz Isernia.

Wie in der gesamten Region Molise wird in Pescolanciano die hl. Mutter Anna sehr stark verehrt. An ihrem Festtag, dem 25. Juli, wird das Fest der Heugarben gefeiert, ein antikes Erntedankfest. In der Volksreligiosität steht die hl. Anna für das Prinzip Schöpfung, sie ist die große Mutter und das Sinnbild für die Fruchtbarkeit des Bodens und das Gedeihen des Getreides. Für die bäuerliche Gemeinschaft ist sie die Magna Mater Frumenti. Für den großen Umzug an ihrem Festtag flechten die Frauen des Dorfes Getreideähren und schmü-

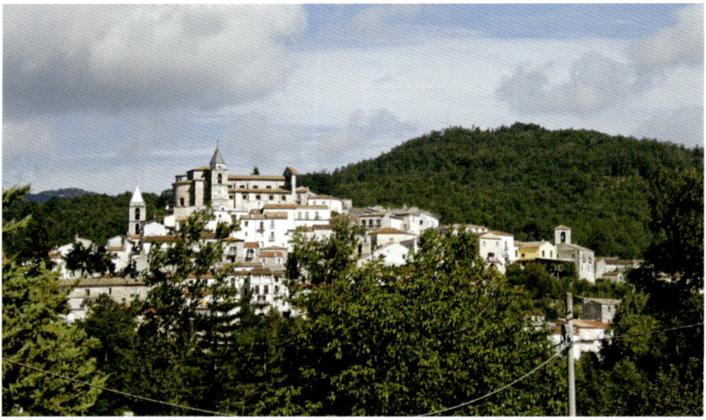

*Carpinone*

cken Heugarben mit Blumen. Beim Festumzug selbst tragen die Frauen die historische Tracht und die Männer die Kleidung, die einst die Mäher (mietitori) getragen haben. Während die Statue der hl. Anna am 25. Juli den Festumzug beschließt, ist sie am 26. Juli an der Spitze des Festumzugs.



## CARPINONE

Etwa acht km östlich von Isernia gelegen, in einen Mischwald eingebettet, thront die Ortschaft Carpinone – wie ganz typisch für die Gegend – auf einem Hügel. Überragt wird sie von der eindrucksvollen Burg Caldora, die auf das 10. Jh. zurückgeht, im Jahr 1223 von den Truppen Friedrichs II. zerstört und im 14. Jh. wieder aufgebaut wurde.

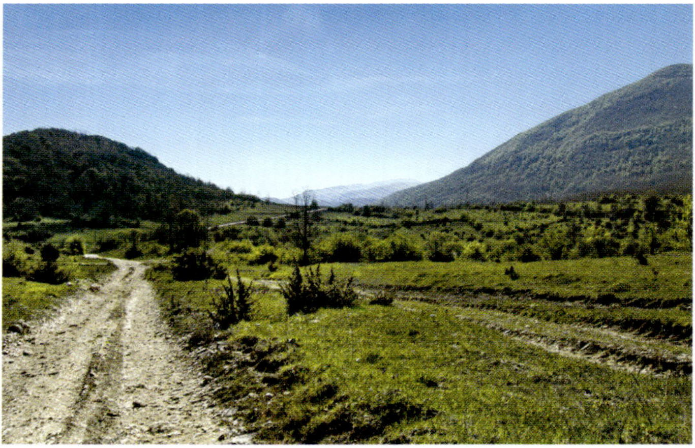

*Auf dem Tratturo vor Pescolanciano*

## Die Tratturi und die Transhumanz

Die so genannten Tratturi, 60 Neapolitanische Schritte (= 111,6 m) breite Graswege für den Viehtrieb, verdanken ihre Entstehung der Transhumanz. Diese jahreszeitlich bedingte Wanderschaft von Mensch und Vieh zwischen den Sommerweiden im Apennin und den Winterweiden im Tavoliere (Ebene) Apuliens hat die Geschichte der Abruzzen, von Molise und Apulien stark geprägt. Bis zu einer Million Tiere hat eine Mannschaft aus Hirten und Sennen im Frühjahr nach dem Viehmarkt von Foggia auf die Hochalmen getrieben und im Herbst wieder zurück in die großen Ebenen Apuliens.

So große Herden kamen naturgemäß nur langsam voran und waren bis zu drei Wochen auf dem Weg. Unterwegs wurde gemolken, gekäst, Tier und Mensch verpflegt, und noch heute zeugen Reste von Verpflegungsstätten (in *Piana di Navelli, Peltuinum* und andernorts) von dieser nomadischen Wirtschaftsweise.

Entlang der Tratturi befinden sich auch geheimnisvolle, abgelegene Kirchen, die durch ihre einfache Architektur bestechen und die einst den Hirten als Einkehrstätten dienten. Neben den Kirchen boten auch so genannte *taverne*, eine Art Herberge, den Hirten Unterschlupf.

Entlang der Tratturi sind Ortschaften entstanden, meist auf Hügeln gelegen, die aus dicht zusammengedrängten Häusern bestehen, die vollständig aus rohem Stein gebaut wurden. Die mittelalterlichen Häuser sind so ineinander verschachtelt, dass sie eine Art Stadtmauer und einen äußerst wirksamen Verteidigungsring gegen Angriffe bildeten. Den Wohlstand, der in der Architektur und den zahlreichen Kunstschätzen erkennbar ist, verdankten diese Orte der florierenden Viehzucht.

Einzigartig für diesen Landstrich sind ferner die Terrassierungen und Trockenmauerbauten, mit denen die Vorfahren der heutigen Bewohner dem Gebirge kleine Weideflächen abtrotzen. Diese *Tholoi*, Bauwerke mit Kraggewölbe, die in Trockenbauweise ohne die Verwendung von Mörtel ausgeführt wurden, fügen sich ganz wunderbar ins Landschaftsbild ein.

Die weitläufige Hochebene ist für den Anbau von äußerst feinem und wertvollem Safran berühmt.

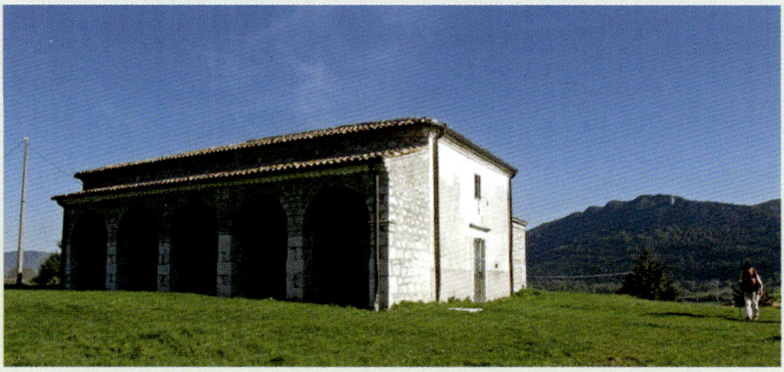

TAG 16

# Von Carpinone nach Sant'Elena Sannita 19 km

Schwierigkeit: ●○○

**Auf wenig befahrenen Straßen verläuft diese angenehme Etappe hoch über dem Tal auf den Hügelkämmen und bietet, einem Balkon gleich, herrliche Ausblicke auf das *Matese*-Gebirge. Sie führt durch faszinierende Dörfer, die zu Besichtigung und Aufenthalt einladen. Ein Muss ist für uns natürlich *Sant'Angelo in Grotte*, wo die wunderbare antike Erzengel-Michael-Grotte schon eine Vorahnung auf die Atmosphäre unseres Zieles in Apulien aufkommen lässt.**

## Unterkünfte

**Sant'Angelo in Grotte:**

- Filomena und Michele nehmen gerne 2–3 Pilger auf und lassen sie an ihrem Abendessen teilhaben. Corso Vittorio Emanuele 56, Tel.: 0865/817407 oder 331/9812971

**Macchiagodena:**

- B&B *L'Antica dimora,* Via Francesco Jovine 2, eine Nacht in einem antiken Palast zum Pilgerpreis ist ein besonderes Erlebnis, Frau Maria Luisa beherbergt gerne Pilger, Tel.: 0865/810141 oder 328/2644957, www.lanticadimora.xoom.it
- B&B *La Neviera,* Via Salita Vittorio Veneto, sehr schönes, komfortables Haus, Kochmöglichkeit, Tel.: 328/5775854



**Sant'Elena Sannita:**

- 5 Betten stellt der freundliche Don Michele im Pfarrhaus für Pilger zur Verfügung, Schlafsack, Kochmöglichkeit. Tel.: 0865/817101 (um 8 Uhr oder nach 21 Uhr)

**Frosolone:**

- *B&B La Casa Vecchia,* im Zentrum, mit Kochmöglichkeit; 3 km abseits des Pilgerweges (Busverbindung), Tel.: 0874/890835

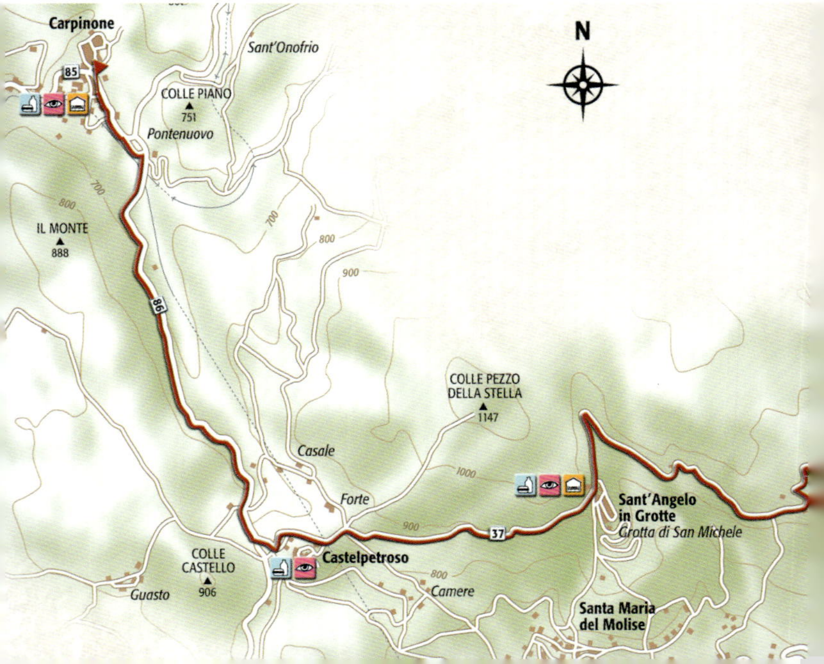

## Wegbeschreibung

Am Eingang des Dorfes, bei der Pizzeria *La Casetta*, den Hinweisschildern nach *Castelpetroso* folgen. Sanft und ruhig steigt die Straße sanft an, schattig verläuft sie in der Schlucht und in langen Kurven bringt sie uns nach 4 km auf eine Anhöhe. Bei einer Bar biegen wir links gegen **Castelpetroso** ab, ein sehenswertes Dorf, und folgen dann dem Schild nach **Sant'Angelo in Grotte**. Wieder geht es sanft und ruhig weiter aufwärts. Die Erzengel-Michael-Grotte befindet sich rechts im unteren Teil des Dorfes. Wir gehen durch das Dorf aufwärts und folgen links der Straße in Richtung **Macchiagodena**. Hoch über dem Tal führt diese überaus ruhige Straße sanft abwärts zum reizenden Dorf mit dem Felsen in seiner Mitte.

Wir durchqueren das Dorf und kommen auf der anderen Seite in die *Via IV Novembre*, wo sich die Statue des Heiligen *Rocco Pellegrino* befindet. Auf seiner linken Seite beachten wir die Straßenschilder und folgen dem Hinweis nach *Santa Maria in Pantano*. Bei der nächsten Kreuzung rechts, dann in der Kurve (immer abwärts) wieder rechts und vorbei am guten und preiswerten Restaurant *Il barile*. Nach 2 km folgen wir rechts der Abzweigung nach **Santa Maria in Pantano**.

1 km nach dem Weiler, beim Kirchlein, das ihm den Namen gibt, den anfangs asphaltierten Weg links aufwärts nehmen. Beim Spielplatz gibt es Wasser. Der Weg führt angenehm durch die Felder. Wir erreichen unser Ziel **Sant'Elena Sannita** sowohl über die Umfahrungsstraße als auch über mehrere Nebenstraßen, die zur Michaelskirche hinaufführen.



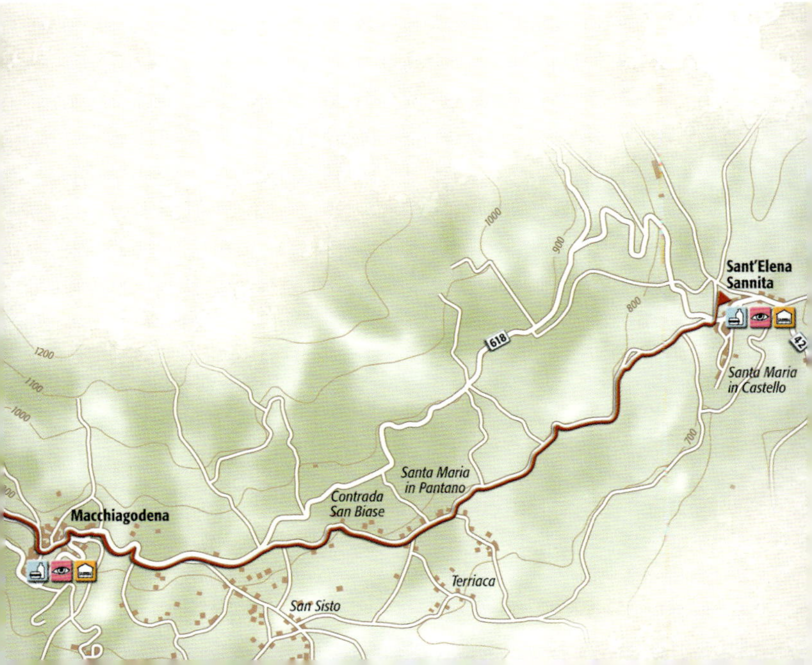

## Variante für Fahrradpilger

*Zunächst auf der Provinzstraße nach Castelpetroso (4,5 km), von dort auf der **Via Vittorio Emanuele** nach Sant'Angelo in Grotte. Von dort auf derselben angenehmen Nebenstraße wie die Fußpilger über Macchiagodena und S. Maria in Pantano schließlich nach Sant'Elena Sannita.*

## Sehenswürdigkeiten

### CASTELPETROSO

Um das Jahr 1000 wird der Ort als Colle Petroso erstmals erwähnt. Es waren die dort erbauten Festungen, die der Siedlung den Namen gaben. Den besonderen Reiz des Dorfes macht die gut erhaltene mittelalterliche Burg aus, die damals ein militärischer Stützpunkt war. Auf der anderen Seite des Tales, also nicht auf unserem Weg, steht die Wallfahrtskirche Maria Addolorata di Castelpetroso, ein Bau aus dem 19. Jh. mit einer eigenartigen Architektur. Hier soll die Jungfrau Maria zwei jungen Frauen erschienen und eine wundertätige Quelle aus dem Boden gequollen sein. Von Marienverehrern gern besucht ist die Schmerzensmutter von Castelpetroso ein wichtiger Ort der Volksfrömmigkeit in der Region Molise.



### SANT'ANGELO IN GROTTE

Das kleine, reizende Dorf liegt auf einem Bergkamm auf etwa 1000 m Höhe. Von hier aus kann man die Bergkette des Matese bewundern, welche die Regionen Molise und Kampanien voneinander trennt. Das Dorf ist eine langobardische Gründung und hat bis ins 19. Jh. von der Landwirtschaft und insbesondere von der Schafzucht gelebt. Heute ist es, wie andere Orte der Gegend auch, die Geisterstädten gleichen, von einer Abwanderungswelle betroffen, Aus Mangel an Zukunftsperspektive ist die Jugend ins Ausland emigriert, ein großes Problem für das soziale Gefüge dieser landschaftlich reizvollen Region.
Sant'Angelo ist ein harmonischer Ort mit einer eigenen Atmosphäre: Neben der Grotta di San Michele sollte man die Pfarrkirche San Pietro in Vincoli besuchen, in deren Krypta ein faszinierender Freskenzyklus aus dem 14. Jh. die Sieben Werke der Barmherzigkeit darstellt. Die Atmosphäre hier entspricht jener der römischen Katakomben.

### MACCHIAGODENA

Auch dieser Ort, von den Langobarden auf einem Felsen erbaut, präsentiert sich in reizvoller Lage. Er wird von der mächtigen Burg

Castello Marchionale aus dem 1. Jh. n. Chr. beherrscht. Sie war einst wichtiger Beobachtungsstützpunkt und diente der Kontrolle des Grenzgebietes zwischen der Grafschaft Isernia und jener der Bojano, des Tratturo Pescasseroli-Candela und Bojano. Im 16. Jh. wurde er zu einem Palast umgebaut, der zurzeit restauriert wird.

## SANT'ELENA SANNITA

Den Namen erhielt der Ort erst 1896, bis dahin hieß er Cameli. Einer Legende nach wurden die Einwohner dieser Gegend für so einfältig gehalten, dass man sie die „cammelli" (Kamele) nannte. Um sich von diesem Vorurteil zu befreien, wurde der Ort umbenannt. Tatsächlich hatte der Ort den Namen aber von seinem ersten Feudalherren, Ugo de Camelo, einem Normannen. Das Wappen des Ortes ziert aber immer noch ein Kamel. Den Namensteil Sant'Elena fügte man zu Ehren der damaligen italienischen Königin Helena hinzu.

Auch hier lebte man einst v. a. von der Schafzucht. Von anderen Orten unterscheidet sich dieser aber durch die Tatsache, dass seine Einwohner nicht auswanderten, sondern sich eine neue Einnahmequelle schafften: das Scherenschleifen. Während im benachbarten Ort Messer hergestellt wurden, spezialisierte man sich hier auf das Scherenschleifen; den Pionieren dieser Aktivität wurde am Ortseingang ein Denkmal errichtet. Arbeitsreisen brachten die Scherenschleifer bis nach Rom und Neapel und deren Söhne errichteten dort kleine Läden, in denen sie Rasiermesser und Klingen, aber auch Seifen und einfache Parfümerieartikel verkauften. Es wird behauptet, dass die großen Parfümerien in Rom Familien gehören, deren Vorfahren aus diesem Ort stammen. Das erklärt auch, weshalb im örtlichen Museum kleine Parfumfläschchen ausgestellt sind. Besuchen sollte man nicht nur die Kirche San Michele, sondern auch die Kirche Santa Maria delle Grazie mit Reliquien des hl. Franziskus.

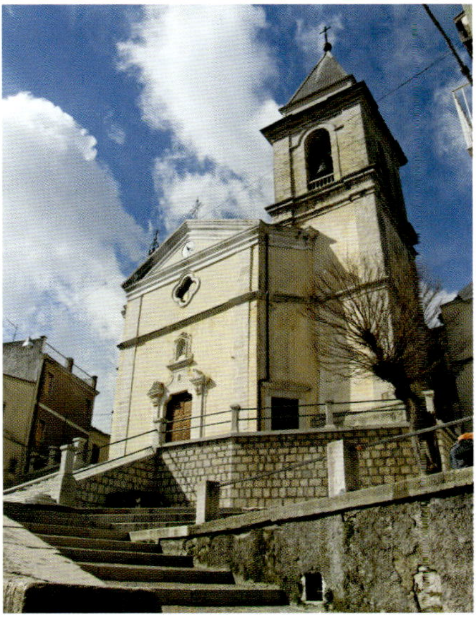

*Michaelskirche in Sant'Elena Sannita*

## Sant'Angelo in Grotte als typischer Verehrungsort des Erzengels

Die dem Erzengel Michael geweihten Heiligtümer in den Bergen Apuliens, entlang der Wege der Transhumanz, ähneln in Aufbau und Gestaltung meist der „Muttergrotte" am Monte Sant'Angelo: Sie sind meist in natürlichen Höhlen entstanden, die auf Hügeln oder auf einem Berg liegen, und sie verfügen meist über eine Heilquelle. Diese wurde von Kranken aufgesucht, insbesondere bei Malaria, diente aber auch ganz profan als Tränke für die Tiere. Mit dem Nahen der ersten Jahrtausendwende wuchs in ganz Europa die Angst vor dem Weltuntergang. Damals zogen sich viele Gläubige auf die „heiligen" Berge bzw. in die Michaelsgrotten zurück. Heißt es doch in der Geheimen Offenbarung des Johannes (Off 12,7-9), dass am Ende der Zeiten Michael und seine Engel gegen Satan und die Seinen kämpfen und siegen werde.

Zudem war der Erzengel Michael der Begleiter der Seelen ins Jenseits, da war es naheliegend, den Weltuntergang in einer ihm geweihten Kirche abzuwarten.

Sant'Angelo in Grotte wurde von den Langobarden gegründet und da es an einem großen Tratturo lag, fand die Verehrung des Erzengels hier in großer Kontinuität statt. Bis zum Ersten Weltkrieg wurden besonders am 8. Mai, dem Michaelsfest vom Monte Gargano, bzw. am darauffolgenden Sonntag große Wallfahrten zu dieser Grotte organisiert, begleitet von traditionellen Volksfesten. Das ganze Land war auf den Beinen, von allen Seiten strömten große Menschenscharen herbei, um zu beten und zu feiern.

An diese Grotte ist auch eine schöne Legende gebunden. Sie besagt, dass der Erzengel Michael, sobald er auf der Erde ankam, sich in diesen Ort hoch über den Tälern verliebte und sich hier niederlassen wollte. Gott aber hatte andere Pläne mit ihm …

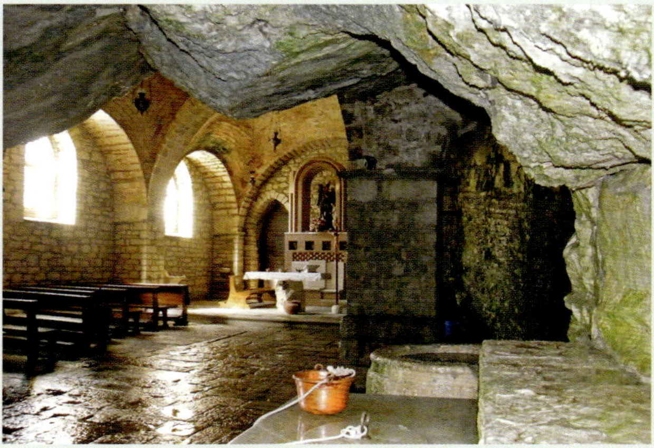

TAG 17

# Von Sant'Elena Sannita nach Ripalimosani 24 km

Schwierigkeit: ●●●

**Aufgrund des kontinuierlichen Auf und Ab ist diese Etappe recht anstrengend, aber von wunderbarer landschaftlicher Schönheit, geprägt von Stille und Einsamkeit. Es geht an zwei reizenden Dörfern vorbei, *Casalciprano* und *Castropignano*, und in einer zehrenden Steigung zum schönen Ort *Ripalimosani* hinauf, das wenige Kilometer von der Stadt *Campobasso* entfernt liegt.**

### Unterkünfte

**Castropignano:**

- *B&B Villa Ada,* herrschaftliches Stadthaus mit heimeliger Atmosphäre, in der Pilger verwöhnt werden. Gemütliche Taverne im Keller des Hauses, Tel.: 0874/97561 oder 338/1541709

**Ripalimosani:**

- *B&B Le Quercigliole,* nahe der Kapelle *Santa Maria della Neve,* 1 km vor der Ortschaft links, wenigstens 2 Tage vorher anrufen. Tel.: 339/7739268, www.bblequercigliole.it
- *Residenza Palazzo Ducale,* herrschaftlicher Ansitz am Hauptplatz, Tel.: 0874/39691 oder 0874/39107 oder 338/6907369 (Frau Maria)
- Die Vereinigung *MAN HU* vermietet im Zölestin-Kloster am Eingang des Ortes 24 Betten, Schlafsack, Tel.: 0874/39494 oder 339/1613243 oder 335/6571500 (Michele oder Anna)

Im Ort gibt es Restaurant und Pizzeria, die Bar am Hauptplatz öffnet um 6 Uhr morgens für ein gutes italienisches Frühstück.



## Webgeschreibung

Es empfiehlt sich, das Dorf sehr zeitig in der Früh über die mit Bäumen gesäumte Hauptstraße zu verlassen. Vorbei am Gemeindehaus, in der ersten Kurve geradeaus weiter, an einem Denkmal mit drei Kreuzen links geradeaus, dann am Fußballplatz vorbei. Auf dem ersten Hügel angelangt, die Abzweigung nach *Camperano* ignorieren und geradeaus weitergehen. Nach einer Gruppe von wunderschönen Eichen teilt sich die Straße dreifach. Wir nehmen den mittleren Schotterweg, der abwärts nach *Colle San Martino führt. Wir gehen* teils durch grüne Staudentunnels, teils durch Wiesen gemächlich abwärts mit herrlichem Ausblick auf die einsamen Hügel rundherum. Der schmale Weg wird allmählich breiter und mündet kurz in Asphalt. An dessen Ende rechts in die schmale Asphaltstraße einbiegen, an der nächsten Abzweigung links bis zur Provinzstraße und diese überqueren. Wir nehmen die Straße, die rechts steil

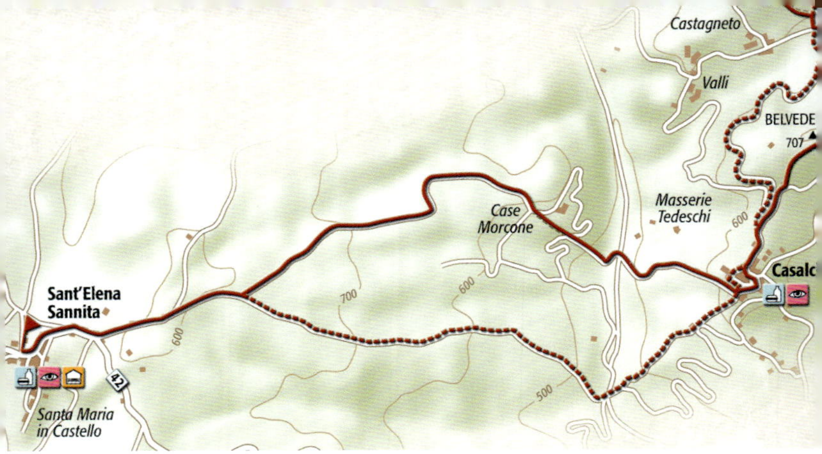


aufwärts führt. So erreichen wir **Casalciprano**, ein kleines Dorf mit Lebensmittelgeschäft und Post, allerdings ohne Bar!

Wir durchqueren das Dorf bis zum Postamt und bewundern die vielen modernen Fresken an den Häuserfassaden. Es geht weiter über die Straße in Richtung *Castropignano*. Gleich nach einer Linkskurve, immer noch zwischen den letzten Häusern des Dorfes, rechts in Richtung Friedhof *(cimitero)* abbiegen. Vor dem letzten Anstieg zum Friedhofeingang biegen wir rechts in den schmalen Feldweg *Cese* ein, der sanft durch die Wiesen, gesäumt von Hecken und Bäumen, führt. Alle Abzweigungen ignorieren und geradeaus auf dem größten Weg bleiben. Dieser führt dann in einer langen Linkskurve abwärts durch einen Wald, weiter durch Wiesen und Äcker und an einem verwahrlosten Picknickplatz vorbei zu den Umkleidekabinen eines Sportplatzes. Hier nun links an der Umzäunung des Sportplatzes entlang bis zur Kreuzung einer Provinzstraße mit dem Straßenschild *Frosolone*. In diese rechts einbiegen, sie nach 50 m überqueren und



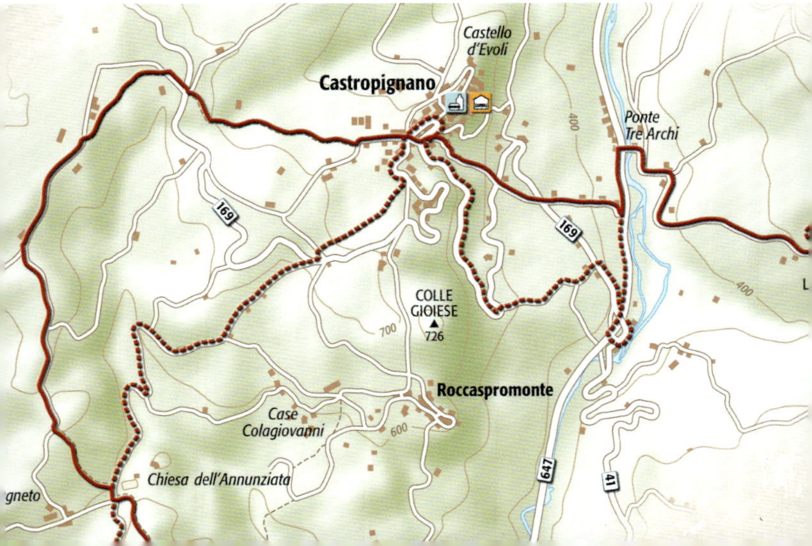

links in den Feldweg einbiegen, der über eine Linkskurve recht steil den Hang aufwärts führt und im oberen Teil durch Sträucher und Gebüsch ziemlich verwachsen ist. Wir erreichen den Kamm mit weiten Panoramablicken auf beiden Seiten: Links sehen wir die Berge der oberen *Molise*, die Montagnola und im Hintergrund das *Matese*-Gebirge, rechts *Castropignano* und das Tal des *Biferno.* Wir durchwandern Felder und Waldstücke in Richtung *Colle Pignatello.* Immer am Hügelkamm geradeaus weiter durch Wiesen und Felder, bis wir die Provinzstraße 169 erreichen.

Diese überquerend gelangen wir auf den *Tratturo* (Holzschilder: *tratturo Castel di Sangro–Lucera).* Wir halten uns sofort ganz rechts (den Weg abwärts zum Bauernhaus ignorieren) und folgen zunächst dem anfangs kaum erkennbaren Feldweg, dann den Spuren des Pfades zwischen Ginster und anderem Gestrüpp abwärts. Von Weitem ist die Ortschaft **Castropignano** schon gut zu sehen, auf der linken Seite sind die Ruinen der Burg *Evoli* auszumachen. Nach einigem Auf und Ab und an der Schule vorbei gelangen wir zur Kirche *Santa Lucia.* In der Ortschaft gibt es einige Bars.

Abwärts gehend nehmen wir bei den letzten Häusern der Ortschaft links die *Via Eugenio Cirese.* Achtung auf die Abzweigung des *Tratturo!* Das Hinweisschild für die Abzweigung ist unerklärlicherweise 200 m weiter unten angebracht, recht versteckt nach einer Häusergruppe. Der erste Teil geht steil abwärts, wir überqueren die Asphaltstraße und gehen geradeaus weiter. Die Hauptstraße wird noch einmal gequert und es geht weiter abwärts. Der Weg wird nun etwas breiter zu einem Schotterweg. Bei der Abzweigung gehen wir rechts und gelangen zur kleinen Kapelle des Pilgerpatrons Jakobus. (Herr Vergalito, der im Haus daneben wohnt, sperrt die Kapelle gerne auf, damit sie besichtigt werden kann.) Auf der schönen Hauszufahrt



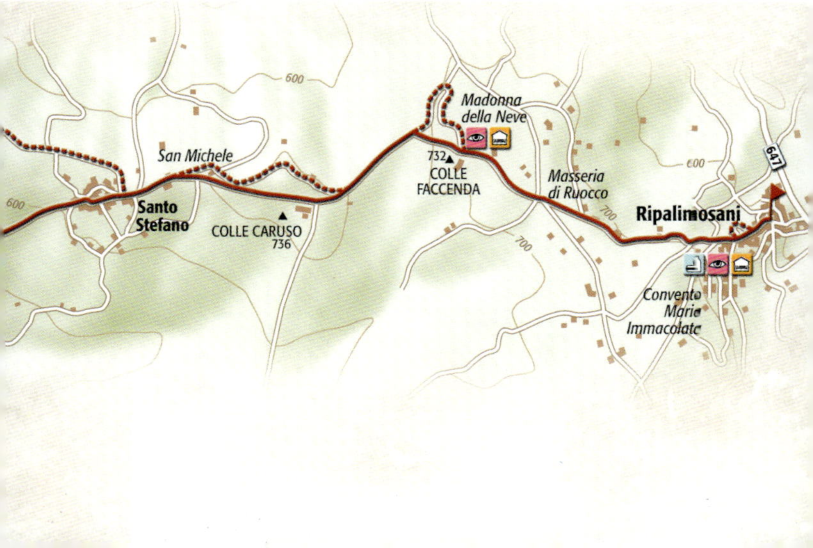

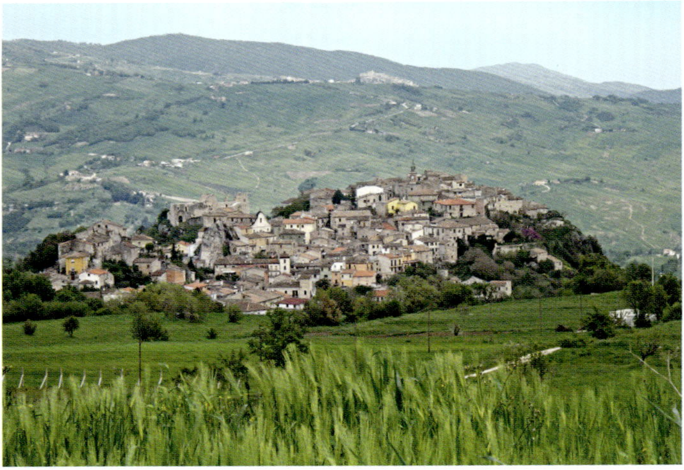

*Castropignano*

weiter abwärts gehen und in die viel befahrene Staatsstraße links einbiegen. Nach 400 m die Straße und über die weiße Drei-Pfeiler-Brücke, den *ponte tre archi,* den Fluss *Biferno überqueren*.



Nach der Brücke den Weg rechts nehmen. Bei den nächsten zwei Abzweigungen halten wir uns jeweils rechts. Weiter, bis ein Karrenweg wieder in Kurven über den *Tratturo* aufwärts führt: Wir nehmen den Weg geradeaus, der die Kehren des Karrenweges streift. Nach den Kehren verlaufen Weg und Straße parallel. Sobald die Straße links wegknickt, bleiben wir auf dem Pfad des *Tratturo* und gelangen aufwärts in die Ortschaft **Santo Stefano**.

Wir durchqueren den Ort aufwärts über die *Via tratturo* und folgen der Provinzstraße. Nach den letzten Häusern auf der rechten Seite geht's wieder aufwärts über einen Hügel durch den *Tratturo* weiter. Bald schon nähern wir uns wieder der Provinzstraße, bleiben aber stets parallel zu dieser auf dem Karrenweg, der durch den *Tratturo* führt und uns aufwärts zum Weiler *Colle Caruso* bringt. Die Sicht öffnet sich und es gibt wunderbare Ausblicke über das ganze *Biferno*-Tal bis zu den *Matese*-Bergen und die Abbruzzen. Bei den öffentlichen Hundezwingern der Stadt *Campobasso* knickt der Karrenweg nach rechts. Wir hingegen folgen dem *Tratturo* abwärts, bis wir wieder für ein gerades Stück auf die Provinzstraße kommen.

Nach 600 m diese wieder verlassen und über den Feldweg rechts aufwärts durch den *Tratturo.* Damit kürzen wir die lange Kehre der Provinzstraße ab, die wir in einer Rechtskurve wieder erreichen. Auf dieser weiter gehen bis zur Abzweigung links zurück auf den Hügel *Quercigliole* mit dem schönen, privaten Kirchlein *Madonna della Neve,* wo sich das B&B befindet. Die Abzweigung, auch links, mit

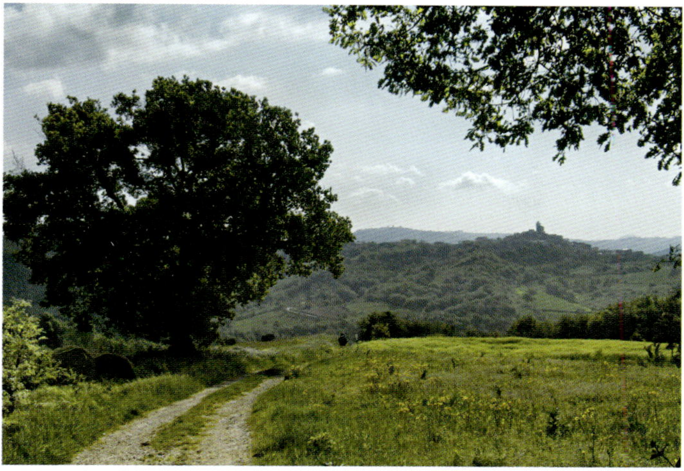

*Am Horizont ist schon Ripalimosani zu sehen.*

dem Straßenschild *Valle Alberto* bringt uns über die Gemeindestraße *Peschiaturo* nach **Ripalimosani**, 1 km. Über die *Via San Michele* gelangen wir direkt auf den theatralischen Dorfplatz *Piazza del popolo.*



## Variante für Fahrradpilger

*Wieder eine Etappe auf ruhigen Nebenstraßen: Vom Ort aus den Hinweisschildern nach* ***Casalciprano*** *folgen, 6 km, weiter nach* ***Castropignano,*** *10 km, in ruhigem Auf und Ab weitere 10 km nach* ***Santo Stefano.*** *Nun sind es noch 6 km nach* ***Ripalimosani.***

## Sehenswürdigkeiten

### RIPALIMOSANI

Erste Spuren, die auf die Existenz der Ortschaft hinweisen, gehen auf das Jahr 1000 zurück. Der Überlieferung nach wurde der Ort durch ein Erdbeben völlig zerstört und die Bevölkerung nach Limosani umgesiedelt. Nur mit der Hilfe und der Unterstützung der Bevölkerung von Limosani konnte das Dorf wieder aufgebaut werden, weshalb die Bevölkerung, voll Dankbarkeit für die Unterstützung, dem Ortsnamen Ripa jenem von Limosani hinzugefügt hat.
Für die Männer der Ortschaft war einst die Herstellung hochwertiger Hanfseile wichtigste Einnahmequelle, während die Frauen sich mit großem Erfolg dem Weben von Wollstoffen widmeten.

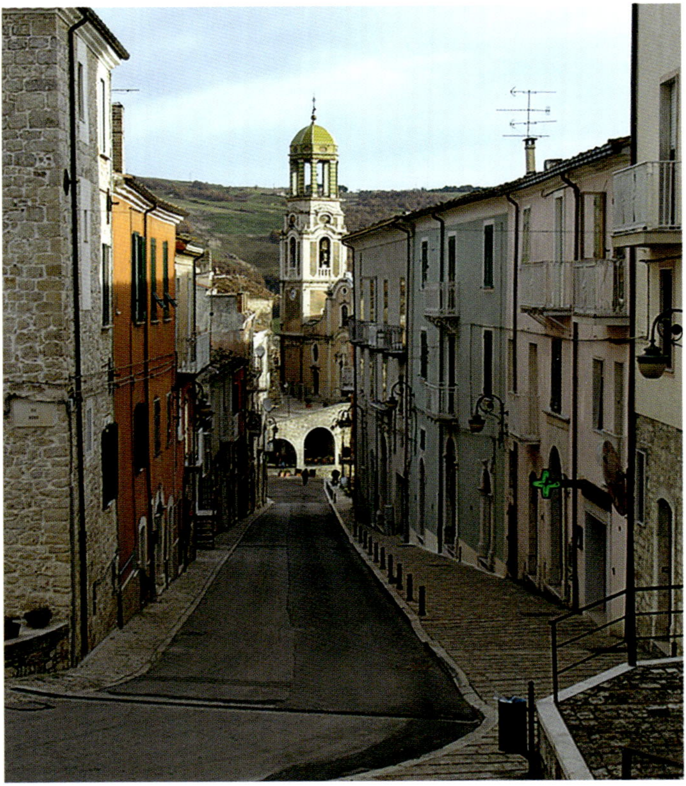

*Via San Michele in Ripalimosani mit Blick auf die Pfarrkirche*

138

## Die Samniten und die Eroberung durch die Römer

Auch wenn die Region Molise, die jüngste (bis 1963 Teil der Abruzzen) und eine der kleinsten Regionen Italiens, heute sehr verschlafen wirkt, war das Gebiet im Lauf der Geschichte immer wieder heiß umkämpft. In den Grotten der Berge hatten sich bereits 2000 v. Chr. vor-indoeuropäische und mediterrane Völker angesiedelt. Ab dem 6. Jh. v.Chr. lebten hier die Samniten, die aus dem Land der Sabiner kamen. Verschiedene Quellen beschreiben sie als ein Volk, das aus vier Stämmen bestand: Carriciner, Caudiner, Hirpiner und Pentrer. Es ist aber auch durchaus denkbar, dass noch mehr Stämme existierten. Livius beschreibt sie als ein „Bergvolk und raue Gesellen". Sie waren ein mächtiges, tapferes Volk, ritterlichen Sinns und lebten in kleinen Siedlungen in den Berggebieten. Die Samniten waren ein Hirtenvolk, deren Gesellschaft stark durch die Transhumanz geprägt war.
In den so genannten Samnitenkriegen (326–290 v. Chr.) konnten die Römer nur mit größten Anstrengungen die Samniten besiegen.

TAG 18

# Von Ripalimosani nach Toro 15 km

Schwierigkeit: ●○○

**Heute erwartet uns eine einfache Etappe, die – nach der ersten Steigung – an die endlosen Ebenen des spanischen Jakobswegs erinnert. Die Etappe ist kurz und lädt ein, Toro als Etappenziel zu überspringen. Es wäre jedoch schade, sich die Atmosphäre dieses ursprünglichen, mittelalterlichen Ortes entgehen zu lassen und nicht mit den Menschen in Kontakt zu treten, die sich über jede Begegnung sehr freuen. Die Zeit scheint hier stehen geblieben zu sein, Tourismus gibt es keinen. Zudem ist die nächste, zwar wiederum kurze Etappe sehr anstrengend.**

### Unterkünfte

**Toro:**

- ✯ Kloster *Santa Maria di Loreto*, die Minoritenbrüder stellen 3 Betten für Pilger zur Verfügung, Schlafsack, Tel.: 0874/461100 (padre Giacinto)
- ✯ B&B *Cola Fasciano*, Via Roma 27, 6 Betten, Tel.: 0874/441242 oder 377/9433942 (Fernando – ein Michael-Pilger – oder Maria)
- ✯ Frau *Pina Colledanchise* stellt in ihrem Haus ein Doppelzimmer zur Verfügung, Tel.: 0874/461348
- ✯ Frau *Francesca*, am Eingang des Dorfes, stellt 5 Betten zur Verfügung, mit Frühstück, und kocht gerne ein typisches Abendessen mit lokalen Produkten, Tel.: 320/8149259 oder 338/9647050 oder 0874/461626
- ✯ Am Dorfeingang stellt Fernando seine *casetta di campagna*, ein gemütliches Landhäuschen mit 5 Betten zur Verfügung, Küchenbenützung, Tel.: 0874/461761 oder 333/2293700 oder 327/4987640



## Wegbeschreibung

Vom Hauptplatz aus gehen wir die Treppenstraße (*Via Santa Lucia)* hinunter bis ans Ende des kleinen Dorfes. Wir gehen unter der Staatsstraße hindurch und an einem ersten kleinen Kirchlein vorbei bis zur nächsten Kapelle auf der linken Seite. Bei der Abzweigung gehen wir geradeaus weiter auf dem neu errichteten Radweg mit dem Schild *„Strada interpoderale Costa Bianca“.* Nach der langen Steigung, ca. 1,5 km, zweigen wir kurz (50 m) nach links, um gleich wieder auf dem nun ebenen Feldweg weiter zu gehen. Sobald sich der Weg teilt, gehen wir rechts. Der Weg wird bald gesäumt von Thujenhecken und bei der T-Kreuzung biegen wir nach rechts in eine Schotterstraße ein, die bei den ersten Häusern in Asphalt übergeht. Das große, gelbe Haus unterhalb war einst eine Raststätte für Hirten und Schafe entlang des *Tratturo.* An der Hauptstraße angelangt überqueren wir diese, benutzen die Bahnunterführung und nach ca. 100 m, an einem sehr verkehrsreichen Straßenknäuel, biegen wir nach links in die ruhige Provinzstraße nach *Campodipietra* ein. Bald gibt es eine Bar auf der linken Seite.

Wir streifen *Campobasso,* die Hauptstadt der Region Molise (ca. 50.000 Einwohner). Bei der Kreuzung nach *Campodipietra* bleiben wir auf unserer Straße und gehen geradeaus weiter. Etwa 4 km nach der Bar, beim Straßenschild *Contrada Montevergine* nehmen wir die schmale Straße links. Schattig und angenehm, an Häusern vorbei kommen wir zum Friedhof. Wir gehen um diesen herum, weiter abwärts biegen wir in eine größere Straße nach links ein und gehen schließlich direkt auf das Dorf **Toro** zu.

## Sehenswürdigkeiten

### TORO

Um einen mächtigen Kirchturm gruppiert sich das kleine Dorf, das Taunusstein in Hessen zur Partnerstadt hat. Allein wegen der reizvol-



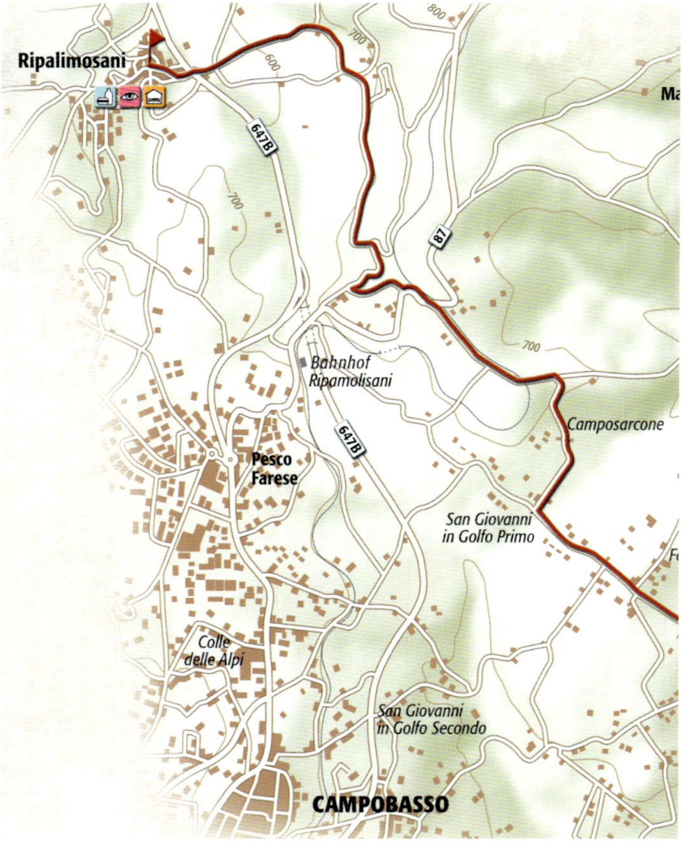

len Panoramalage lohnt es sich, in den oberen Teil des Ortes zu gehen, hinauf zum Kloster Santa Maria di Loreto, das 1592 von Franziskanern erbaut wurde. Der berühmte Kardinal Orsini, der spätere Papst Benedikt XIII., hielt sich gerne hier auf. Den Kreuzgang des Klosters zieren Fresken aus dem Leben des hl. Franziskus. Besonders reizend ist eine Darstellung der hl. Klara und der Szene, wie der hl. Franziskus am Eingang der Michaelsgrotte von Monte Sant'Angelo im Gebet verharrt (siehe S. 152).

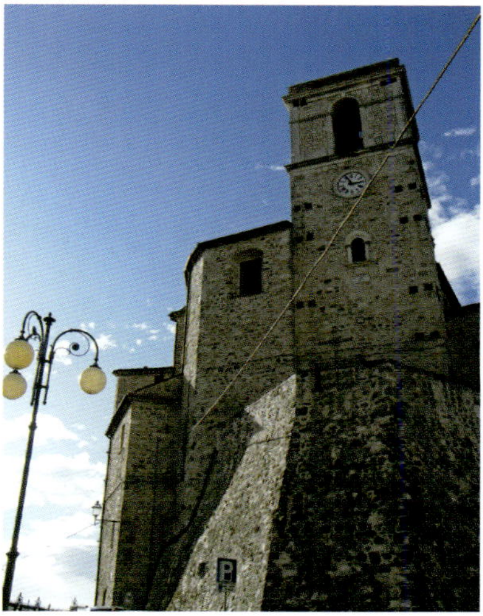

*Die Pfarrkirche von Toro*



In den Gassen des Zentrums liegt das Kirchlein *San Rocco* mit einer Statue des hl. Franziskus, die im Jahr 1985 berühmt wurde: Für Renovierungsarbeiten musste die Statue verlegt werden und tausende Gläubige berichteten, dass ihnen an der Stelle, an der die Statue stand, in einem besonderen Lichtspiel das Angesicht Jesu erschienen sei. In den darauffolgenden Wochen kam es zu einem ständig ansteigenden Besucherstrom, der wieder nachließ, nachdem die Statue an ihren ursprünglichen Ort zurückverlegt wurde.
Die im 11. Jh. erbaute Pfarrkirche Santissimo Salvatore wurde nach dem Erdbeben restauriert und ist seit 2015 wieder zugänglich.

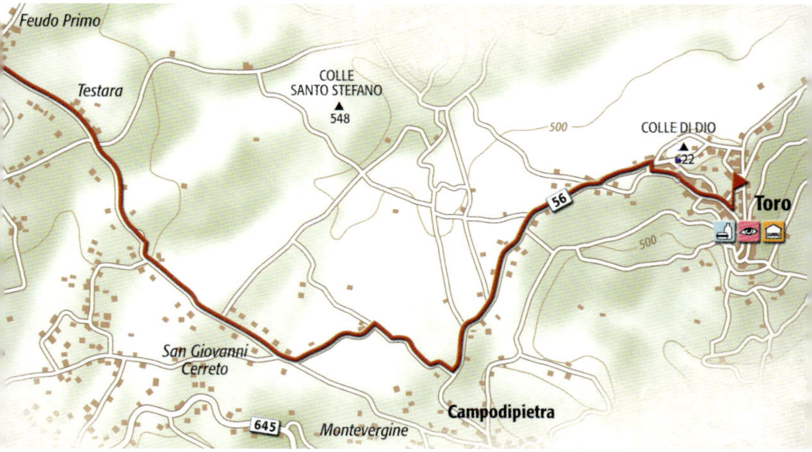

## Kaiser und Päpste am Monte Sant'Angelo

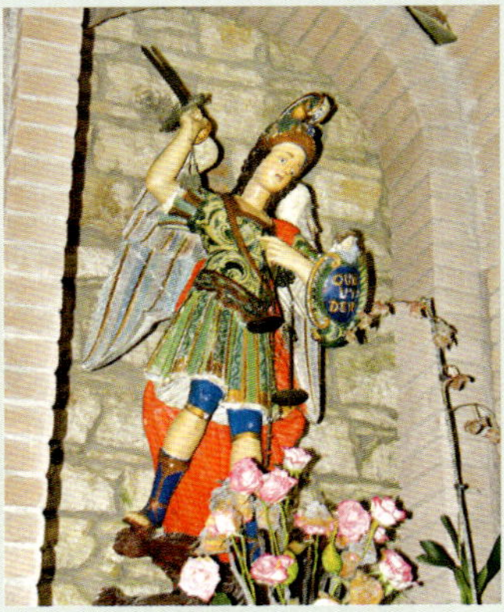

*Michaelstatue in Sant'Angelo in Grotte (Tag 16)*

Im Mittelalter pilgerten immer wieder römisch-deutsche Kaiser zur Grotte des Erzengels Michael am Monte Gargano. Der erste, dessen Besuch urkundlich belegt ist, ist Kaiser Otto II. (König seit 983, Kaiser 996–1002). Am 10. März 999 machte er sich von Benevent aus auf den Weg zur Grotte des Erzengels.

Auch sein Nachfolger, der heilige Kaiser Heinrich II. (König seit 1002, Kaiser 1014–24) verehrte den Erzengel Michael. Ihm zu Ehren stiftete er in Bamberg ein Kloster, den Michelsberg, und auf seinem Feldzug nach Süditalien besuchte er 1022 die Michaelsgrotte, als er die apulische Stadt Troia belagerte, welche von den Byzantinern kontrolliert wurde.



Auch wenn uns kein schriftliches Zeugnis eines Besuchs Kaiser Friedrichs II. (König seit 1212, Kaiser 1220–50) in der Michaelsgrotte vorliegt, so können wir doch davon ausgehen, dass er während seiner vielen Jahre in Süditalien das Michael-Heiligtum aufgesucht hat, zumal das nahe Foggia eine seiner Hauptresidenzen war. In Monte Sant'Angelo wird ein wertvolles Kreuz aufbewahrt, in welches ein Splitter vom Kreuz Christi eingearbeitet ist und das Friedrich II. dem Heiligtum des Erzengels geschenkt haben soll. Bei der Plünderung des Heiligtums durch die Franzosen (1799) soll ein alter Mönch das Kreuz gerettet haben, indem er es in der dortigen Zisterne versenkte. Den wertvollen edelsteinbesetzten Sockel nahmen die Plünderer aber mit. Im Kastell von Monte Sant'Angelo wohnte zeitweise auch eine Geliebte Friedrichs II., Gräfin Bianca Lancia von Turin, die Mutter König Manfreds (1258-1266), welcher wohl in der Grotte des Erzengels getauft worden sein dürfte.

Im Laufe der Geschichte haben zahlreiche Päpste die Grotte besucht, beginnend mit Papst Agapitus im Jahr 536. Unter den Päpsten der jüngeren Geschichte hegte Leo XIII. (1878–1903) eine besondere Verbundenheit zu Sankt Michael, aber auch Johannes XXIII. (1958–1963), der im Jahr 1955 als Kardinal von Venedig auf den Monte Sant'Angelo pilgerte. Auch Johannes Paul II. (1978–2005) hatte bereits als Kardinal 1974 in der Grotte eine Messe zelebriert, ehe er dies als Papst am 24. Mai 1987 erneut tat. Ebenso war Benedikt XVI. schon 1985, lange vor seiner Papstwahl, in Monte Sant'Angelo gewesen.

TAG 19

# Von Toro nach Pietracatella 13 km

Schwierigkeit: ●○○

**Kurze Etappe auf Nebenstraßen, teils auch auf dem, was von den Tratturi übrig geblieben ist, nachdem sie im engen Talgrund der Schnellstraße weichen mussten. Wir brauchen für diese Etappe Wasser und Proviant für den langen und anstrengenden Anstieg in den windigen Ort *Pietracatella.***

## Unterkünfte

**Pietracatella:**

✯ Pfarrer *Don Antonio* beherbergt gerne Pilger, entweder im Pfarr- oder im Gemeindehaus, Tel.: 0874/817676

Oder *Mimí* anrufen, einen passionierten Wanderer und Pilgerfreund, Tel.: 0874/817291 oder 347/1721212

## Wegbeschreibung



Wir verlassen das Dorf in Richtung Süden und gehen auf die Staatsstraße nach Foggia zu. Noch am Hang biegen wir links in den Schotterweg ein, der mit dem Schild *Strada interpoderale Piana del Sonno Vicenza* gekennzeichnet ist und weiter abwärts führt.

Nachdem wir an den Resten eines alten Hauses vorbei sind, gelangen wir zu einer Abzweigung. Wir wenden uns nach links, an einem Rinnsal vorbei, bei der nächsten Kreuzung geradeaus weiter, links ist ein brach liegendes Feld. Nun weiter über die gut sichtbaren Spuren des Weges den *Tratturo* entlang, nur durch bewirtschaftete

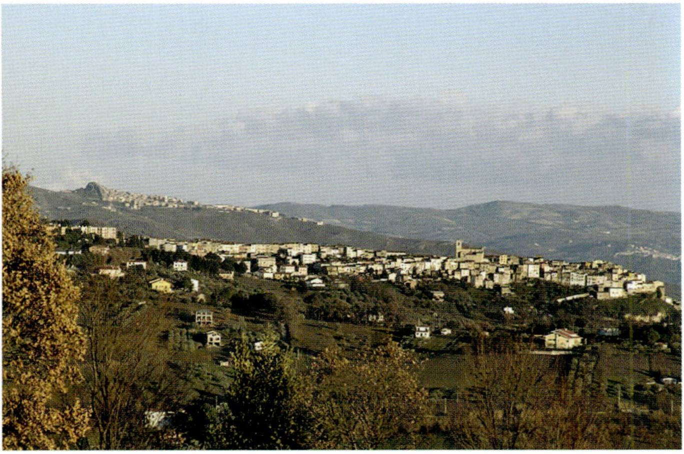

*Blick auf Toro (vorne) und Pietracatella (links hinten)*

Felder von der Hauptstraße getrennt. Aus dem Pfad wird eine Nebenstraße und ein abgerutschtes, verlassenes Haus wird sichtbar. Hier wenden wir uns kurz nach rechts und nach wenigen Schritten biegen wir links in den Feldweg ein. Bei der Schotterstraße angelangt kurz rechts, dann gleich wieder links auf einen Pfad, der parallel zur Straße verläuft und bald in Asphalt übergeht. Wir nehmen die Straße links aufwärts Richtung Monacilioni und gehen bei der zweiten Kreuzung rechts in Richtung Dorf.
Bei der nächsten Kreuzung mit dem Straßenschild *Comunitá la Valle* (einem Therapiezentrum für Jugendliche, das vom Franziskanerpater Lino gegründet wurde) zweigen wir rechts aufwärts in die kleine Nebenstraße ein, die bald zum Schotterweg wird. Es ist ein langer, recht steiler Aufstieg. Wir gewinnen schnell an Höhe und können ein wunderbares Panorama genießen. Oben angelangt halten wir uns bei der Abzweigung links. Der Feldweg wird hier zur breiten Schotterstraße. Am Horizont gegenüber sehen wir bereits unser Ziel, das Dörfchen **Pietracatella**. Unter uns können wir die Ruinen eines großen Benediktinerklosters erkennen. Bei der Madonnenstatue auf der rechten Straßenseite gehen wir links in Richtung Kirche.



## Variante für Fahrradpilger

*Am Fuße von **Toro** nicht in den Schotterweg einbiegen, sondern bis zur Staatsstraße hinunter und dort die Abzweigung nach **Monacilioni** nehmen. Von dort wieder gemeinsam mit den Fußpilgern weiter.*

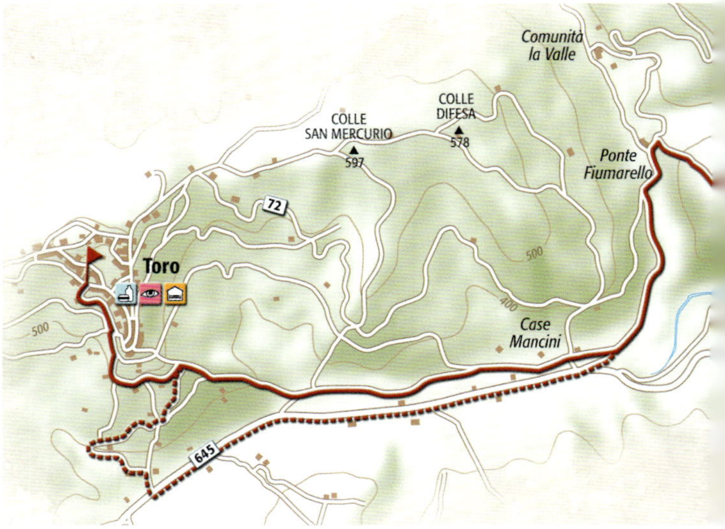

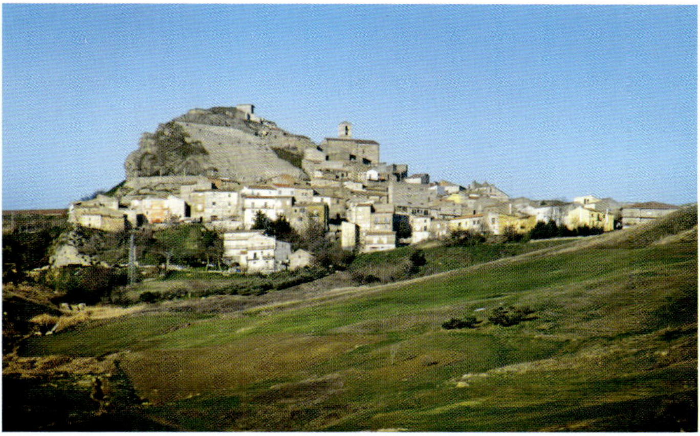

*Pietracatella*

## Sehenswürdigkeiten

### PIETRACATELLA



Das atemberaubende Panorama und die mittelalterlichen Gassen verleihen dem auf einem Hügel erbauten kleinen Ort einen besonderen Charme.
Die dem Apostel Jakobus geweihte Kirche San Giacomo wurde im 13. Jh. zum Teil auf Tuffsteinfelsen, zum Teil über der Kapelle (heute Krypta) Santa Margherita erbaut, nachdem diese nicht mehr ausreichend Platz für die zahlreichen Gläubigen bot. Die Kirche ähnelt sehr der berühmten Kirche San Nicola in Bari und entspricht im

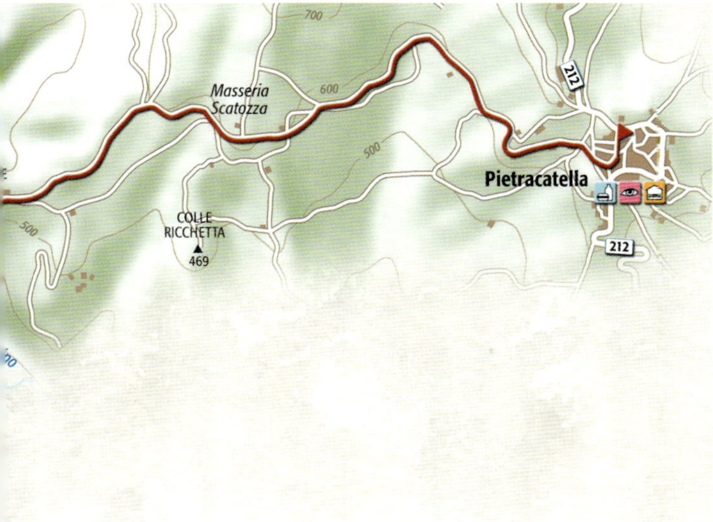

Baustil einer typischen normannischen Festungskirche. Einst verband ein Durchgang die Kirche mit der Festung, zu dem allerdings nur die Feudalherren Zugang hatten. Von den vielen Fresken, die den Innenraum zierten, sind nur noch wenige Reste erhalten. Im Altarraum befindet sich ein wunderschönes hölzernes Kruzifix aus dem 13. Jh. Im steinernen Rundbogen über dem Eingangstor wurden erst kürzlich Schriftzeichen der Phönizier und Karthager entdeckt. Ein Rundgang um die Festung vermittelt erst einen Eindruck von der Größe dieser Anlage.
Der Bevölkerung (etwa 1400 Einwohner) wird Beherztheit in der Pflege von Brauchtum und Tradition nachgesagt. Die Ortschaft hat den Ruf, eine der lebhaftesten der Region zu sein, in der zahlreiche Veranstaltungen stattfinden. Ein Höhepunkt ist Jahr für Jahr das Fest der Madonna della ricotta.

## ■ Die Mutergottes von Konstantinopel und das Fest der Madonna della ricotta



In Pietracella wird immer am Dienstag nach Pfingsten das Fest der Madonna della ricotta (Ricotta ist ein aus Molke hergestellter Frischkäse) gefeiert. Ursprung des Festes ist der Kult um die Muttergottes von Konstantinopel, eine byzantinische Ikone aus 5. Jh., der im Oströmischen Reich und somit auch in Süditalien weite Verbreitung fand. Besonderen Aufschwung erfuhr die Verehrung im 16. Jh., nachdem einer Abbildung der Muttergottes von Konstantinopel in Neapel der Sieg über eine Pestepidemie zugeschrieben wurde. Dieser neapolitanischen Verehrungstradition verdankt denn auch Pietracatella die Besonderheit, dass hier nicht eine Ikone der Muttergottes von Konstantinopel verehrt wird, sondern eine Holzstatue des neapolitanischen Künstlers Giacomo Colombo aus dem Jahr 1695.
Seit 1757 wird jährlich am Dienstag nach Pfingsten das Fest der Gottesmutter von Konstantinopel gefeiert. Die Feierlichkeiten beginnen bereits am Sonntag vor Pfingsten mit der Inthronisation der Muttergottesstatue, die über eine Holzkonstruktion, „Castellana" genannt, auf den höchsten Punkt des Altars gehievt wird. Am Dienstag nach Pfingsten wird sie dann in einer feierlichen Prozession von Mitgliedern der Kongregation der Madonna von Konstantinopel (das sind immerhin an die 900 der etwa 1400 Einwohner des Ortes) zu den Weideflächen vor dem Dorf gebracht – zusammen mit rund 50 Zentner Ricotta.
Dieser Brauch ist in der Zeit der Transhumanz entstanden, als man die Schafherden auf den Weiden des Dorfes verweilen ließ, damit sie den Boden düngen. Aus der während dieser Zeit gewonnenen Milch wurde Ricotta hergestellt und an Bedürftige verteilt. Heute wird die Ricotta aus der Molke von Kuhmilch hergestellt, da nicht mehr ausreichend Schafzucht betrieben wird.

# Von Pietracatella nach San Marco la Catola

Schwierigkeit: ●●● 26 km

**Diese Etappe ist lang und es gibt unterwegs keine Möglichkeit, Verpflegung einzukaufen oder Wasser zu fassen. Es empfiehlt sich daher, gut versorgt früh zu starten. Aber trotz dieser Herausforderung können wir uns auf den heutigen Tag freuen: Die Strecke ist von außerordentlicher landschaftlicher Faszination. Zuerst führt uns der Weg über die Hügel abwärts zum Fluss Fortore und dann – schon in Apulien – in einem kräfteraubenden Anstieg auf das Hochplateau der *Daunia*-Berge.**

### Unterkünfte

**San Marco La Catola:**

✯ *Agriturismo Casanatura Avellaneta,* in San Cristoforo, ca. 6 km nach San Marco a Catola, eine Oase der Ruhe, hervorragendes Essen und liebevolle Pilger-Gastfreundschaft, Schwimmbad, Pilgerpreis, Tel.: 0881/556115 oder 347/2749067 (Renato), www.agriturismoavellaneta.it



## Wegbeschreibung

An der Pfarrkirche vorbei nehmen wir die Straße abwärts (Straßenschild Foggia) und kommen wieder an der Madonnenstatue vorbei, die nun auf unserer Rechten ist. Achtung, auf der linken Straßenseite zweigen wir in einen Pfad ein, über den wir die weiten Kehren der

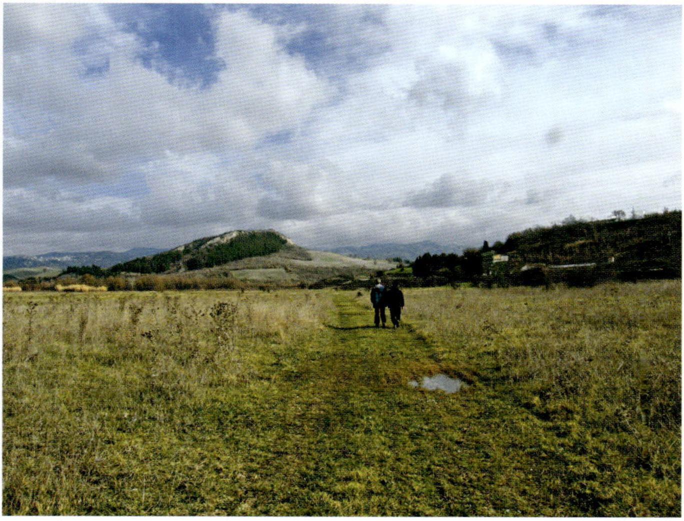

*Auf dem Tratturo in der Aulandschaft am See von Occhito*

Staatsstraße immer wieder schneiden können. Der Pfad ist manchmal kaum erkennbar, jedoch logisch leicht verfolgbar. An einem gelben Haus vorbei die Straße überqueren und weiter auf dem Pfad, der auf der linken Seite parallel zur Straße verläuft. Bei den großen grauen Gebäuden einer Hühnerzucht links vorbei auf dem Güterweg, der nun angenehm eben und unter Schatten spendenden Eichen verläuft. An einer Elektrokabine vorbei durchqueren wir Wiesen, bevor wir neuerdings die Staatsstraße überqueren und geradeaus bleiben. Nach einem Haus biegen wir links in die Staatsstraße ein und zweigen nach wenigen Schritten links in eine kleine Straße, die gleich wieder nach rechts aufwärts knickt. Anfangs geradeaus, dann in Kurven bringt uns der Schotterweg auf einen Hügelkamm, auf dem er eben weitergeht. Herrliche Ausblicke auf den Occhito-Stausee belohnen uns, der die Grenze zwischen den Regionen

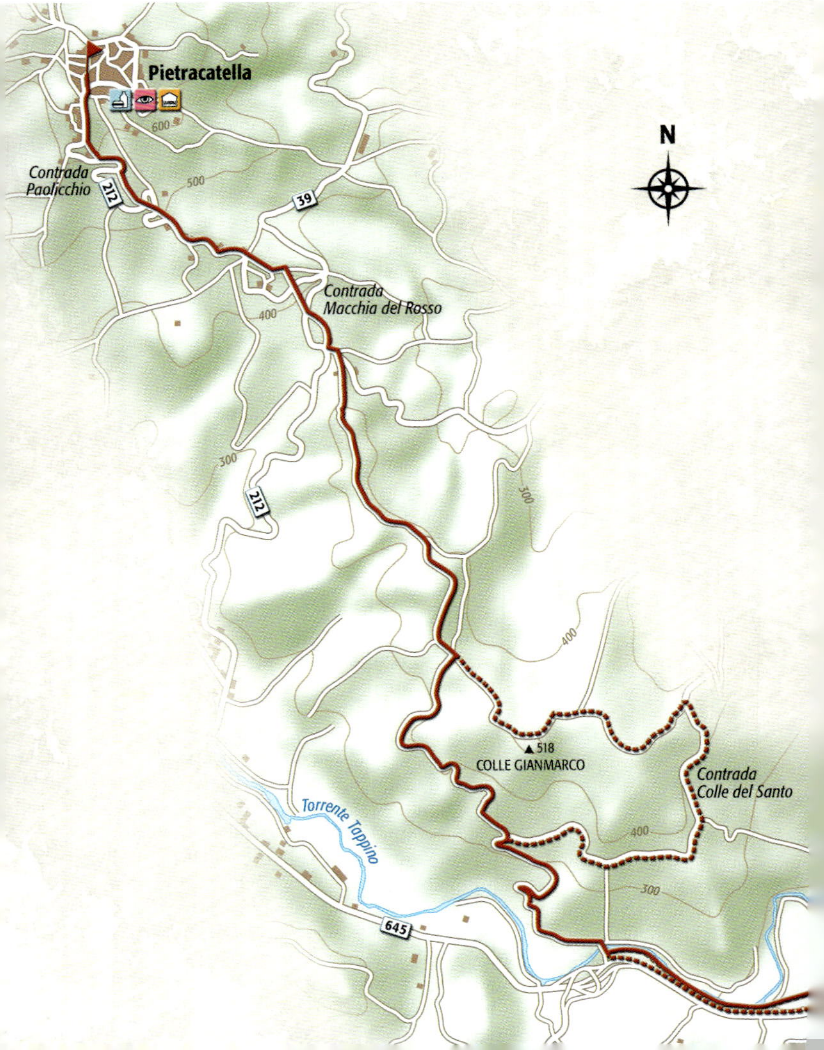

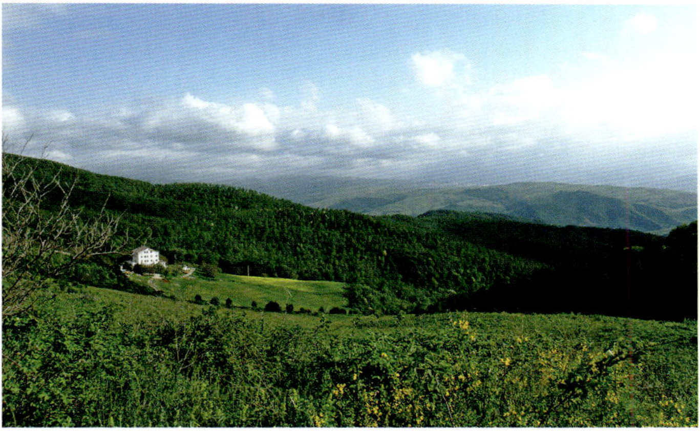

*Unser idyllisch gelegenes Etappenziel, das Agritur Avellaneta*

Molise und Apulien markiert. Teils asphaltiert, teils auf Schotterweg gelangen wir an eine Abzweigung und gehen links weiter bis zu einem Elektropfahl neben einem vernachlässigten, stallähnlichen Gebäude.



Vor dem Gebäude zweigen wir rechts in einen fast zugewachsenen Steig ein und gehen an der Mauer entlang abwärts. Der Steig wird nach 100 m gut erkennbar und mündet bald in ein angenehmes Sträßchen mit schönem Ausblick ins Tal und zurück nach *Pietracatella.* Bei einem Olivenhain angelangt, biegen wir links in die größere Straße ein, die anfangs eben, dann leicht ansteigend und wieder eben zu einer Straße führt, in die wir rechts einbiegen.

Nach der Brücke über den *Tappino* links, um an dessen rechtem Ufer dem *Tratturo* entlang durch die Aulandschaft in einigen Kilometern bis zur großen Dreizehn-Pfeiler-Brücke (*Ponte 13 Archi)* zu gelangen. (Wer auf der Staatsstraße bleibt, kommt an einer Bar vorbei.) Am Viadukt unter der Straßenüberführung durch und die Böschung hinauf auf die Staatsstraße. Wir überqueren den Fluss über die lange Brücke. An deren Ende nehmen wir die lange gerade Straße rechts und zweigen nach einem Zementwerk auf der linken Seite links ab nach **San Marco la Catola**. Der anstrengendste Teil unserer heutigen Etappe steht uns nun bevor: Das Dorf befindet sich auf einem Hügel und die Straße ist ganz der Nachmittagssonne ausgesetzt.

Um zum *Agritur Avellaneta* zu gelangen durchqueren wir das Dorf bis ans obere Ende und folgen der Gemeindestraße *Sterparo Alto.* Wir nehmen die zweite Abzweigung rechts (Schild *Avellaneta*) und gehen abwärts, wo ein Schwimmbad und ein sehr pilgerfreundlicher Wirt auf uns warten.

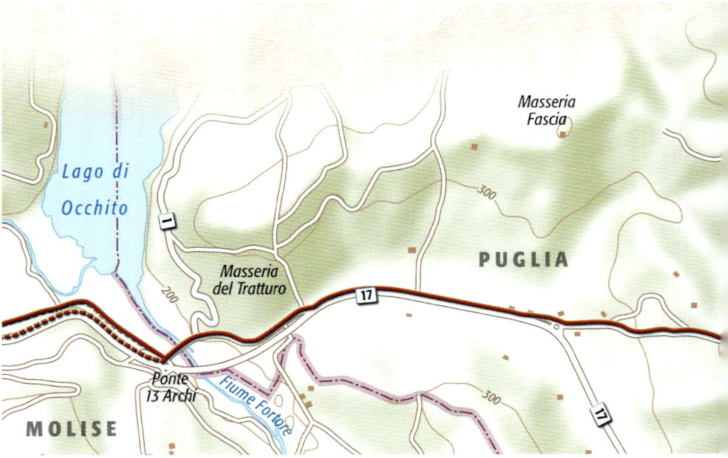


## Variante für Fahrradpilger

*Auf der asphaltierten Straße bleiben, die von* ***Pietracatella*** *hinab ins Tal führt. Nach einer kleinen Brücke links in die Staatsstraße SS 645 einbiegen und bis zur Brücke der 13 Bögen,* ***Ponte dei 13 Archi,*** *3 km auf dieser bleiben. Weiter wie die Fußpilger.*



## Sehenswürdigkeiten

### SAN MARCO LA CATOLA

Namensgeber für den Ort sind der Evangelist Markus, dem die Ortskirche geweiht ist, und der Fluss Catola, ein kleiner Nebenfluss des Fortore, der durch die Tiefebene unterhalb der Ortschaft fließt. Erbaut wurde die Ortschaft der Überlieferung nach von Heimkehrern des 6. Kreuzzugs (1228–1229).

In der im 14. Jh. erbauten Wallfahrtskirche zur hl. Maria von Josaphat befindet sich ein byzantinisches Marienrelief, welches die Gründer des Ortes, die von Kaiser Friedrich II. im Heiligen Land aus der Gefangenschaft befreit wurden, aus dem Tal Josafat bei Jerusalem nach San Marco la Catola gebracht haben sollen und dem wundersame Wirkung zugeschrieben wird.

Im Jahr 1585 wurde vom Kapuzinerorden ein Kloster an die Wallfahrtskirche angebaut, in dem auch der in Süditalien hochverehrte hl. Padre Pio einige Zeit verbrachte: 1905-1906, am Ende seiner Gymnasialzeit, und im Jahr 1918, bereits als Priester.

Bekannt ist San Marco la Catola für die Wahrung und Pflege alten Brauchtums. Mittelalterliche Spiele und Tänze prägen bei Festen

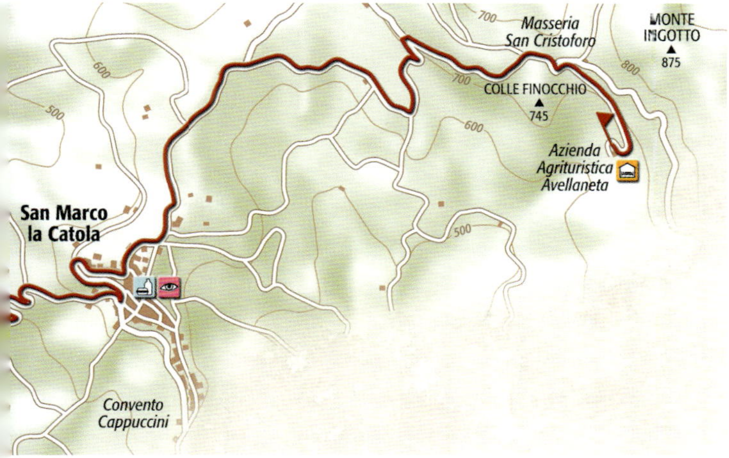


das Ortsbild. Das wichtigste Volksfest ist die Giostra della Jaletta, ein Ritterfestspiel, das jährlich am 20. August mit einem historischen Umzug, Fahnenschwingern, mittelalterlichen Tänzen und Falknerei-Vorführungen eröffnet wird. Höhepunkt ist ein Wettkampf, bei dem die Ortsteile gegeneinander antreten: Hoch zu Ross und im Galopp muss eine Lanze in einen Ring eingefädelt werden, der am Boden eines mit Wasser gefüllten Gefäßes festgemacht ist.



## Die Pilgerreise des Franz von Assisi und anderer Heiliger zum Monte Sant'Angelo

Der hl. Franz von Assisi soll der Überlieferung nach im Jahr 1216 auf den Monte Sant'Angelo gepilgert sein. Es wird erzählt, dass Franziskus es nicht wagte, die Schwelle der Grotte zu überschreiten. Demütig soll er niedergekniet sein und den steinernen Boden geküsst haben, auf welchem sich daraufhin ein Tau eingeprägt haben soll. An dieses Ereignis erinnert der Franziskusaltar, der sich gleich hinter dem Eingang der Grotte befindet.
In den Altar eingelassen sehen wir noch einen Stein, der das Zeichen „T" trägt, eine Nachbildung des durch Joachim Murat, Offizier und Schwager von Napoleon Bonaparte, zerstörten Originals. Der Altar wurde auf persönliches Betreiben von Kardinal Orsini in den Jahren 1675–77 errichtet. Ihn schmückt ein Bild, das die Heiligen Franziskus und Luzia darstellt, zur Erinnerung an die beiden Blinden vom Gargano. Sie sollen am Eingang der Grotte gestanden sein, als Franziskus kam und auf das Gebet des Franziskus, der sie der hl. Luzia, der Patronin der Blinden, anvertraute, auf wunderbare Weise das Augenlicht zurückbekommen haben. Einer der beiden soll der spätere Bruder Illuminatus gewesen sein.

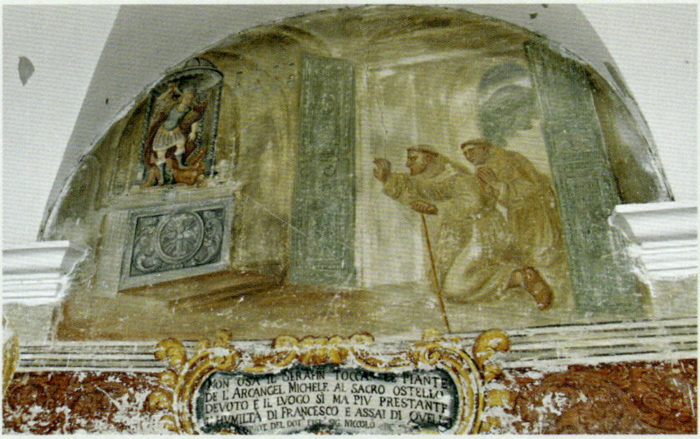

*Franziskus kniet am Eingang der Michaelsgrotte, Fresko im Kloster Toro (Tag 18)*

Wie vielen anderen Pilgern ging es Franziskus um den *Perdono Angelico*, den Engelsablass, der mit dem Besuch der Grotte verknüpft war. Anders als der Portiunkula-Ablass in Assisi oder die Perdonanza von L'Aquila (siehe S. 61), die nur für einen bestimmten Tag im Jahr gewährt wurden, hatte der *Perdono Angelico* von Gargano durchgehende Gültigkeit.

Zur Zeit des Franziskus pilgerten die Bürger von Assisi regelmäßig zum Gargano. Mit Sicherheit wissen wir, dass Ortolana, die Mutter der hl. Klara, 1199 an einer Pilgerfahrt teilnahm, und als Franziskus 1226 starb, befand sich der Bischof von Assisi gerade auf Pilgerschaft zum Monte Sant'Angelo. Der hl. Bonaventura erzählt in der *Legenda maior*, dass dem Bischof in der Nacht Franziskus erschienen sei, um ihm zu sagen: „Ich verlasse nun diese Welt und gehe in den Himmel." Der Bischof erschrak, eilte zurück nach Assisi und in der Tat: In der Nacht, in der ihm Franziskus erschienen war, war er verstorben.

Im Laufe der Jahrhunderte haben zahlreiche Heilige den Monte Sant'Angelo besucht. Abgesehen von den Heiligen der Gegend, die teilweise im ersten christlichen Jahrtausend als Einsiedler am Monte Gargano gelebt hatten, besuchten auch Heilige von weit her die Kultstätte des Erzengels: Anselm von Canterbury, Bernhard von Clairvaux, Thomas von Aquin, Brigitta von Schweden, Alfons von Liguori und viele mehr.

Der hl. Padre Pio von Pietrelcina (1887–1968), der 1917 von San Giovanni Rotondo aus auf den Monte Gargano gepilgert war, hat immer wieder Gläubigen, die ihn aufsuchten, geraten: „Andate prima al Monte Sant'Angelo" – Geht zuerst zum Monte Sant'Angelo, um den Schutz und die Hilfe des Erzengels zu erflehen.

TAG 21

# Von San Marco la Catola bis Castelnuovo della Daunia 17 km

Schwierigkeit: ●●●

**Wilde, ursprüngliche Natur auf Steigen und Pfaden, fern der Zivilisation in den Wäldern Apuliens erwartet uns heute. Wir brauchen Proviant, gutes Trinkwasser gibt es unterwegs bei den Brunnen *Pila del Ladro* und *Pila di sant'Onofrio.***

## Unterkünfte

**Castelnuovo della Daunia:**

- ✯ Residence, ristorante *Le Terrazze,* 1 km abseits auf der Straße nach San Severo, sehr gepflegtes Haus mit Schwimmbad, Pilgerpreis, hervorragendes Essen, Tel.: 0881/559170 (Am nächsten Tag müssen wir nicht zurück ins Dorf, sondern gehen die Kehren der Straße weiter hinunter bis in die Ebene. Bei einem Haus vor einer Kreuzung biegen wir links in ein schönes Sträßchen und gehen abwärts bis zum Kirchlein *Santa Maria della Stella*, wo wir wieder auf der Pilgerroute sind.)
- ✯ B&B *di Paolo* 10 Betten, etwas außerhalb des Dorfes in Richtung Castelvecchio, Tel.: 338/8541309
- ✯ Der freundliche Pfarrer *don Francesco Codianni* stellt ausschließlich männlichen Pilgern 2 Betten im Pfarrhaus zur Verfügung, Tel.: 347/8764290

Im Tourismusbüro bei Frau Rossella gibt es einen schönen Stempel für den Pilgerausweis, Tel.: 389/1753302

*Bar Dream 91* auf dem zentralen Hauptplatz gibt es hervorragende Pizza! Fernando, der Chef ist ein großer Pilgerfreund und in allen Belangen sehr hilfsbereit, Tel.: 339/8644108



## Wegbeschreibung

Vom Agriturismo L'Avellaneta gehen wir zurück auf die Provinzstraße, in die wir rechts einbiegen. Aber schon nach wenigen Schritten verlassen wir sie wieder und folgen links aufwärts dem breiten ze-

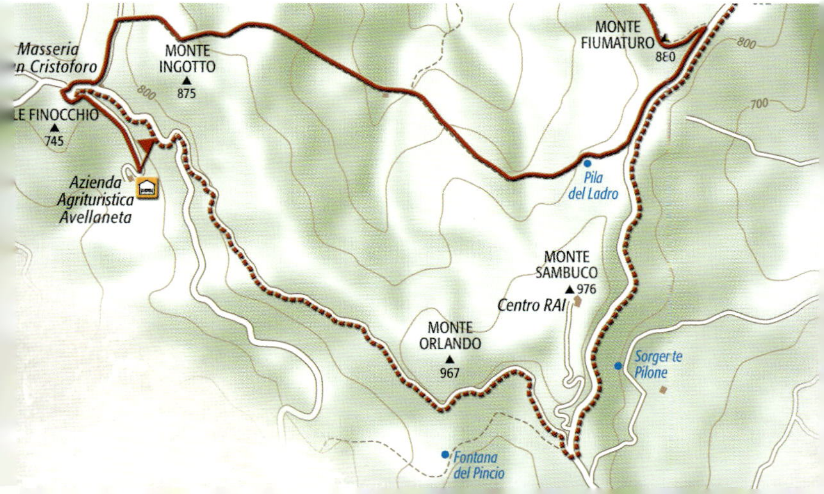

mentierten Weg. Nach 300 m zweigen wir rechts in den Waldweg, der lieblich und schattig zwischen Nadelbäumen aufwärts führt. Auf dem Kamm bei einer kleinen Wiese angekommen, folgen wir immer geradeaus dem Pfad, ignorieren die Abzweigungen und genießen die großartigen Ausblicke. In der Ferne am Horizont können wir bereits das Meer erahnen.

An einer Viererkreuzung angelangt folgen wir links dem markierten CAI- Pfad Nr. 205 in angenehmem Auf und Ab durch einen herrlich schattigen Buchenwald. Sobald der Pfad in eine schmale Asphaltstraße übergeht, zweigen wir bei der ersten Möglichkeit links ab. Abwärts gelangen wir zur Quelle mit dem Brunnen *Pila del ladro,* mit Picknickplatz. 150 m weiter unten gibt es eine zweite Quelle, ebenfalls mit schönem Picknickplatz, die *Pila di sant'Onofrio* (2014 als Abenteuerspielplatz hergerichtet).

Nach dem Abstecher die Straße weiter abwärts, bis wir die Provinzstraße erreichen. Auf ihrer linken Seite erkennen wir einen Bildstock

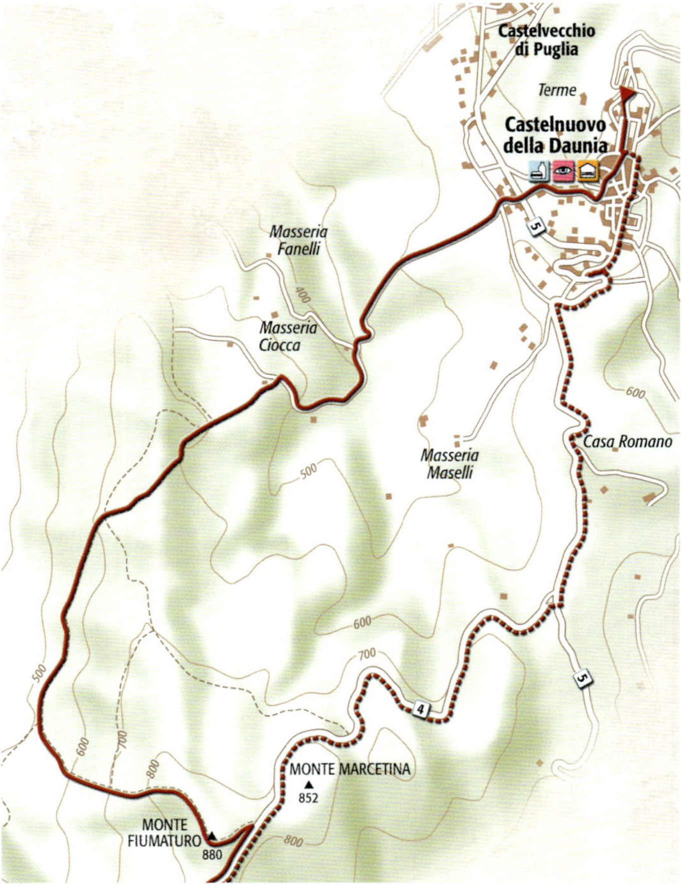

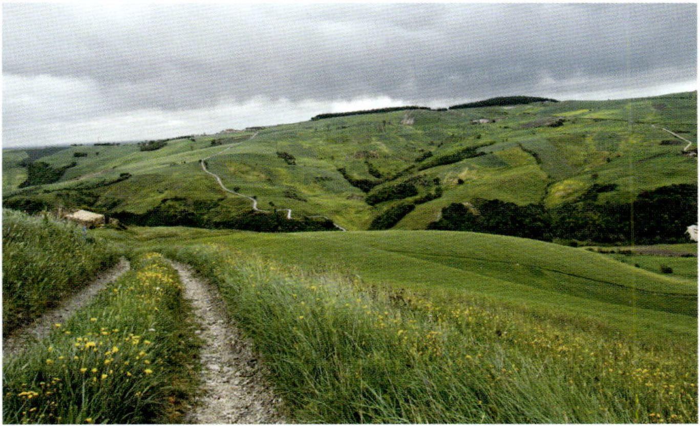

*Am Weg nach Castelnuovo*

und gegenüber ein Försterhaus mit der Aufschrift *Struttura della Forestale.* Links am Bildstock vorbei in einen schmalen Pfad aufwärts einbiegen (Schild: *Guardiaboschi)*, der durch einen faszinierenden Tunnel aus Blättergrün führt. Bei der nächsten Abzweigung halten wir uns rechts in leichtem Auf und Ab, bei der Abzweigung mit dem Hinweis *Guardiaboschi* bleiben wir geradeaus, der Pfad geht in einen breiten Schotterweg über. Es ist dies ein steiniger Abstieg.

Bei einer Abzweigung rechts aufwärts in einen kleineren Weg einbiegen, bei der nächsten Abzweigung bleiben wir geradeaus. Wir erreichen den Waldrand und gelangen auf einen Güterweg, der durch herrliche Getreidefelder abwärts führt, links oberhalb ist die Ruine eines alten Hofes zu sehen. Auf dem gegenüberliegenden Hügel sehen wir bereits unseren Weg, weiße Mauern und ein großes rötliches Haus rechts. Bei einer T-Kreuzung rechts, immer weiter abwärts über eine Linkskurve dem Talgrund zu, bis wir den kleinen Bach erreichen. Diesen überqueren und auf der anderen Talseite über das Asphaltsträßchen wieder hinauf auf den Hügel, auf dem sich das Dorf **Castelnuovo della Daunia** befindet. Als erstes begegnen uns die Reste eines modernen Gefängnisses, das nie in Betrieb genommen wurde. Abwärts führen mehrere parallele Straßen auf den zentralen Dorfplatz.



## Variante für Fahrradpilger

*Auch diese Etappe eignet sich nicht besonders gut für das Fahrrad. Vom* ***Agriturismo l'Avellaneta*** *zunächst auf der SP 1 in Richtung der Ortschaft* ***Motta Montecorvino.*** *Nach 1,5 km kommt man an* *einer Bar und dem Schutzhaus **Pan** vorbei. Nach ca. 6 km bei der zweiten Abzweigung links in die SP 4 einbiegen und den Hinweisschildern nach **Castelnuovo della Daunia** folgen. Die Abzweigungen ignorieren, nach weiteren 7 km auf der SP 5 weiter aufwärts in die Ortschaft **Casa Romano,** noch 3 km weiter bis nach **Castelnuovo di Daunia.***

## Sehenswürdigkeiten

### DAS GEBIET DER DAUNIA UND DIE DAUNIER

Die heutige Provinz Foggia war im 2. Jh. v. Chr. die Heimat der Daunier, die sich zunächst an der Küste und erst später im Hinterland ansiedelten, wo sie sich mit der autochthonen Bevölkerung vermischten. Die Daunier waren illyrischer Abstammung (Balkan) und haben ihren Namen vermutlich vom illyrischen König Daunus erhalten. Zahlreiche Funde beweisen die künstlerisch-handwerklichen Fähigkeiten dieses Volkes, darunter feine Keramiken und kunstvoll verzierte Stelen. Ab dem 5. Jh. v. Chr. geriet das Gebiet der Daunier unter griechische Dominanz und mit der Eroberung durch Rom im 3. Jh. war der Untergang der Daunier als eigenständiges Volk besiegelt.



Das Landschaftsbild der Daunia ist äußerst vielfältig und reicht vom Grün der Naturparks und der Wälder des Binnenlandes über das Gelb der Kornfelder des Tafellandes bis zum Blau des Meeres, das einen wunderbaren Kontrast zu den weißen Felsklippen der Küste bildet.

### CASTELNUOVO DELLA DAUNIA

Der kleine Ort, der unter dem Namen Castrum Sclavorum erstmals urkundlich erwähnt wird, wurde von illyrischen Volksstämmen erbaut, die in den Jahren 642, 871 und 926 aus dem heutigen Dalmatien in dieses Gebiet übersiedelten.

Aus der Ortschronik geht hervor, dass um das Jahr 1000, unter der Herrschaft Ostroms, eine Bruderschaft entstand, die nach den Regeln des hl. Basilius lebte und den Marienkult einführte. 1199 wurde die Dorfkirche Maria Santissima della Murgia erbaut und in den darauffolgenden Jahrhunderten immer wieder erweitert.

Im Laufe der Geschichte stand der Ort unter der Herrschaft der Normannen, der Hohenstaufer, der Grafen von Anjou und der Könige von Aragon. Dabei hatte er anderen Orten dieser Gegend immer schon etwas voraus: Castelnuovo della Daunia war immer schon Gerichtssitz, verfügte bereits 1551 über ein eigenes Krankenhaus und im Jahr 1883 gab es hier bereits acht Schulen, vier für Jungen und vier für Mädchen.

## Wallfahrten zum heiligen Berg

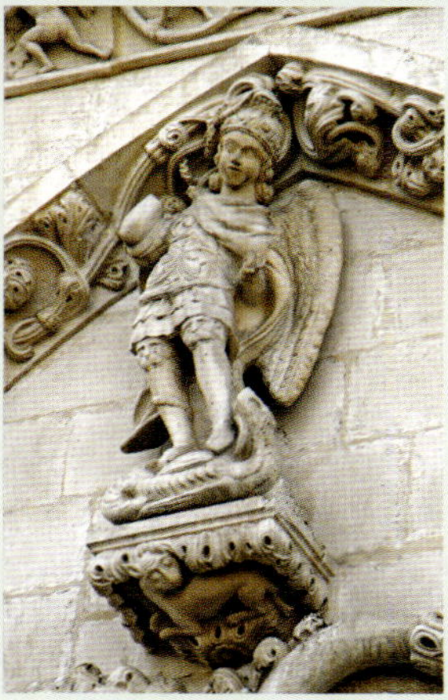

*Gibelstatue des Erzengels in Sulmona*

Das Michaelsheiligtum war im Frühmittelalter das wichtigste Pilgerziel der Christenheit nach Jerusalem und bedingt durch die germanische Völkerwanderung bald ein Wallfahrtsort von europäischer Dimension. Inschriften aus unterschiedlichen Epochen und in mehreren Sprachen verfasst, lassen erkennen, dass neben den Langobarden auch Goten, Franken, Alemannen, Angeln, Sachsen und schließlich die Normannen zum heiligen Berg nach Apulien gepilgert sind. Während der Kreuzzüge war es geradezu Pflicht, am Weg ins Heilige Land hier eine Rast einzulegen, um dem Erzengel Michael seine Ehre zu erweisen und die Kreuzfahrt unter seinen besonderen Schutz zu stellen.

Noch im Hochmittelalter zählte das Heiligtum am Gargano zu den vier meistbesuchten Pilgerorten des Christentums. Gemäß dem Weg der Erlösung – homo, angelus, deus – Mensch, Engel, Gott –, war es Brauch, zu den Grabstätten der Apostel Petrus und Paulus in Rom und zum Grab des Apostels Jakobus in Santiago de Compostela in Spanien (homo), zum Erzengel Michael in der heiligen Grotte am Monte Sant'Angelo (angelus) und schließlich ins Heilige Land zu pilgern, wo Gottes Sohn (deus) gewirkt hat. Zu Fuß zu pilgern war im Mittelalter in dem in viele Herrschaftsgebiete gespaltenen Italien und der damit verbundenen unsicheren politischen Lage ein durchaus gefährliches Unternehmen. Viele Pilger reisten deshalb per Schiff in Gruppen an, wobei die Gruppen in der Regel nicht nach Bruderschaften organisiert waren, auch keine hierarchische Struktur hatten und weder von einer kirchlichen noch von einer Zivilbehörde genehmigt worden waren. Die meisten Pilgergruppen kamen aus dem mittel- und dem süditalienischen Raum zum Monte Sant'Angelo. Jede Gruppe brachte ihre Rituale, die typischen Landestrachten, das eigene Brauchtum und die eigenen Gesänge mit. Es hatte sich eingebürgert, dass man sich mit folgendem Gruß verabschiedete: „Falls im nächsten Jahr nicht hier, dann in der Ewigkeit."
Pilgerscharen kommen immer noch zum Heiligtum, reisen nun aber meist mit Bussen an und legen nur die letzten Kilometer zu Fuß zurück. Vom 36 km entfernten San Marco in Lamis pilgern jährlich zum Michaelsfest Anfang Mai an die 400 Menschen und im September pilgert eine kleinere Gruppe drei Tage lang zu Fuß zum Heiligtum.

TAG 22

# Von Castelnuovo della Daunia nach Torremaggiore

21 km

Schwierigkeit: ●●○

**Heute geht es endgültig in die weite Ebene Apuliens hinunter. Leider sind die *Tratturi* hier mehr oder weniger intensiv landwirtschaftlich genutzt und so sind die Karren- und Güterwege großteils verschwunden. Daher bleiben uns nur die asphaltierten Straßen – es gibt keine Alternativen. Wo es noch zu Schaftrieb kommt, werden die Tiere nachts mit Polizeieskorte über die Provinzstraßen getrieben, uns bleibt der Straßenrand. Wir brauchen Wasser und Proviant!**

## Unterkünfte

**Torremaggiore:**

- Das Kloster bietet zur Zeit keine Unterkunft, jedoch freut sich *Padre Nicola* sehr, Pilger zu treffen, Tel.: 368/687717222
- B&B *Castello,* nahe beim Kloster, 10 Betten, Tel.: 333/6366666 oder 0882/382373
- B&B *Cavour,* Via Cavour 23, nahe bei der Burg, 12 Betten, Fahrräder können hier gewartet werden, Pilgerpreis, Tel.: 329/0454060 (Giovanni Grassi)



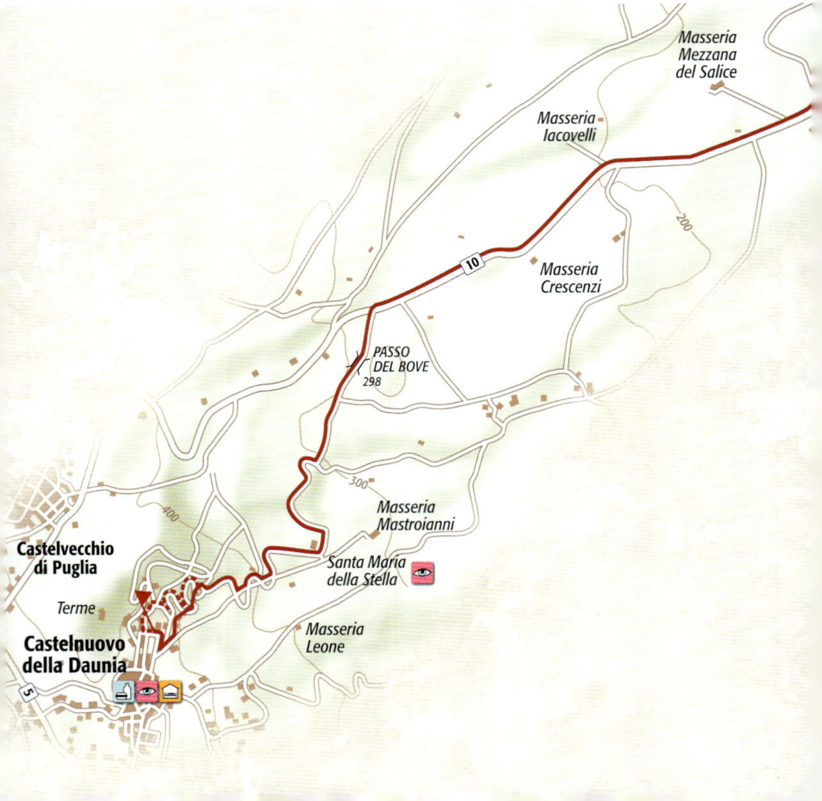

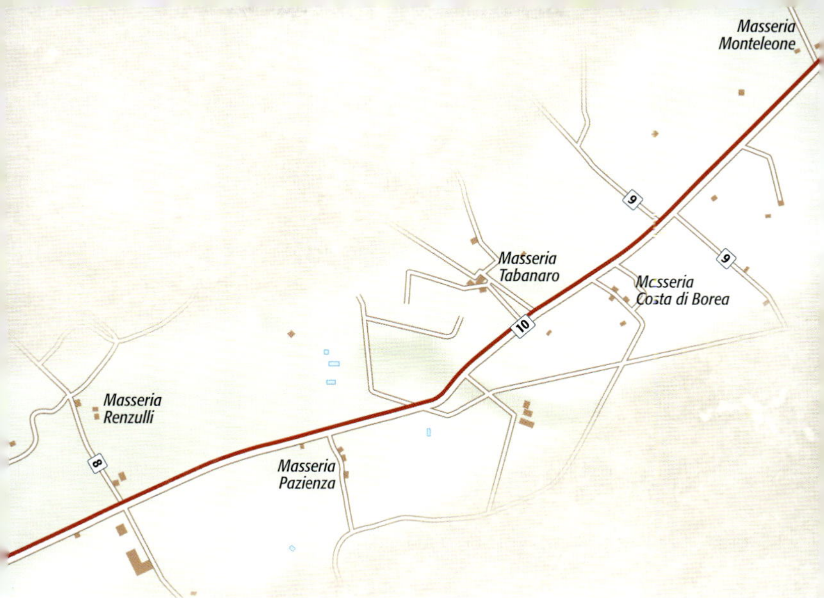


## Wegbeschreibung



Wir durchqueren die öffentlichen Gärten in Richtung Kloster und gehen kurz vor dem Kloster rechts steil abwärts bis zum letzten Haus, das auf der rechten Seite steht. Gestrüpp, das den alten Weg überwuchert, scheint den Weg zu versperren. Wir umgehen das Hindernis über das Feld am Rande des Weges und orientieren uns an den Strommasten bis zur Asphaltstraße, in die wir rechts einbiegen. Weiter abwärts bis zur kleinen Kirche *Santa Maria della Stella.* Gleich nach dem Kirchlein zweigen wir links ab, immer geradeaus weiter und nehmen die lange, aber ebene Provinzstraße nach *Torremaggiore.* Wir können uns nicht verlaufen.

## Variante für Fahrradpilger

*Die ersten 2 km bleiben die Radfahrer auf der Nebenstraße rechts vom Kloster, bis sie an der kleinen Kapelle auf den Pilgerweg treffen.*

## Sehenswürdigkeiten

### SANTA MARIA DELLA STELLA

In reizvoller Lage inmitten einer Wiese präsentiert sich das entzückende Kirchlein Santa Maria della Stella, das zwischen 1722 und 1741 erbaut wurde und nach wie vor Ziel vieler Wallfahrer ist. Ein

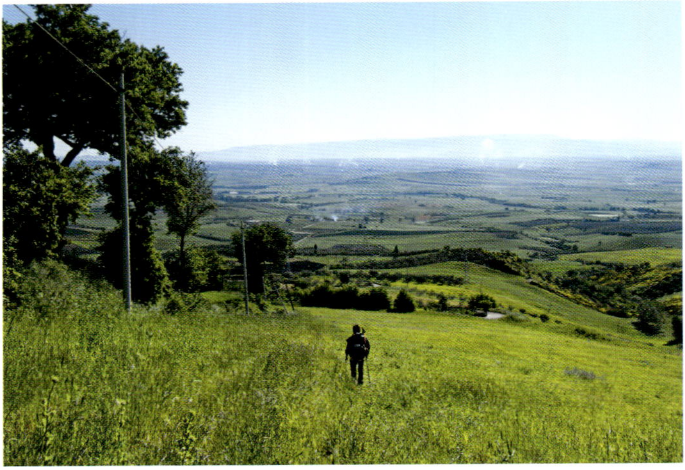

*Hinab in die große Ebene Apuliens, Tavoliere genannt*

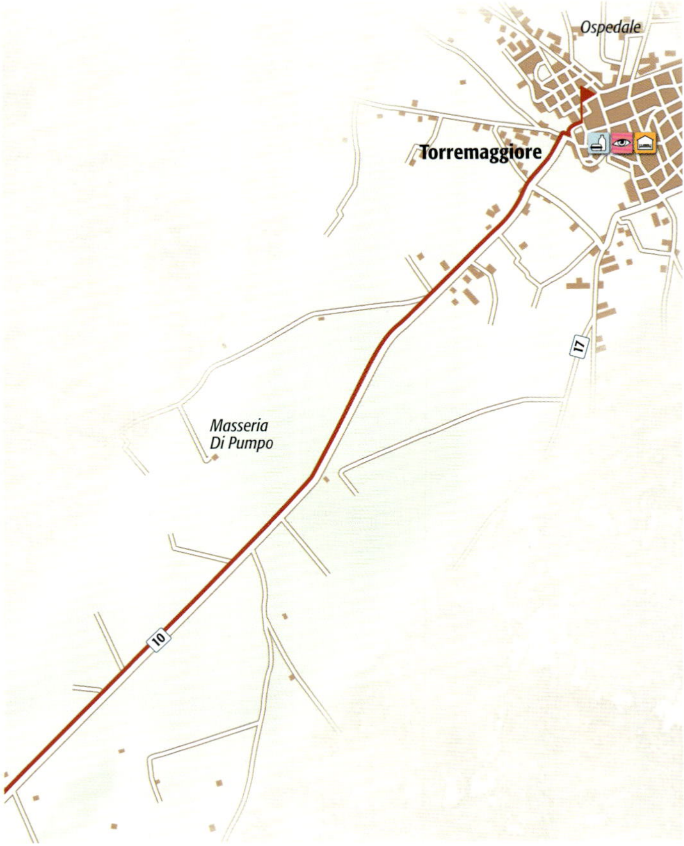

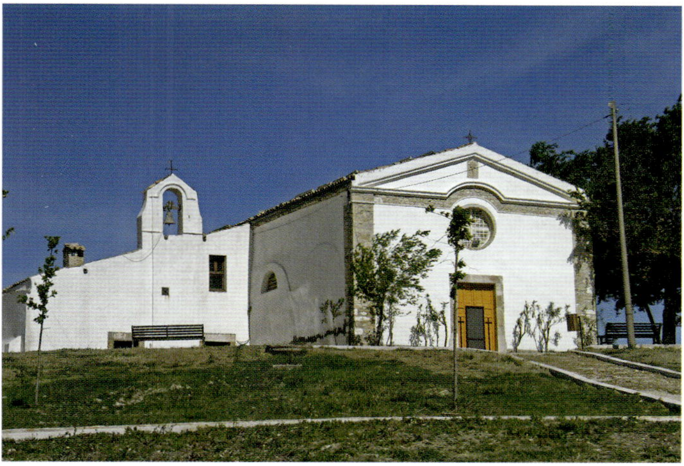

*Santa Maria della Stella*

Besuch des gut erhaltenen Kirchleins lohnt sich, wenngleich man überrascht ist, im Inneren nur eine Fotografie der Statue der Madonna della Stella vorzufinden. Das Original steht in der Mutterkirche in Castelnuovo und wird nur am zweiten Sonntag im Mai in einer feierlichen Prozession hierher gebracht. Eine Statue des hl. Michael und eine Egge unter dem Altar zeugen von bäuerlicher Volksfrömmigkeit. Der Legende nach erschien hier einem Hirtenjungen die Muttergottes mit einem strahlenden Kometen auf ihrem Umhang. Dieser friedliche Ort lädt zum Verweilen ein und war einst eine benediktinische Einsiedelei.



## TORREMAGGIORE

Die Stadt mit etwa 17.000 Einwohnern hat ihren Ursprung in der 10 km entfernten Grenzfestung Castel Fiorentino, die 1018 angelegt wurde. 1225 flüchtete die Bevölkerung nach einem Angriff der Truppen des Kirchenstaates in die nahe gelegene Benediktinerabtei San Pietro. Mit dem Einverständnis des Abtes erbauten die Heimatlosen um das Kloster eine neue Ortschaft, das heutige Torremaggiore. Bekannt ist die Grenzfestung Castel Fiorentino als Sterbeort von Kaiser Friedrich II., der am 13. Dezember 1250 hier verstarb.

Torremaggiore stand von 1295 bis 1312 unter der Herrschaft der Templer, bis 1806 dann mehr oder weniger unter Feudalherrschaft. Ein Erdbeben im Jahr 1627 zerstörte die Stadt fast vollständig, ein weiteres schweres Erdbeben folgte im Jahr 1688. Im Jahr 1656 wurde der Ort durch die Pest schwer in Mitleidenschaft gezogen. Ältestes erhaltenes Gebäude ist der Palazzo Ducale mit den sechs Türmen, im 16. Jh. erbaut und heute Sitz des städtischen Museums.

## Volksfrömmigkeit am Monte Gargano

Die Volksfrömmigkeit hat seit dem Mittelalter ihre Spuren am Monte Gargano hinterlassen. Wie an Wallfahrsorten üblich hinterließen die Pilger verschiedenste Votivgaben. Eine – wohl kleine – Auswahl davon ist im Devotionalienmuseum ausgestellt. Votivgaben haben bittenden oder dankenden Charakter: Wer mit einem bestimmten Anliegen zum Wallfahrtsort kommt, bringt eine Gabe mit, häufig eine Kerze. Andere kamen, um dem hl. Michael für empfangene Gnaden zu danken. Wie vielfältig diese Gnadengaben waren, zeigen die bunten Votivtafeln. „Ex voto" steht häufig auf diesen: „Aus einem Gelübde heraus" bzw.: „weil ich es versprochen habe", und mitunter erzählt das Bild ausführlich, wie wundersam der Erzengel Michael bei Unfällen und Naturkatastrophen, bei Krankheiten und Seuchen geholfen hat. Votivtafeln sind eine einmalige Quelle für die Geschichte und Volkskunde der bäuerlichen Bevölkerung, aber ebenso für Modernisierung und Industrialisierung, etwa wenn Autounfälle oder Arbeitsunfälle in der Fabrik dargestellt werden. Auch die Geschichte der Auswanderung kann von den Votivtafeln abgelesen werden, wenn Unglücksfälle und Schicksalsschläge in weit entfernten Ländern dargestellt werden.



Eine Besonderheit der Volksfrömmigkeit am Monte Sant'Angelo stellt der Brauch dar, Umrisse seiner Hände in die flachen Stufen (scalelle) einzuritzen, die zur Grotte führen. Jerusalempilger, die auf der Fahrt ins Heilige Land die Grotte des Erzengels besuchten, machten es so, dass sie auf dem Hinweg die eine Hand, auf dem Rückweg die andere einritzten, versehen mit dem jeweiligen Datum. Und natürlich war bzw. ist es auch am Gargano üblich, dass die Gläubigen der umliegenden Ortschaften zu von alters her festgelegten Terminen mit ihren Fahnen und überlieferten Gesängen in Prozession zur Grotte des Erzengels pilgern. Dabei war es bis vor wenigen Jahrzehnten durchaus üblich, dass sich ganze Pilgerzüge in der Grotte selbst nur auf Knien dem Altarraum näherten.

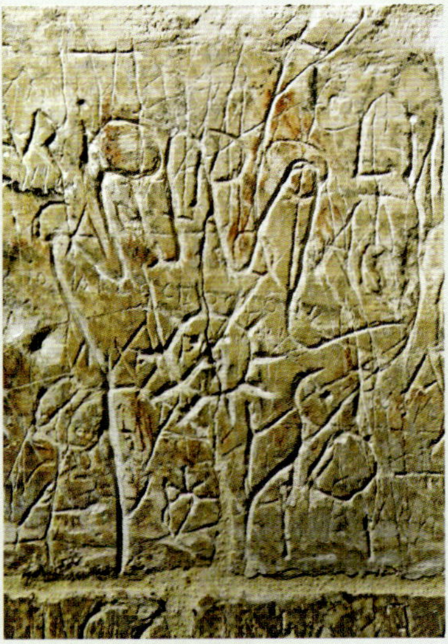

*Eingravierte Pilgerhand in der Michaelsgrotte*

TAG 23

# Von Torremaggiore bis zum Kloster Santa Maria di Stignano 28 km

Schwierigkeit: ●●●

**Endlose Ebene, soweit das Auge reicht, bis wir endlich an einem ersten leichten Hügel des Garganoberges *Santa Maria di Stignano* erreichen, das Tor zum heiligen Berg. Zwischen Olivenhainen, Weizenfeldern, Weinreben und riesigen Feigenkakteen tauchen wir in eine faszinierende, verwilderte Kulturlandschaft ein. An Hecken und Mauern entlang, die uralte Hohlwege säumen, durchqueren wir die „Meseta" Süditaliens. Bewaffnet mit Sonnenschutz und viel Wasser suchen wir uns den Weg.**

### Unterkünfte

**Santa Maria di Stignano:**

✯ *Conventino*, Das Kloster bietet 20 Plätze im Schlafsaal, Schlafsack, Kochmöglichkeit, Gemeinschaftsdusche, Tel.: 0882/831033



## Wegbeschreibung

Wir verlassen die Stadt über den *Viale Aldo Moro*, der in die *Via Alcide de Gasperi übergeht.* Am Ende der Straße bei einer großen Fünferkreuzung geradeaus bzw. leicht rechts in die *Via Renella* einbiegen, die als Provinzstraße SP 32 aufs Land führt. Die neue Staatsstraße SS 16 überqueren und bei der ersten Kreuzung rechts

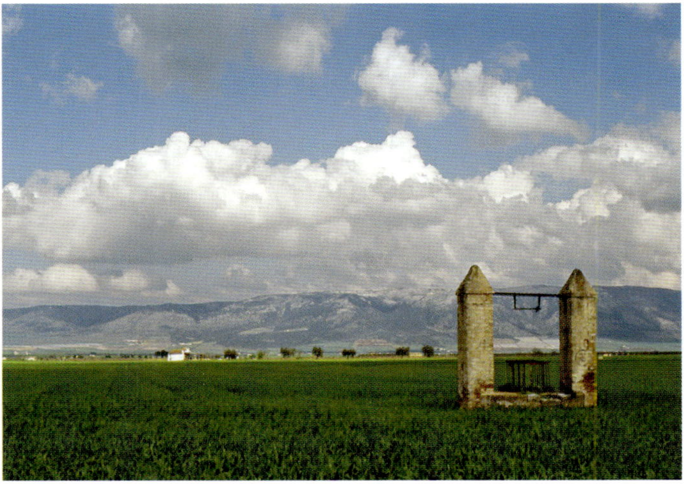

*Ziehbrunnen in der apulischen Ebene; im Hintergrund der Gargano*

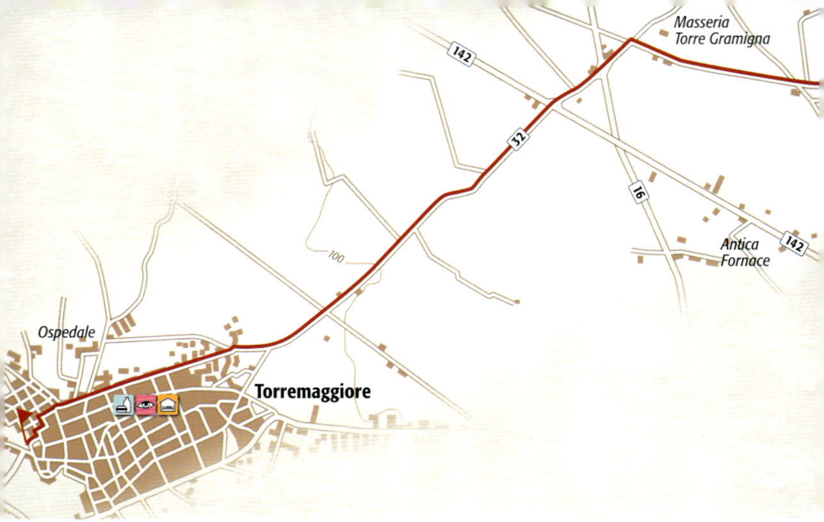


in die Provinzstraße SP 29 einbiegen, die geradewegs auf den Garganoberg gerichtet ist.

An der Kreuzung folgen wir der Straße nach *Apricena* und gehen über die Straßenüberführung. Nach einer Methangastankstelle auf der rechten Seite, an der es noch einmal Wasser gibt, gehen wir unter der Eisenbahnüberführung durch. Nach einer weiteren Überführung geht es durch große Äcker und Felder, an frei stehenden Bauernhöfen und Tiefbrunnen vorbei, direkt dem Gargano zu.

Auf der rechten Straßenseite liegt das beeindruckend große Gehöft *Torre degli Unici* oder *Torre dei Giunchi,* wie es auch genannt wird.

An der Staatsstraße SS 272 angelangt, die durch den antiken *Tratturo* führt, biegen wir in diese links ein. Nach 1 km befindet sich auf der rechten Seite eine Tankstelle mit Bar und nach weiteren 2 km ein Agriturismo. Immer weiter überqueren wir auf einer der wenigen antiken Steinbrücken, dem *Ponte del Candelaro*, den Fluss Candelaro. Einst begannen die Pilger hier zu beten. Dies machte sie würdig,



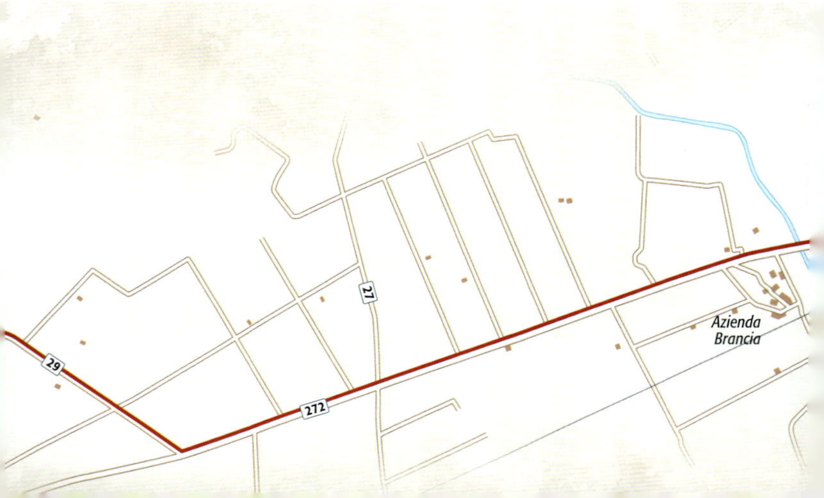

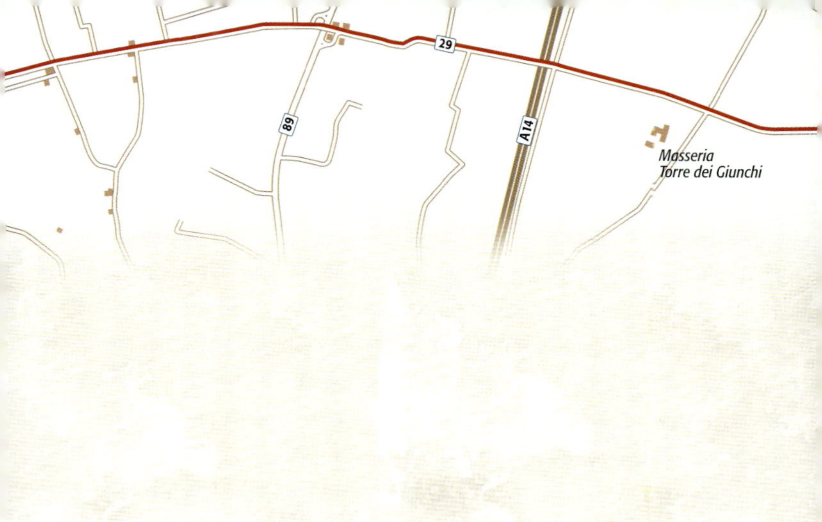


den heiligen Berg zu betreten. Nach dem Überqueren der Bahngeleise verlassen wir die Staatsstraße, indem wir links abbiegen Richtung Bahnhof **San Marco in Lamis**. Am Bahnhof vorbei geradeaus weiter, zwischen einem Kanal auf der rechten und den Bahngeleisen auf der linken Seite. Bei einer Kreuzung bleiben wir geradeaus. Langsam verengt sich das Tal, wir nähern uns dem Gebirge. Bald zweigen wir links in einen Schotterweg ab, der zum Bauerngehöft *Colantuono* führt und auf der linken Talseite liegt. Lassen wir es uns nicht nehmen, die ausgezeichneten Milchprodukte zu verkosten.
Nach dem Abstecher zum Bauernhof gehen wir zurück auf den Feldweg. Wir orientieren uns am langen Maschendrahtzaun, an dem unser Weg entlanggeht. Wir nähern uns den Olivenplantagen. Zwischen Steinmauern und Gestrüpp führt unser Weg dem Garganoberg zu. (Achtung: bei Unwettern kann der Weg zu einem Bachbett werden.) Unsere Richtung ist klar: durch das Tal auf dessen linker Seite. Ein sehr markanter roter Steinbruch, an dem wir



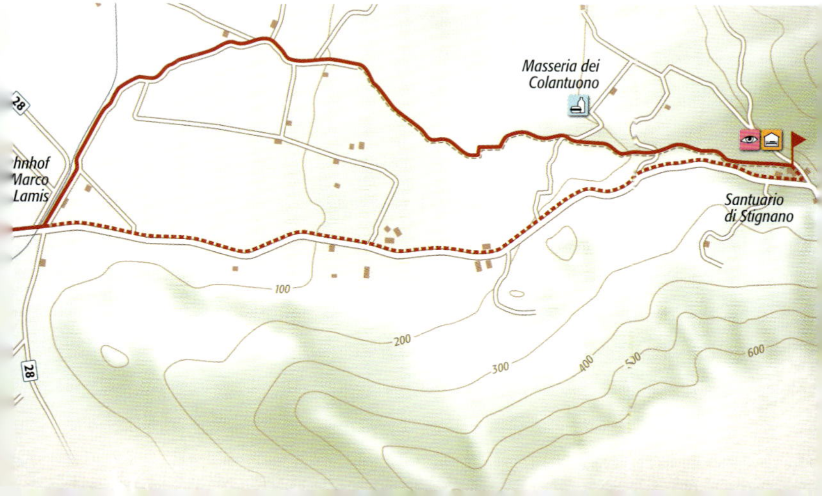

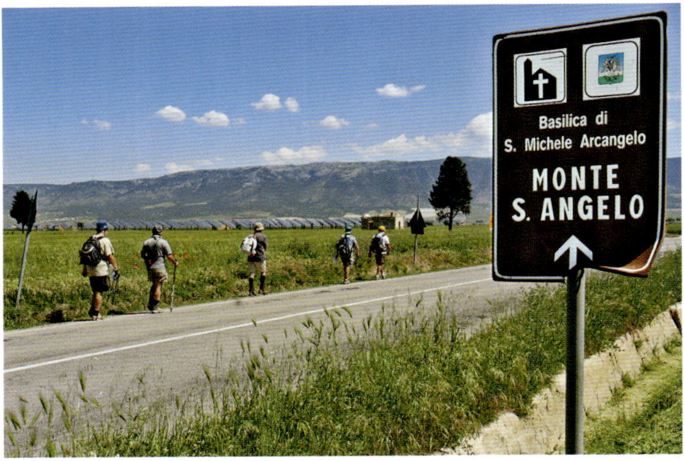


*Beschwerliches Pilgern am Straßenrand – aber das Ziel kommt näher!*

unterhalb vorbeigehen, weist uns von Weitem die Richtung. Bei einer Abzweigung angelangt, folgen wir dem linken Weg und gelangen zu einer riesigen Eiche und nach 150 m sind wir an der Rückseite des Klosters von **Stignano** angelangt, unserem heutigen Etappenziel. (Auch 7 km weiter in *San Marco in Lamis* gibt es Quartier im Kloster, siehe nächste Etappe.)



## Variante für Fahrradpilger

*Nach der Bahnüberführung hinter dem Candelaro auf der Staatsstraße bleiben bis nach **Stignano,** ca. 6 km.*

## Sehenswürdigkeiten

### SANTA MARIA DI STIGNANO

In der ersten Hälfte des 16. Jh. erbaut, war das Kloster das Novizenhaus für die Franziskanerprovinz Sant'Angelo. Nachdem es 1862 geschlossen wurde, diente es Gesetzesbrechern und Räubern als Zufluchtsort, was zu seinem Verfall beitrug. 1953 wurde es schließlich vom damaligen Besitzer Francesco Centola dem Franziskanerorden geschenkt, der mit einer grundlegenden Restaurierung eine einzigartige Oase der Ruhe geschaffen hat. Es lohnt sich, hier zu übernachten, zumal im Kloster der franziskanische Geist spürbar ist und die Brüder ihre Gäste mit großer Herzlichkeit aufnehmen und an ihrem Leben teilhaben lassen.

## Der Marienwallfahrtort Stignano

Bis ins 19. Jh. hinein war das Kloster Santa Maria di Stignano einer der wichtigsten Marienwallfahrtsorte auf dem italienischen Stiefel. Große Menschenmengen kamen vor allem zum Hochfest der Aufnahme Mariens in den Himmel, am 15. August, hierher. Bis zu 20 Beichtväter nahmen in jener Zeit den Pilgern die Beichte ab. Die Gründungslegende erzählt, dass zu Beginn des 13. Jahrhunderts einem armen, blinden Pilger unter einer Eiche im Schlaf die heilige Jungfrau erschienen ist und ihn auf eine Muttergottesstatue mit Kind hingewiesen hat, die an einen Baum gelehnt war. Der Blinde konnte daraufhin wieder sehen und erzählte seine Geschichte den Priestern von Castel Pagano, die eine Prozession organisierten, um die Statue abzuholen und in eine nahegelegene Kapelle zu bringen.

Es wird erzählt, dass der hl. Franziskus von diesem Ort tief berührt und fasziniert war, als er im Jahr 1216 auf dem Weg zur Grotte des Erzengels Michaels hier vorbeikam.

1515 wurde an diesem Ort eine schöne Kirche errichtet. Die Leitung übernahm der Orden der Minderen Brüder, der sie zu einem wichtigen Pilgerziel machte, sozusagen zum Eingangstor vor dem Aufstieg zum heiligen Berg.

Eine weitere Legende berichtet vom *Monstrum horrendum marinum*, einem Meerungeheuer, das an der Küste von Rodi Garganico gesichtet wurde und zu allerlei Fantasien und Spekulationen angeregt hat. So erzählte man sich, dass der Drachen versucht hätte, die Stadt Rodi zu überfallen. Man hat der Madonna von Stignano dann zwei Knochen übergeben als Dank dafür, dass sie die Gefahr abgewendet hat. In der Sakristei der Kirche von Stignano werden die beiden Knochen bis heute aufbewahrt und von Pilgern wie Reliquien verehrt. Es wird aber auch erzählt, dass Satan selbst als Meerungeheuer an den Gargano gekommen sei, um dem Erzengel Michael den Kampf anzusagen.

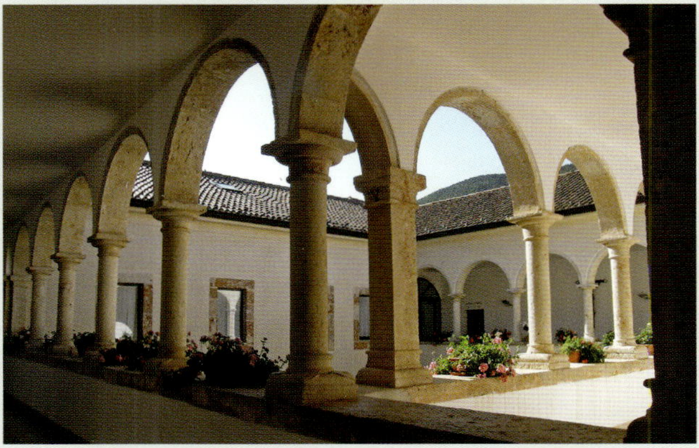

*Der Kreuzgang von Santa Maria di Stignano*

TAG 24

# Von Santa Maria di Stignano nach San Giovanni Rotondo 17 km

Schwierigkeit: ●○○

**Nur noch zwei Tage trennen uns von unserem Ziel, Monte Sant'Angelo und es geht von Pilgerziel zu Pilgerziel, heute zum hl. Pater Pio, einem der populärsten Heiligen Italiens, dem in San Giovanni Rotondo eine riesige Kirche errichtet wurde, um die vielen Pilger aufzunehmen, die sein Grab aufsuchen. Der Weg führt zunächst aufwärts zum sehenswerten Kloster San Matteo nach San Marco in Lamis. Einst versammelten sich hier die Pilger, die aus unterschiedlichen Richtungen kamen, um gemeinsam zum heiligen Berg zu pilgern. Ab dem Kloster San Matteo gibt es eine wunderschöne Variante abseits der Straßen über eine Hochebene.**

## Unterkünfte



**San Marco in Lamis:**

- Pilgerquartier im Kloster *San Matteo*, Tel.: 340/3635509 (*padre Pietro)*

**San Giovanni Rotondo:**

- Gästehaus *Sacro Cuore* der freundlichen Kapuzinerschwestern, Via Kennedy 64, in der Seitenstraße gegenüber der Kirche Sant'Onofrio, Tel.: 0882/456166
- *Casa Pace Bene,* Gästehaus der Franziskanerschwestern, Corso Roma 83, im Stadtzentrum, Tel.: 0882/457835

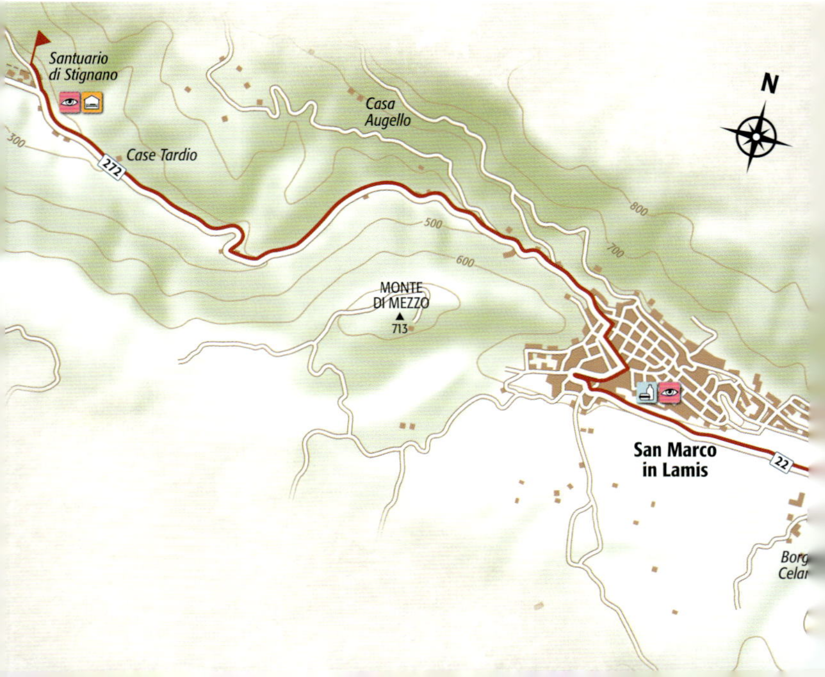

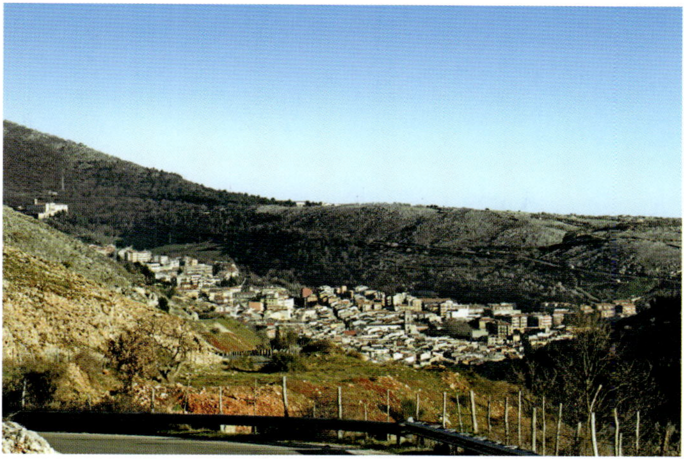

*San Marco in Lamis, hinten links das Kloster San Matteo*

## Wegbeschreibung



Vom Kloster *Santa Maria di Stignano* weiter auf der Hauptstraße aufwärts, bis wir nach 5 km die ersten Häuser der Ortschaft **San Marco in Lamis** erreichen. An der *Piazza Gramsci* biegen wir rechts ab, gehen an der Kirche *Madonna Addolorata* vorbei und weiter aufwärts über den *Viale Dante Alighieri,* dann rechts in die *Via Amendola.* Den Friedhof vor Augen biegen wir links in die *Via Ferrarello*. Über diese weiter aufwärts bis zur Staatsstraße nach *San Giovanni Rotondo.* Diese überqueren und gegenüber weiter in Richtung des imposanten und majestätischen Franziskanerklosters **San Matteo**. Nach Besichtigung des Klosters gibt es zwei Möglichkeiten für den verbleibenden Streckenabschnitt bis San Giovanni Rotondo.

**Variante A:**
Zurück bis zur ersten Kreuzung, die Straße überqueren und auf der linken Seite über die breiten Treppenstufen aufwärts auf einen kleinen Platz. Weiter die Treppen abwärts ins Dörfchen **Borgo Celano**. Die abwärtsführende Straße heißt *Via XXV Luglio* und bringt uns zur Hauptstraße. In diese links einbiegen nach *San Giovanni Rotondo*. Hoch über dem Talboden zwischen Feldern, Gärten und schönen Ausblicken aufs Meer nähern wir uns unserem heutigen Ziel. Ca. 4 km nach *Borgo Celano* bei einem Kreisverkehr geradeaus weiter bis zum Hotel *Paradiso*. Links aufwärts bringt uns eine schattige Zypressenallee zur Kirche und zum Grab des hl. *Padre Pio.*
Bis zum Zentrum des quirligen Städtchens **San Giovanni Rotondo**, wo sich auch die beiden Klöster befinden, die Pilger aufnehmen,

sind es noch 2 km abwärts über die breite Straße. Enge Gassen, belebte Plätze und schöne Kirchen machen das Flair dieser typischen süditalienischen Kleinstadt aus.

**Variante B – abseits der Straßen:**
Vom Kloster *San Matteo* zurück in Richtung Hauptstraße, nach 1 km links in die breite Asphaltstraße einbiegen (Hinweistafeln: D 31, D 32, Coppa L'Arena, GTG 13, S. G. Rotondo) und nach weiteren 2 km rechts *(orto della menta, D 32)* abzweigen in Richtung *Coppa l'Arena.* Ein schmaler Asphaltweg führt in weiten Kehren angenehm aufwärts auf eine einsame, faszinierende Hochebene. Bei den großen Antennen geht der Asphalt in Schotter über. Der Weg führt dem Hügelkamm entlang mit wunderbaren Ausblicken. In einer T-Kreuzung biegen wir rechts ab und gelangen zu einem Picknickplatz. Hier beginnt eine schmale Asphaltstraße, die uns in Kehren zum Padre-Pio-Heiligtum hinabführt.

## Sehenswürdigkeiten



### SAN MARCO IN LAMIS

Der Ort entstand um das Jahr 1000 unweit der Benediktinerabtei San Giovanni (heute San Matteo). Der Name „in Lamis" kommt aus dem Lateinischen und bedeutet „in den Sümpfen", was darauf schließen lässt, wie dieses Tal vor der Bonifizierung aussah. Am Karfreitag findet hier die berühmte Processione delle fracchie statt zu Ehren der Schmerzensmutter. Dabei werden die fracchie, riesige brennende Holzscheite, durch den Ort getragen.

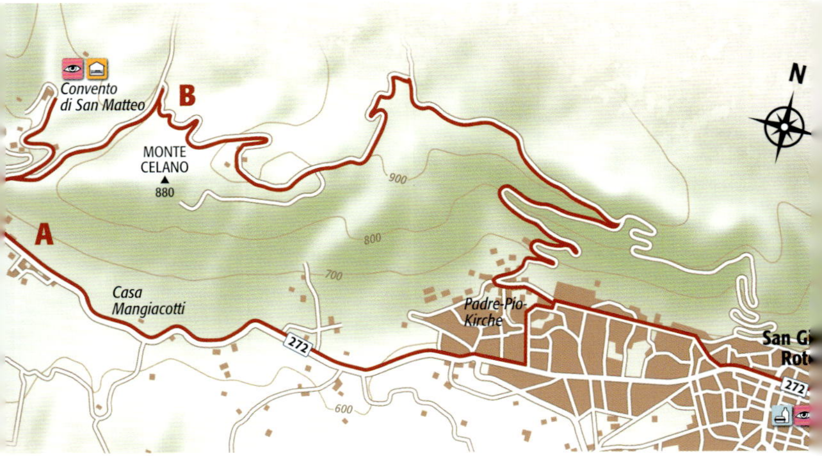

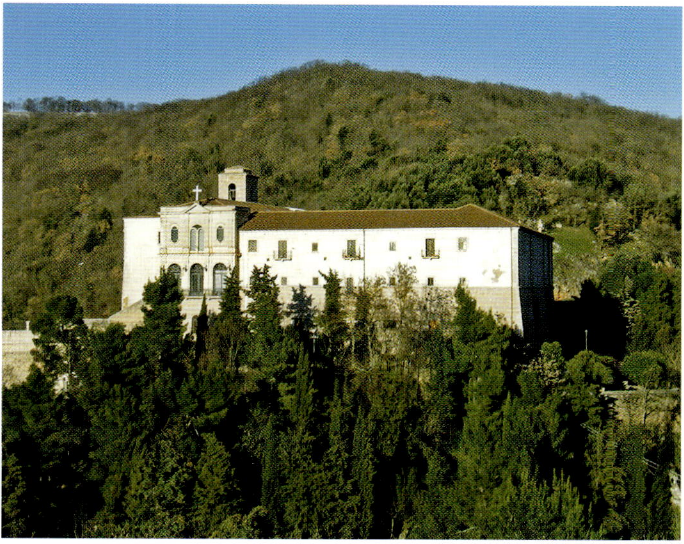

*Kloster San Matteo*



## DAS KLOSTER SAN MATTEO

Gegründet wurde das Kloster zwischen dem 7. und 8. Jh. vom Benediktinerorden unter dem Namen S. Giovanni in Lamis, an einer Stelle der Via Sacra Langobardum, die von den Pilgern auf dem Weg nach Monte Sant'Angelo durchquert werden musste. Im Kloster wurde diesen Pilgern Gastfreundschaft geboten und sie wurden für den weiteren Weg versorgt. Auch der hl. Franziskus war hier zu Gast.

Im 14. Jh. ging das Kloster an den Zisterzienserorden über und wurde schließlich im 16. Jh. den Franziskanern übergeben, in deren Besitz es bis heute ist. In jener Zeit kam eine Reliquie (ein Zahn) des Apostels Matthäus ins Kloster. Von ihr der neue Name und aus der Pilgerherberge wurde im Laufe der Zeit und aufgrund der großen Anzahl von Pilgern, welche die Reliquie besuchten, eine Wallfahrtsstätte. Die Franziskaner bieten heute im Kloster die Möglichkeit des spirituellen Rückzug sowie zum Studium an (das Kloster verfügt über eine Bibliothek mit einer umfangreichen Sammlung). Wunderbar restauriert ist das Kloster nun eine komfortable Herberge mit 40 Einzelzimmern und einer bestens ausgestatteten Küche, in der die Brüder nach wie vor mit großer Freude ihre Gastfreundschaft anbieten. Bevor man in den Trubel der Pilgerströme in San Giovanni Rotondo und Monte Sant'Angelo eintaucht, lohnt sich ein spiritueller Rückzug in die Stille und Einsamkeit dieses Klosters.

## Der hl. Padre Pio da Pietrelcina (1887–1968)

„San Giovanni Rotondo – das ist Padre Pio. Im Ausland kennen ihn wenige, in Italien ist er der populärste Heilige, weit vor den offiziellen Nationalheiligen Franz von Assisi und Katharina von Siena. Die Erinnerung an Padre Pio ist frisch. Jeder kennt noch jemanden, der jemanden kennt, dem der 1968 verstorbene Mönch wenigstens einmal aus seiner Klosterzelle zugewinkt hat", schrieb Birgit Schönau 2008 in einem Artikel in „Die Zeit".

Pater Pio wurde als Francesco Forgione, als Kind einer Bauernfamilie in Pietrelcina (bei Benevent, in der Region Kampanien) geboren. Er habe weniger gegessen als andere Kinder und kaum geschlafen, schwere Fieberanfälle habe er wie durch ein Wunder überstanden. Im Alter von 16 Jahren trat er den Kapuzinern bei und erhielt den Ordensnamen Pio. Unter Mühen ob seiner angeschlagenen Gesundheit – er litt unter Tuberkulose – hielt er das asketische Leben durch, absolvierte das Theologiestudium und wurde 1910 zum Priester geweiht. Bis 1915 war er in seinem Heimatort als Gehilfe des Ortspfarrers tätig, 1916 kam er ins schlichte Kapuzinerkloster von San Giovanni Rotondo. 1918 zeigten sich auf dem Körper des 31-Jährigen plötzlich die fünf Wundmale Christi, die ihn zum ersten stigmatisierten Priester in der Geschichte der katholischen Kirche machten. Sie sollten 50 Jahre lang bis zu seinem Tod sichtbar blieben.



Trotz eines Schweigegebots wurde das Wunder bald schon weithin bekannt. Mehr und mehr Menschen kamen zu Padre Pio nach San Giovanni Rotondo und erlebten ihn bei den heiligen Messen wie der Wirklichkeit entrückt. Er wurde ein gefragter Beichtvater, von Heilungen und Prophezeihungen, ja sogar von der Bilokation, seiner gleichzeitigen Anwesenheit an verschiedenen Orten, wurde berichtet. Sein Orden und die Kurie ließen die Phänomene untersuchen. Die Kirche distanzierte sich schließlich von ihm, bezeichnete ihn als Hysteriker, verbot ihm 1922 das Beantworten von Seelsorgebriefen, dann entzog sie ihm die Beichterlaubnis, von 1931 bis 1933 das öffentliche Lesen der Messe. Erst 1964 erteilte ihm Papst Paul VI. wieder die Erlaubnis zur freien Amtsausübung.

Die Stigmata führten zu wiederholten kirchlich angeordneten medizinischen Untersuchungen. Um die Wunden zu verbergen, trug Pater Pio meist fingerlose Handschuhe.

Die Menschen aber vertrauten Padre Pio; ab 1940 begann er, Leiden durch Handauflegen oder mit Worten zu lindern oder gar zu heilen, und gründete 1956 mit Spendengeldern in San Giovanni Rotondo das Krankenhaus *Casa Solievo della Sofferenza*, das „Haus der Befreiung von Leiden", heute eines der modernsten Krankhäuser Süditaliens. Dem jungen polnischen Priester Karol Woityla, dem späteren Papst Johannes Paul II., soll er bei einem Besuch im Jahre 1947 sowohl die Wahl zum Oberhaupt der katholischen

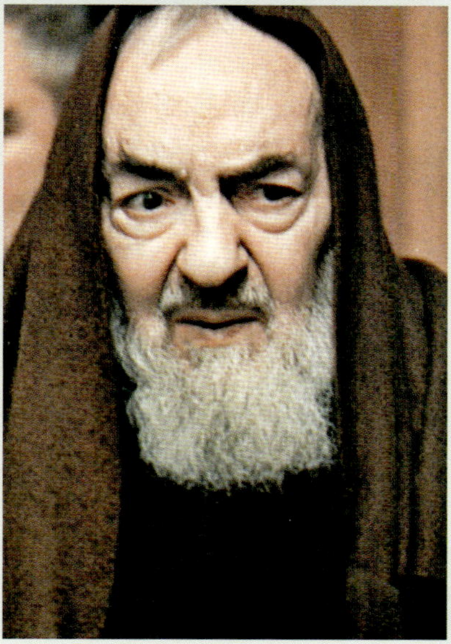

Kirche als auch das Attentat von 1981 vorher gesagt haben.
Am 2. Mai 1999 wurde Pater Pio von Papst Johannes Paul II. seliggesprochen, am 16. Juni 2002 erfolgte vor fast 1 Million Gläubiger die Heiligsprechung.
San Giovanni Rotondo ist heute die meistbesuchte Pilgerstätte für Hilfesuchende aus aller Welt: 7 Millionen Besucher kommen jedes Jahr, fast doppelt so viele wie nach Lourdes. Die Menschen, die hierher kommen, sind jedoch fast ausschließlich Italiener, die Mehrheit aus dem Süden, die in Bussen mit ihren Gemeindepriestern oder geschlossen als Pio-Gebetsgruppen anreisen.



## Padre Pio und die Engel

Padre Pio war wie sein Ordensgründer, der hl. Franziskus, ein Verehrer der Engel, im Besonderen des Schutzengels, den er „il buon angiolino", das gute Engelchen nannte. Dieser flüsterte ihm manchmal zu, welche Briefe er vor dem Öffnen mit Weihwasser besprengen sollte und wenn er einen Brief in französischer Sprache erhielt, fungierte er als Übersetzer. Der Schutzengel betete mit ihm das Nachtgebet, und wenn Dämonen sich zeigten, half er ihm.
Auf das Fest des Erzengels Michael am 29. September bereitete sich Pater Pio immer mit einem Fasten vor, wie auch der hl. Franziskus, und beide empfingen in dieser Zeit die Stigmata, Franziskus am 17., Padre Pio am 20. September.
Seine Besucher soll er immer wieder gescholten haben: „Was macht ihr hier, geht nach Monte Sant'Angelo zum heiligen Michael!", und einem zögerlichen Besucher gegenüber soll er noch eins draufgelegt haben: „Ja, ja, zu Fuß musst du hingehen! Zum Michaelsheiligtum muss man zu Fuß hingehen, ansonsten wird man in der Bahre auf der Schulter dorthin ziehen.

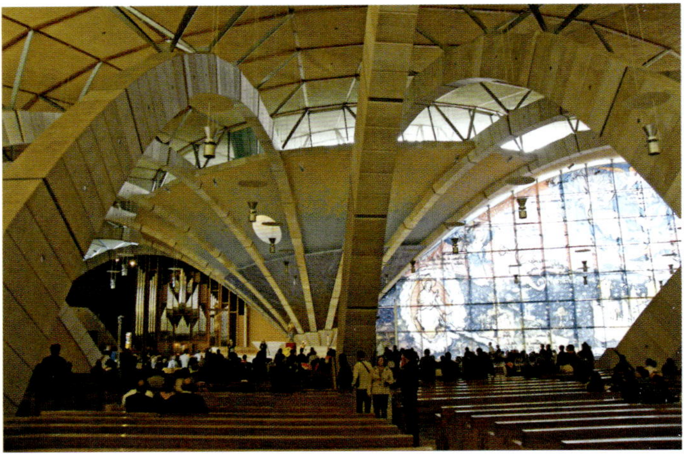

*Pater-Pio-Kirche von Renzo Piano in San Giovanni Rotondo*

## SAN GIOVANNI ROTONDO



Seinen Namen erhielt die Stadt (27.000 Einwohner) von einem Baptisterium, das Johannes dem Täufer geweiht ist. Es ist dies ein Rundbau (rotondo = rund), der leider dem Verfall preisgegeben ist. Gegründet wurde San Giovanni 1095 auf dem Grund einer antiken Siedlung, von der Gräber aus dem 4. Jh. v. Chr. zeugen. Weit über die Grenzen Italiens hinaus berühmt gemacht hat den Ort der charismatische Kapuzinerpater Pio da Pietrelcina, der von 1916 bis zu seinem Tode am 23. September 1968 im Kloster Santa Maria delle Grazie lebte und im Jahr 2002 heiliggesprochen wurde. Ihm verdankt der Ort einen blühenden Pilgertourismus mit über hundert Beherbergungsbetrieben und zahlreichen Restaurants. Das ursprüngliche Ortsbild, das eine ganz eigene Harmonie aufweist, wurde dadurch sehr stark und nicht unbedingt zu seinem Vorteil verändert.

Das **Kloster und die Kirche Santa Maria delle Grazie** stammen aus dem 16. Jh. und waren bis ins 20. Jh. von großer Schlichtheit geprägt. Auf Wunsch von Pater Pio wurde 1956–59 von Giuseppe Gentile die Chiesa Nuova, die neue Kirche, gebaut, um die vielen Menschen aufnehmen zu können, die zu ihm kamen. 2004 wurde schließlich die neue moderne Pater-Pio-Kirche eingeweiht, die der italienische Stararchitekt Renzo Piano entworfen hat und die 7000 Menschen fasst. Seit 2010 ruht der hl. Pater Pio in einem Glasschrein in der Krypta dieses monumentalen Gotteshauses. Beim Besuch der Kirche von Renzo Piano und der Krypta Padre Pios kommen Zweifel auf, ob das goldene Grab dem Toten, der zu Lebzeiten so viel Wert auf Demut und Einfachheit gelegt hat, gefallen hätte. Er hätte das Geld wohl eher auf franziskanische Art investiert.

TAG 25

# Von San Giovanni Rotondo nach Monte Sant'Angelo

22 km

Schwierigkeit: ●●○

**Aufregend, magisch, mystisch, mit ganz besonderem Reiz ist diese letzte Etappe, und so abwechslungsreich, als wollte sie eine Zusammenfassung des ganzen Weges sein. Eingebunden in eine raue Natur genießen wir unsere letzten Schritte, bevor wir das Tor zum Eingang der Basilika durchschreiten und andächtig die 86 Stufen abwärts steigen in den Bauch von Mutter Erde. In jene heilige Grotte, die der heilige Franziskus nie betreten hat, weil er sich dazu nicht würdig fühlte. Was hat er wohl gesehen, das wir nicht sehen? Wofür hat er wohl gebetet, geweint an der Schwelle zur Grotte, wo sein Altar steht?**
**900 Kilometer verbinden den heiligen Berg *La Verna* mit der heiligen Grotte auf dem Berg Gargano, 900 Kilometer, auf denen den Pilger die Energie des hl. Franziskus und des Erzengels Michael begleiten. Sie waren stets präsent, spürbar als Beschützer und Wächter über Wege, Klöster und die alten Orte der Kraft.**



### Unterkünfte

**Bosco Quarto:**

- ✩ *Casa vacanza del Ciliegio,* ca. 17 km nach San Giovanni Rotondo in die Straße nach Bosco Quarta einbiegen, Küchenbenützung, auch für Gruppen geeignet, die Besitzer sind Pfadfinder und produzieren Köstliches, Tel.: 348/7065583 (Innocenza) oder Tel.: 348/3303825 (Alfredo)

**Monte Sant'Angelo:**

- ✩ *Hotel Casa del Pellegrino* der Michaeliten-Brüder, sehr gutes und günstiges Drei-Sterne-Hotel in unmittelbarer Nähe der Grotte, an Feiertagen und Ferienzeiten frühzeitig buchen, die Patres stellen Pilgern auch Schlafsäle zum Pilgerpreis zur Verfügung, Tel.: 0884/561150, www.santuariosanmichele.it

**Pulsano:**

- ✩ 9 km außerhalb der Stadt gibt es das einzigartige Kloster *Santa Maria di Pulsano*, ein wunderbarer Ort, um sich für einige Tage zurückzuziehen und tiefe Spiritualität zu erleben, Tel.: 0884/561047 oder 328/0243496 (8:30–10:00 und 19:30–21 Uhr), www.abbaziadipulsano.org

## Wegbeschreibung

Wir brauchen Proviant und Wasser für den ganzen Tag. Wir starten bei der Kirche Sant'Onofrio und verlassen die Stadt auf der Hauptstraße Richtung Osten. Es beginnt eine spröde, steinige, kahle Landschaft mit ganz eigener Faszination. So, als würde sie uns bereits einstimmen wollen auf die heilige Grotte. Bei der ersten

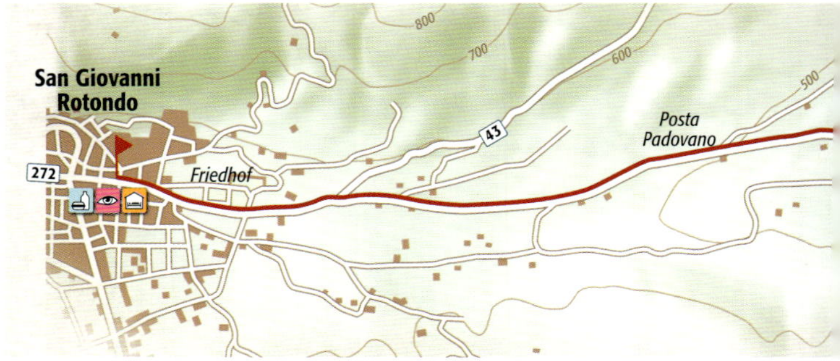


Kreuzung bleiben wir geradeaus, bei der zweiten Kreuzung biegen wir nach rechts und folgen dem Straßenschild nach *Monte Sant' Angelo.*

Wir bleiben auf der Staatsstraße bis nach dem Kilometerstein Km 46 und biegen dann rechts in den schmalen und anfangs zementierten Weg ein. Es begegnen uns die rot-weißen Schilder des CAI und eines Reitweges. Nach ca. 1,5 km links abbiegen. Durch ein Zaungatter aufwärts auf den Hügel. Der Pfad ist schmal, steinig oder grasbewachsen und verläuft am Rand eines kleinen Pinienwaldes. In weiterer Folge steigt er gegen links durch ein kleines Tal an einem Zaun entlang aufwärts. Auf dem Hügel angelangt, folgen wir dem Pfad in linker Richtung. Die Aussicht ist grandios! Zu unseren Füßen sehen wir *Manfredonia* und die ganze Küste Apuliens, die sich gegen Bari hin verliert. Der Duft von Meer und südländischen Wildgewürzen inspiriert uns für den letzten Wegabschnitt. Wir folgen dem Steig und orientieren uns an den großen Antennen, auf die wir zuge-



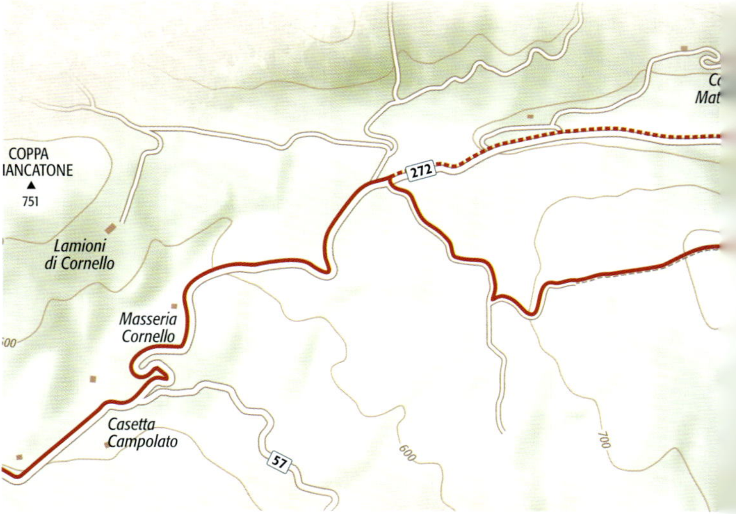

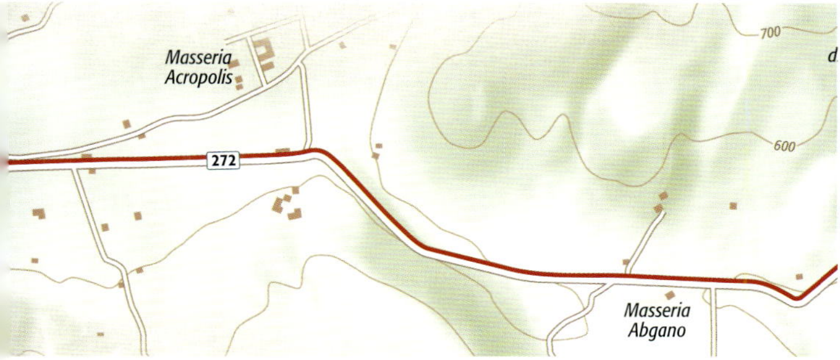


hen. Auf unserer linken Seite an einem großen Hohlspiegel vorbei, befinden wir uns wieder auf einem alten *Tratturo.*

Bei der Kreuzung mit einer asphaltierten Straße, die abwärts führt, bleiben wir geradeaus. Bei der ersten großen Antenne gehen wir links an der Umzäunung für die nächste Antenne entlang und richten uns danach gegen rechts. 100 m über uns befindet sich das liebliche Kirchlein *Santa Maria degli Angeli,* ein Abstecher lohnt sich, der hl. Franziskus soll ihren Bau begonnen haben. Es wird nur zu Mariä Himmelfahrt für eine Prozession geöffnet, bei der die Marienstatue aus der Kirche *Santa Maria Maggiore* hierher und abends wieder zurückgebracht wird.

Der Ausblick ist wunderbar: auf unserer rechten Seite das Meer, auf der linken die Hochebene der *Foresta Umbra* und die *Valle Carbonara,* das Tal der Köhler. Wir folgen der Straße bis zur Burganlage von **Monte Sant'Angelo** und weiter geradewegs abwärts direkt zum Eingang der heiligen Grotte des Erzengels Michael.



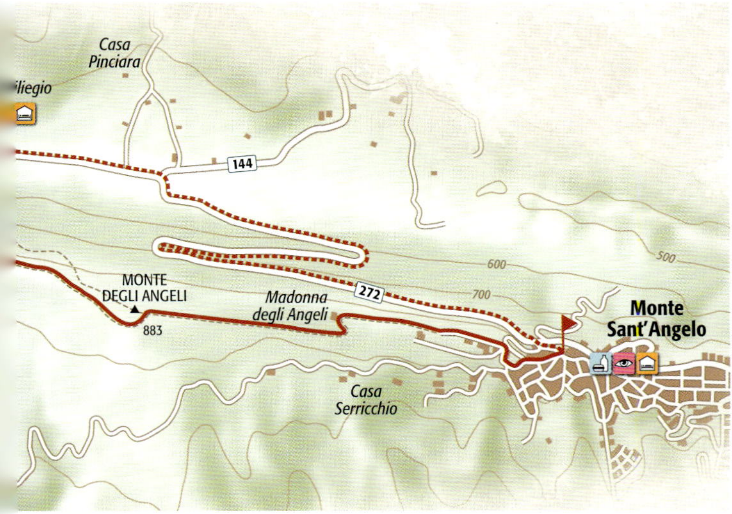

## Variante für Fahrradpilger

*Fahrradfahrer bleiben die gesamte Etappe über auf der Staatsstraße nach* ***Monte Sant'Angelo.***

## Sehenswürdigkeiten

### MONTE SANT'ANGELO

Die Stadt (13.000 Einwohner) liegt auf einer Anhöhe am südlichen Abhang des Monte Gargano und verdankt ihr Entstehen dem berühmten Erzengel-Michael-Heiligtum. Man sollte sich ausreichend Zeit nehmen, um die Basilika, aber auch das Kastell und die Altstadt zu besichtigen. Ausführlichere Beschreibungen, als sie hier möglich sind, bietet ein Büchlein, das im örtlichen Tourismusbüro in der Via Reale Basilica 40, in der Nähe der Basilika, erhältlich ist.

### DIE GROTTE DES ERZENGELS MICHAEL



Von außen sieht man zunächst den Turm und die Eingangshalle (1395). Der (früher einmal höhere) achteckige Glockenturm wurde 1273/74 von Karl von Anjou errichtet (daher sein Name Torre Angioniana). 86 Stufen führen an der Versöhnungskapelle vorbei abwärts. Bei Betreten der Grotte mit ihrem unregelmäßigen Felsengewölbe durch ein Bronzeportal aus dem Jahr 1076 eröffnet sich ein einzigartiges Schauspiel. Man „spürt" die Millionen von Pilgern, welche

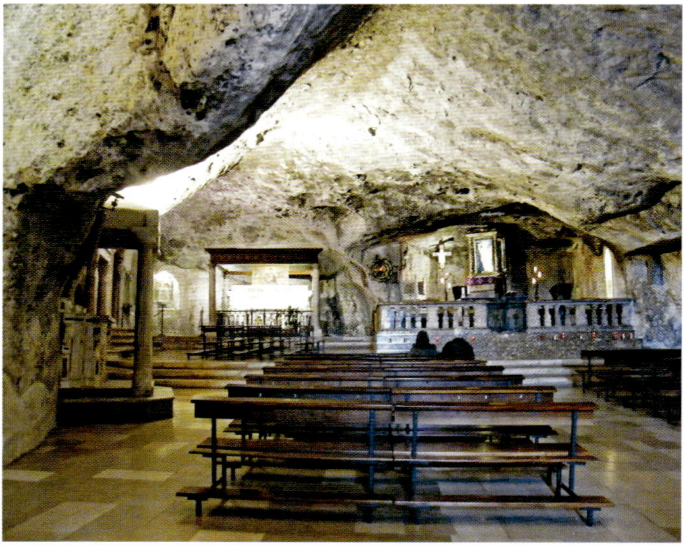

*Die Michaelsgrotte – unser Ziel*

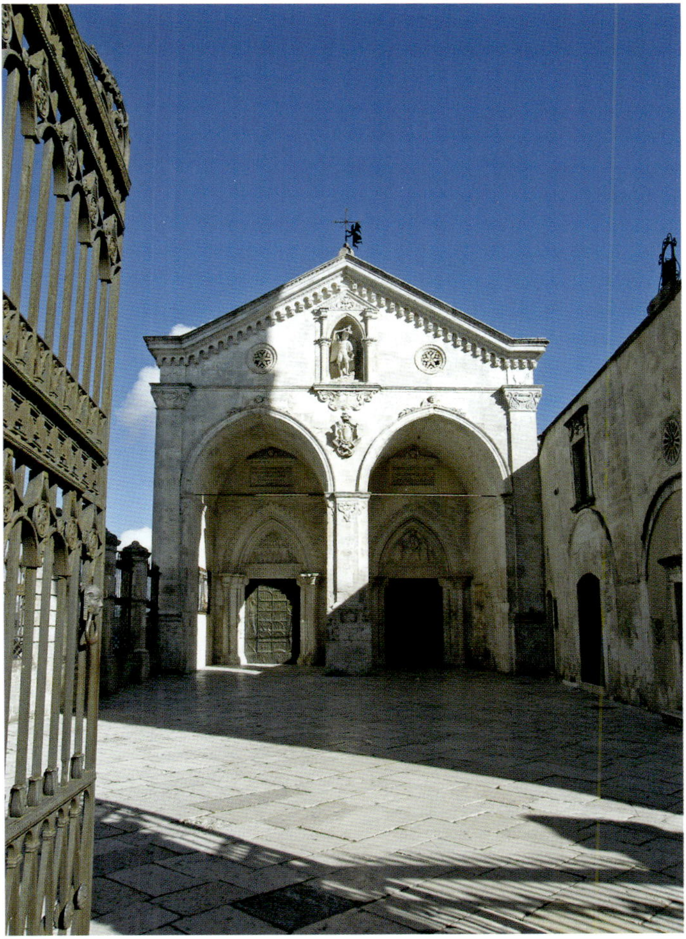

*Das obere Atrium mit der Eingangshalle (1395)*



diese Schwelle im Lauf der Jahrhunderte überschritten haben im Vertrauen auf die Verheißung, die ober dem Eingang steht: „In dieser Grotte werden die Sünden der Menschen vergeben. Dies ist eine besondere Stätte, an der jede Schuld reingewaschen wird.“ Nach dem Eingang gleich rechts steht der Franziskusaltar (dazu siehe S. 151).

Hinter dem Hauptaltar thront die Marmorstaute des Erzengels Michael von Andrea Contucci, genannt Sansovino (1507), rechts in einer Nische steht eine Statue des hl. Sebastian (15. Jh.), links der Bischofsstuhl aus dem 11. Jh. Links vom Presbyterium befindet sich der barocke Altar der Gottesmutter von der Immerwährenden Hilfe. Tiefer im Inneren der Grotte sind eine Reihe von Statuen und Flach-

## Weihe an den Erzengel Michael

Hoher Fürst der himmlischen Heerscharen,
mächtiger Streiter des Allerhöchsten,
Eiferer für die Ehre Gottes,
Schrecken der rebellischen Engel,
Freude aller gerechten Engel, Erzengel Sankt Michael.
Ich will mich in die Zahl deiner Verehrer einreihen
und weihe mich dir heute und übereigne mich dir.

Ich stelle mich selbst, meine Arbeit, meine Familie,
die Freunde und alles was mein ist,
unter deinen fürsorglichen Schutz.
Meine Opfergabe ist gering, da ich ein armer Sünder bin;
du aber nimm die Liebe meines Herzens entgegen.
Denke daran, dass ich ab heute unter deinem Schutz stehe
und du mir in meinem ganzen Leben beistehen musst.



Erwirke mir die Vergebung meiner großen und kleinen Sünden,
die Gnade, Gott, meinen Heiland Jesus Christus
und meine liebe Mutter Maria
und alle meine Brüder und Schwestern, die von Gott geliebt
und von seinem Sohn erlöst sind, von Herzen zu lieben.
Schenke mir jene Hilfe, die ich brauche,
um die Krone der Herrlichkeit zu erlangen.

Verteidige mich stets vor den Feinden meiner Seele,
besonders in der letzten Stunde meines Lebens.
Komm mir in jener Stunde entgegen,
oh glorreicher Engel,
und steh mir bei im Kampf
und stürze jenen rebellischen und stolzen Engel,
den du im Kampf im Himmel geschlagen hast,
weit von mir in die Tiefe hinab.
Dann führe mich vor den Thron Gottes,
um mit dir, Erzengel Michael, und mit allen Engeln,
Lob, Ehre und Ruhm zu singen vor jenem,
der in alle Ewigkeit herrscht. Amen.

reliefs angebracht: Auffallend ist in einer kleinen Grotte eine Steinfigur des hl. Michael (15. Jh.), daneben ein Relief mit der Darstellung der Dreifaltigkeit, eine byzantinische Muttergottes (12./13. Jh.) und schließlich ein Relief, das den Evangelisten Matthäus darstellt. Durch ein Gitter abgeschlossen ist die Höhle der Steine. Vor langer Zeit war es Pilgern hier möglich, Steine aus der heiligen Höhle zu brechen. Einen Besuch wert sind auch die Krypten (mit einer Inschrift von Herzog Romuald aus dem 7. Jh.) und das Devotionalienmuseum, wo u. a. ein in Kupfer und Gold ausgeführtes Relief des Erzengels aus der Langobardenzeit aufbewahrt wird.

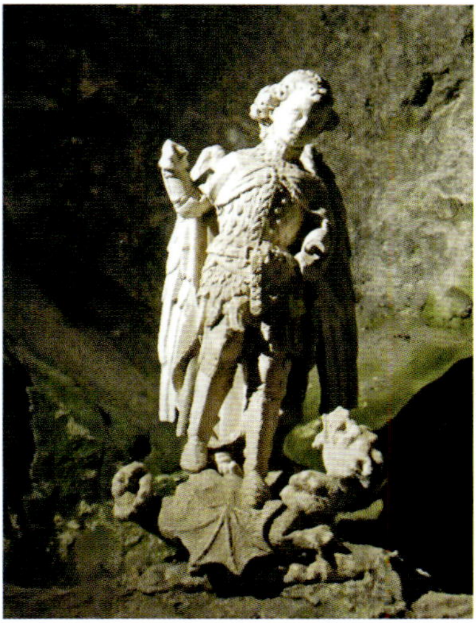

*Steinfigur des hl. Michael (15. Jh.)*



## DAS KASTELL

Auf der höchsten Stelle der Stadt, unweit vom Heiligtum, erhebt sich eine Burgfestung, die ursprünglich militärische Bedeutung hat und später in einen residenzartigen Bau umgewandelt wurde. Sie geht auf die erste Hälfte des 9. Jh. zurück, die Normannen ergänzten sie

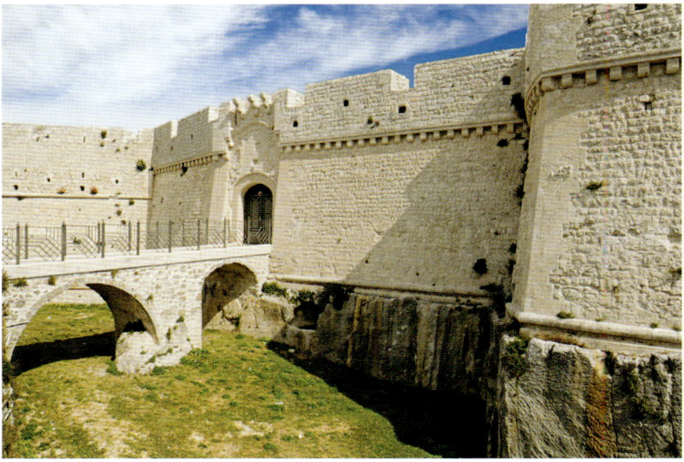

*Das Kastell von Monte Sant'Angelo*

## Der Ursprung des Heiligtums

Vor tausend Jahren schrieb ein anonymer Schriftsteller: „Das Heiligtum St. Michael ist überall bekannt und berühmt, nicht durch den Glanz seines Marmors, sondern durch die wunderbaren Ereignisse, die sich hier zugetragen haben; trotz seiner Bescheidenheit ist es jedoch reich an himmlischen Auszeichnungen, denn es wurde vom hl. Erzengel Michael selbst erbaut und geweiht, der angesichts der menschlichen Schwachheit vom Himmel kam und bewirkte, dass die Menschen an diesem Ort der himmlischen Güter teilhaft werden können."

Die Ursprünge des Heiligtums können in die Zeit um 500 gelegt werden. Schriftliche Quellen bezeugen dies: ein Brief, den Papst Gelasius I. 493/494 an Bischof Justus von Larino sandte, ein weiterer Brief desselben Papstes an Herculentius, den Bischof von Potenza (492/496) und schließlich eine Notiz im Martyrologium Hieronymianum, das zwischen 430 und 600 entstanden ist. Vor allem aber werden im Buch *Liber de apparitione sancti Michaelis in monte Gargano* aus dem 8. Jh. ausführlich und eindrucksvoll all die wunderbaren Geschehnisse erzählt, die den Kult des Erzengels Michael auf dem Gargano begründeten. Im Wesentlichen geht es um drei Erscheinungen des Erzengels, denen über tausend Jahre später, 1656, eine vierte folgen sollte.



### Die Geschichte mit dem Stier

Ein reicher Mann aus Sipontum (die antike Hafenstadt lag südlich des heutigen Manfredonia), in welchem viele den 33. Condottiere von Sipontum, Elvio Emanuele, erkennen wollen, ließ im Jahre 490 seine Rinder auf den Bergen des Gargano weiden. Plötzlich war der schönste Stier verschwunden. Der Mann suchte ihn unermüdlich an den unwegsamsten und verborgensten Plätzen und fand ihn schließlich auf einer Anhöhe vor einer Höhle kniend. Voll Zorn schoss der Mann einen Pfeil gegen das widerspenstige Tier ab, doch auf unerklärliche Weise verletzte der Pfeil statt des Stieres den reichen Mann am Bein.

Ganz verwirrt durch das Vorkommnis begab er sich zum Bischof, der sich seine außergewöhnliche Geschichte anhörte und ihm drei Tage Gebete und Buße vorschrieb. Am Ende des dritten Tages erschien der Erzengel Michael dem Bischof und sagte zu ihm: „Ich bin der Erzengel Michael, der immer vor Gott steht. Diese Grotte ist mir heilig, ich habe sie mir erwählt, ich selbst will ihr Beschützer sein. Dort, wo sich der Fels öffnet, werden die Sünden der Menschen vergeben. Die hier gesprochenen Gebete werden erhört. Geh deshalb auf den Berg und weihe diese Grotte dem christlichen Kult."

Weil jedoch dieses geheimnisvolle und unzugängliche Gebirge auch ein Ort heidnischer Kulte war, zögerte der Bischof lange, ehe er sich entschloss, den Worten des Engels zu gehorchen.

### Die Geschichte mit dem Sieg

Die zweite Erscheinung des hl. Michael wird „vom Sieg“ genannt und gewöhnlich in das Jahr 492 datiert, obwohl sich das Geschehen heutigen Forschern zufolge auf eine Begebenheit im Krieg zwischen dem Langobardenherzog Grimuald und dem Oströmischen Reich in den Jahren 662-663 bezieht, als der Sieg vom 8. Mai von den Langobarden der Fürsprache und dem wirkungsvollen Beistand des Erzengels Michael zugeschrieben wurde.

Der Überlieferung zufolge stand die von den feindlichen Truppen umzingelte Stadt Sipontum bereits vor der Übergabe. Der hl. Bischof Lorenzo erwirkte jedoch vom Feind einen dreitägigen Waffenstillstand und wandte sich vertrauensvoll mit Gebet und Bußübungen an den himmlischen Heerführer. Am Ende des dritten Tages erschien der Erzengel dem Bischof und sagte ihm einen sicheren und endgültigen Sieg voraus.

Diese Botschaft erfüllte die Herzen der Belagerten mit Hoffnung. Die Verteidiger zogen vor die Stadt und begannen eine fürchterliche Schlacht, die von außergewöhnlich starkem Beben, Blitzen und Donnern begleitet war. Der Sieg der Siponter war umfassend, die Feinde waren vernichtet. Das Michaelsfest vom 8. Mai geht auf diese Legende zurück.



### Die Geschichte der Weihe

Die dritte Erscheinung wird „Die Geschichte der Weihe“ genannt. Immer gemäß der Überlieferung wollte der Bischof im Jahre 493 nach dem Sieg über seine Feinde endlich dem himmlischen Beschützer gehorchen und die Höhle am Monte Gargano als Zeichen der Dankbarkeit dem hl. Michael weihen. Dazu wurde er auch von Papst Gelasius I. (492-496) ermutigt. Doch wiederum erschien ihm der Erzengel und verkündete ihm, er selbst habe die Höhle bereits geweiht. Daraufhin zog der Bischof zusammen mit den anderen Bischöfen Apuliens in Prozession mit dem Volk und dem Klerus von Sipontum zum heiligen Ort. Unterwegs ereignete sich ein Wunderzeichen: Einige Adler schützten mit ausgebreiteten Flügeln die Bischöfe vor den Strahlen der Sonne.

Als sie zur Grotte gelangten, fanden sie dort bereits einen großen Altar errichtet, mit einem roten Tuch bedeckt, auf dem ein Kreuz stand; außerdem – immer nach der Legende – fanden sie im Felsen einen Fußabdruck des hl. Michael. Der Bischof feierte voll Freude die erste heilige Messe an diesem Ort. Es war der 29. September.

Die Grotte selbst erhielt als einzige nicht von Menschenhand geweihte Stätte im Lauf der Jahrhunderte den Titel einer „himmlischen Basilika“.

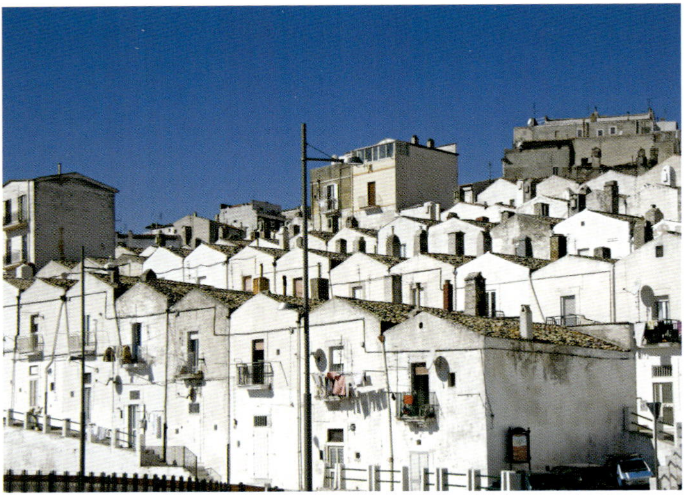

*Altstadthäuser in Monte Sant'Angelo*



durch die Torre dei Giganti und der Stauferkönig Friedrich II. nutzte sie als Wohnsitz für seine Geliebte, die Gräfin von Turin Bianca Lancia. Unter den Grafen von Anjou diente das Kastell als Staatsgefängnis, während es unter der aragonesischen Herrschaft mit dem Bau der beiden Rundtürme seine alte Brillanz wiedererlangte. Mitte des 16. Jh. ging es in den Besitz der Fürsten Grimaldi über und wurde 1907 von der Gemeinde Monte Sant'Angelo erworben und restauriert. Heute dient das Kastell als archäologisches Museum und als Besucherzentrum für den Gargano-Nationalpark

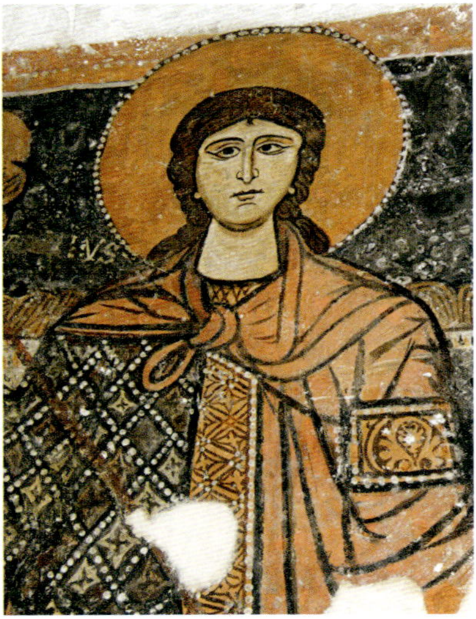

## DIE ALTSTADT

Empfehlenswert ist auch der Besuch des ältesten Teils der Stadt, dem Viertel Junno, dessen Struktur im Wesentlichen auf das Mittelalter zurückgeht. Der verschachtelte Komplex aus Tomba di Rotari, einem Baptisterium aus dem 11. Jh., der Apsis der 1894 einge-

*Byzantinischer Erzengel Michael, Fresko in Santa Maria Maggiore*

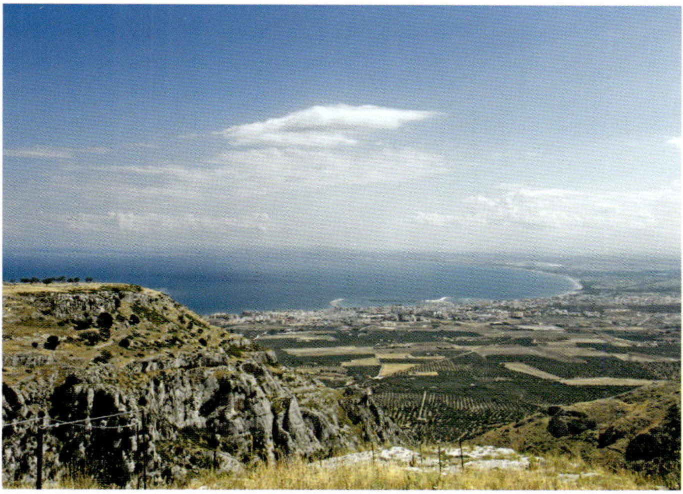

*Blick auf die Adria von Pulsano aus*

stürzten Kirche San Pietro (12. Jh.) sowie der Kirche Santa Maria Maggiore (ebenfalls 12. Jh.) mit einem beeindruckenden romanischen Portal verdeutlichen die Bedeutung der Stadt im Hochmittelalter. Die Tomba di Rotari weist eine einzigartige Architektur auf: Ein relativ kleines quadratisches Untergeschoss wird von einem verzogenen Oktogon in der mittleren Zone abgelöst, die ellipsenförmige Kuppel ragt 22,8 m in die Höhe. Auf den Kapitellen ist mehrmals der Erzengel Michael zu sehen.



## SANTA MARIA DI PULSANO

Das hoch über dem Meer gelegene Kloster wurde bereits im 6. Jh. von Papst Gregor dem Großen für die Einsiedler gegründet, welche reihum in Höhlen lebten. Die Einsiedlermönche gehörten zum Orden des hl. Equitius, Im 10. Jh. übernahmen Clunyazenser das Kloster, ehe es bei Sarazenenüberfällen zerstört wurde. Zu Beginn des 12. Jh. war es der hl. Johannes von Matera, der Kirche und Kloster wieder aufbaute, nachdem ihm in Sant'Angelo die Gottesmutter die Richtung nach Pulsano gewiesen hatte. Seither ist das Kloster ein Marienwallfahrtsort und bis um 1400 war es Hauptsitz einer eigenen Ordensgemeinschaft, des von Johannes von Matera gegründeten Ordens der Eremiten von Pulsano, der byzantinische und römisch-katholische, eremitische und klösterliche Elemente miteinander in Einklang brachte. Nach dem Untergang des Ordens folgten in Pulsano Zisterzienser, Dominikaner, Franziskaner und schließlich bis 1806 Coelestiner. Nach einer langen Zeit des Niedergangs ist 1990 wieder Leben eingekehrt in Pulsano und seit 1997 beherbergt das

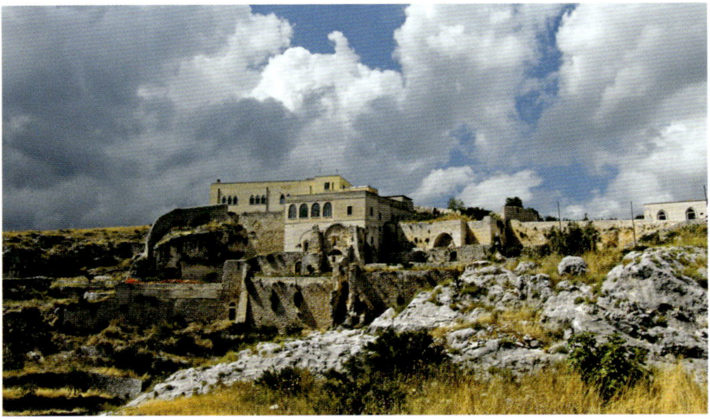

*Das Kloster Santa Maria di Pulsano*

traditionsreiche Kloster wieder eine katholische Mönchsgemeinschaft byzantinsichen Ritus'.



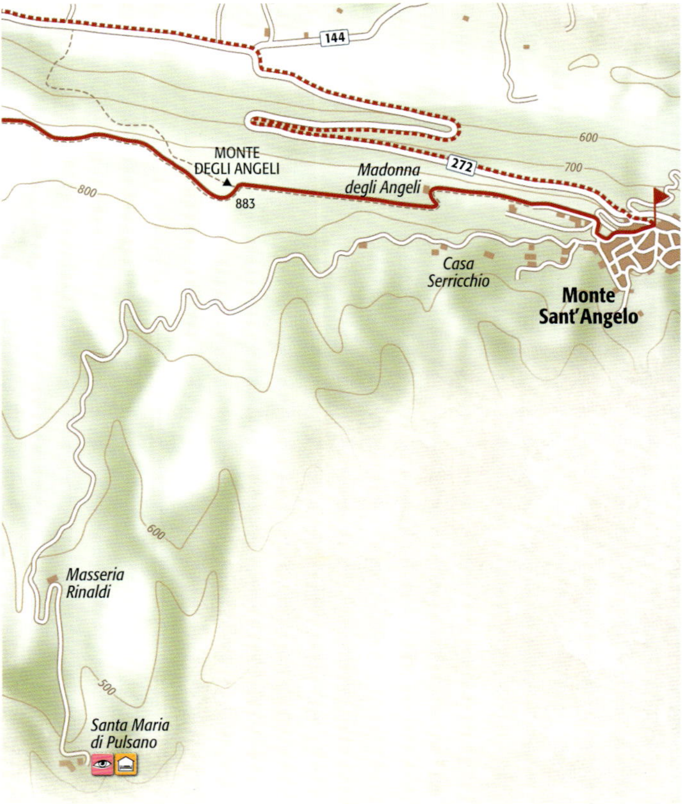

# Verwendete Literatur

P. Jan Bogacki, Führer durch das Heiligtum St. Michael auf dem Gargano, Sant'Angelo 2009

Ekkehart Rotter, Apulien: byzantinische Grottenkirchen, normannische Kathedralen, staufische Kastelle und Lecceser Barock. Ostfildern 2000

Philipp Santer, Geschichte der Michaelsgrotte auf dem Monte Gargano im Mittelalter (490–1507), Monte Sant'Angelo – Apulien – Italien, Münster 2011

Dieter Berg, Leonhard Lehmann (Hg.), Franziskus Quellen. Die Schriften des heiligen Franziskus, Lebensbeschreibungen, Chroniken und Zeugnisse über ihn und seinen Orden, Kevelaer $^{2}$2014

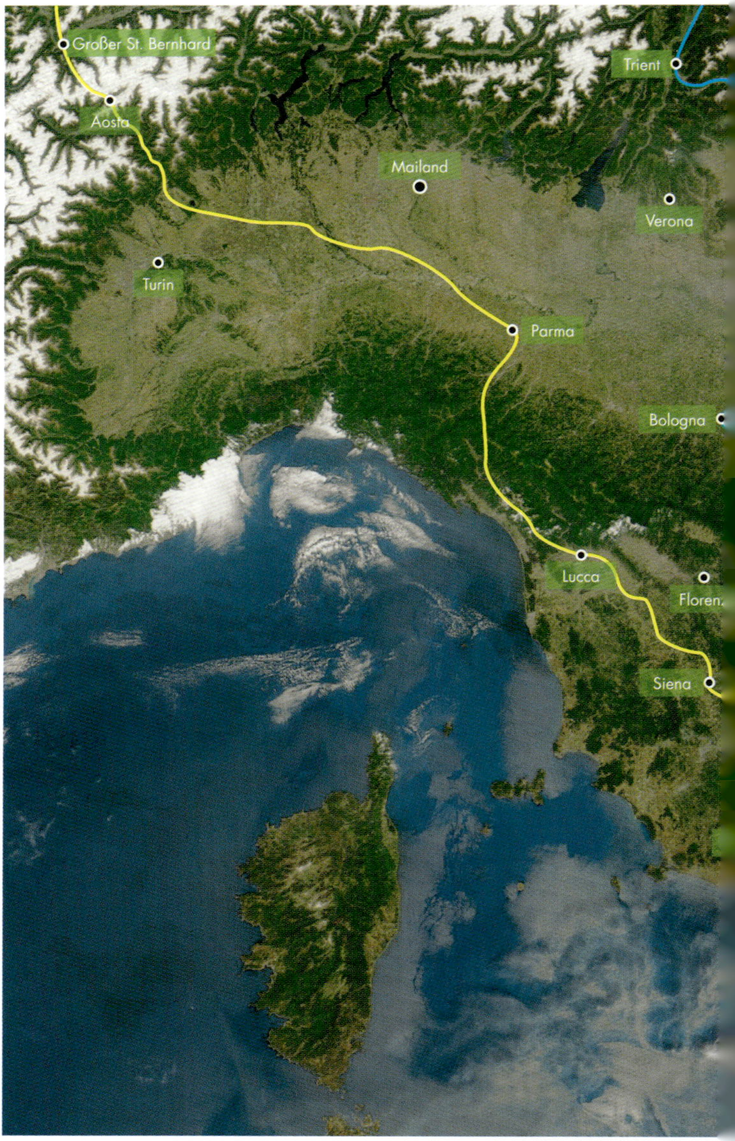


## Pilgerführer für Italien im Tyrolia-Verlag

*Kromer*, Via Francigena, Canterbury – Rom
978-3-7022-2984-9 € 19.95

*Treml,* Romweg, Innsbruck – Padua – Assisi – Rom
978-3-7022-3258-0 € 27.95

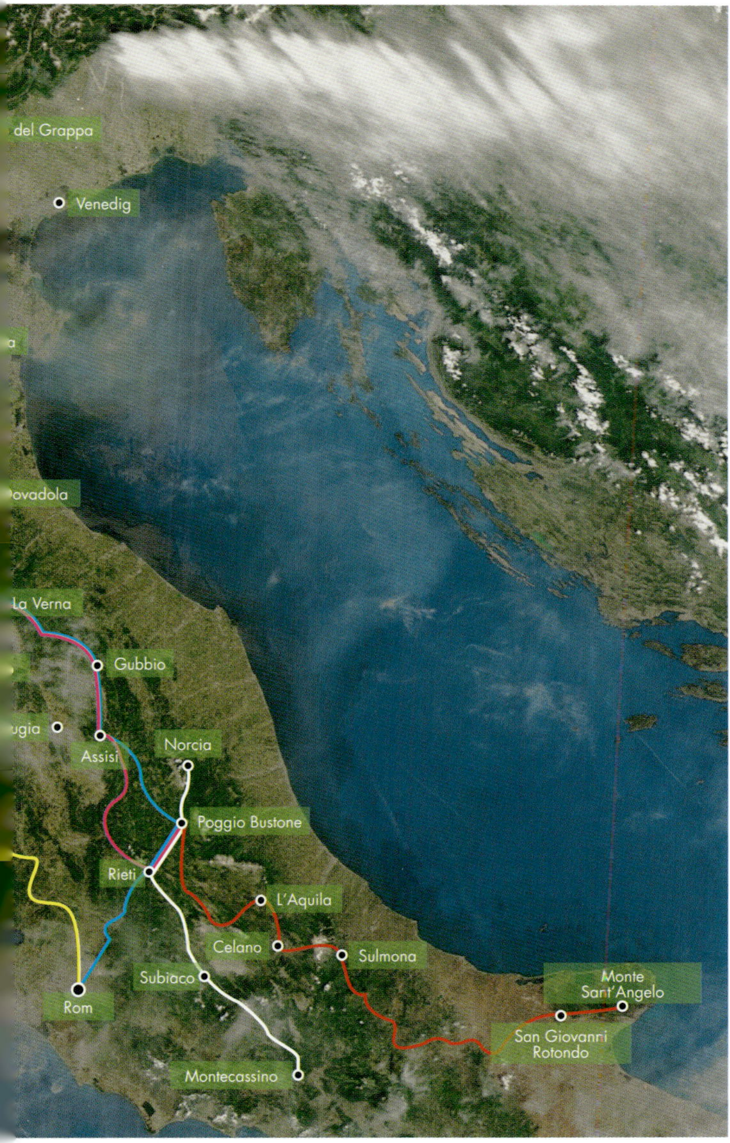


*Seracchioli*, **Franziskusweg, La Verna – Assisi – Poggio Bustone**
978-3-7022-2825-5 € 19.95

*Seracchioli*, **Erzengel-Michael-Weg, Poggio Bustone – L'Aquila – Monte Sant'Angelo**
978-3-7022-3427-0 € 21.95

*Frignani*, **Benediktweg, Nursia – Subiaco – Montecassino**
978-3-7022-3340-2 € 21.95

# Wichtige italienische Begriffe

Abbazia – Abtei
Acqua – Wasser
Acqua potabile – Trinkwasser
Arco – Bogen
Azienda – Betrieb
Borgo – Dorf
Bosco – Wald
Cammino – (Pilger-)Weg
Campanile – Glockenturm
Cappella – Kapelle
Casa – Haus
Castello – Burg, Schloss
Centro – Zentrum
Centro storico – Altstadt
Chiesa – Kirche
Chiesetta – kleine Kirche
Cimitero – Friedhof
Città – Stadt
Colle – Hügel
Convento – Kloster
Corso – Prachtstraße
Croce – Kreuz
Duomo – Dom
Eremo – Einsiedelei
Farmacia – Apotheke
Fiume – Fluss
Fonte – Brunnen
Foresta – Forst, Wald
Forte – Festung, Fort
Grotta – Grotte
Lago – See
Loggia – Säulenhalle
Medico – Arzt
Molino – Mühle
Monastero – Kloster
Montagna – Gebirge
Monte – Berg
Municipio – Rathaus; Gemeindeamt
Mura – Mauer
Ospedale – Krankenhaus
Parco – Park
Palazzo – Palast
Passo – Pass
Pian, Piano – Ebene, Fläche
Piazza – Platz
Pieve – Kirche auf dem Land
Poggio – Anhöhe
Ponte – Brücke
Porta – Tor
Prato – Wiese
Pullman – Bus
Rifugio – Unterkunft
Rocca – Burg
Santuario – Wallfahrtsstätte
Sasso – Stein
Scala – Treppe
Sentiero – Pfad, Steig, Wanderweg
Stazione – Bahnhof
Strada – Straße
Torre – Turm
Torrente – Bach
Tratturo – Triftweg
Valle – Tal
Via – Weg, Gasse
Viale – Allee
Vicolo – Gasse



*Erstellt von Ferdinand Treml für seinen Führer „Der Pilgerweg nach Rom“, Tyrolia-Verlag, und ergänzt für den Erzengel-Michael-Weg.*